LAS 21 LEYES
IRREFUTABLES DEL
LIDERAZGO

LAS 21 LEYES
IRREFUTABLES DEL
LIDERAZGO

REVISADA Y ACTUALIZADA

EDICIÓN DEL 10° ANIVERSARIO

JOHN C. MAXWELL

GRUPO NELSON
Una división de Thomas Nelson Publishers
Desde 1798

NASHVILLE   DALLAS   MÉXICO DF.   RÍO DE JANEIRO   BEIJING

© 2007 por Grupo Nelson
Publicado en Nashville, Tennessee, Estados Unidos de América.
Grupo Nelson, Inc. es una subsidiaria que pertenece
completamente a Thomas Nelson, Inc.
Grupo Nelson es una marca de Thomas Nelson, Inc.
www.gruponelson.com

Título en inglés: *The 21 Irrefutable Laws of Leadership*
© 2007 por John C. Maxwell
Publicado por Thomas Nelson, Inc.

Las citas bíblicas son de las siguientes versiones y son usadas con permiso:
La Santa Biblia, Versión Reina-Valera 1960
© 1960 por Sociedades Bíblicas en América Latina,
© renovado 1988 por Sociedades Bíblicas Unidas.

Biblia Dios Habla Hoy, tercera edición
© 1996 por Sociedades Bíblicas Unidas.

Traducción: *Hubert Valverde*
Adaptación interior al español: *Grupo Nivel Uno, Inc.*

Edición revisada por Lidere

www.lidere.org
ISBN-10: 1-60255-027-1
ISBN-13: 978-1-60255-027-8

Impreso en Estados Unidos de América

Este libro se lo dedico a Charlie Wetzel, mi compañero escritor desde 1994. Juntos hemos escrito más de cuarenta libros y he disfrutado de esta clase de colaboración en cada uno de ellos. Así como me he esforzado en añadir valor en los demás al identificar y enseñar principios de liderazgo, Charlie, ha hecho lo mismo conmigo. Charlie, tus consejos y tus aptitudes como artista de la palabra han sido disfrutados por millones de lectores. Como resultado, has hecho un gran impacto en más gente que cualquier otro miembro de mi círculo íntimo. Por esa razón mi profundo agradecimiento.

CONTENIDO

Prefacio de Stephen R. Covey xiii

Agradecimientos xv

Introducción xvii

1. LA LEY DEL TOPE 1

La capacidad de liderazgo determina el nivel de eficacia de una persona

Los hermanos Dick y Maurice estuvieron muy cerca, según sus capacidades, de vivir el «sueño americano», pero no lo alcanzaron. En cambio, un hombre llamado Ray pudo lograrlo por medio de la compañía que ellos fundaron. Eso sucedió porque aquellos hermanos no conocían la Ley del Tope.

2. LA LEY DE LA INFLUENCIA 13

La verdadera medida del liderazgo es la influencia, nada más, nada menos

Abraham Lincoln comenzó con el rango de capitán, pero cuando la guerra terminó, él acabó siendo un soldado raso. ¿Qué sucedió? Él fue una baja de la Ley de la Influencia.

3. LA LEY DEL PROCESO 27
El liderazgo se desarrolla diariamente, no en un día
Theodore Roosevelt contribuyó a la creación de un poder mundial, obtuvo el Premio Nobel de la Paz, y llegó a ser presidente de Estados Unidos. Pero usted ni siquiera reconocería hoy su nombre si él no hubiera sabido lo que era la Ley del Proceso.

4. LA LEY DE LA NAVEGACIÓN 41
Cualquiera puede gobernar un barco, pero se necesita que un líder planee la ruta
Con una brújula infalible, Scott dirigió a su equipo de aventureros hasta el extremo de la tierra, y hacia una muerte infame. Hubieran sobrevivido si él, su líder, hubiese conocido la Ley de la Navegación.

5. LA LEY DE LA ADICIÓN............................55
Los líderes añaden valor por medio del servicio a los demás
¿Qué clase de ejecutivo de la lista de Fortune 500 trabaja en una mesa plegable, responde su propio teléfono, visita a sus empleados con frecuencia y es criticado por Wall Street por ser demasiado bueno con sus empleados? La clase de líder que comprende la Ley de la Adición.

6. LA LEY DEL TERRENO FIRME 71
La confianza es el fundamento del liderazgo
Si Robert McNamara hubiese conocido la Ley del Terreno Firme, la Guerra de Vietnam habría sido distinta, y se hubiera prevenido todo lo que sucedió en Estados Unidos debido a ella.

7. LA LEY DEL RESPETO 85
Por naturaleza, la gente sigue a los líderes más fuertes
Tenía contra ella cientos de circunstancias desfavorables en casi todos los aspectos, pero miles y miles de personas la consideraban su líder. ¿Por qué? Porque no podían escapar del poder de la Ley del Respeto.

8. LA LEY DE LA INTUICIÓN 101
Los líderes evalúan todas las cosas con pasión de liderazgo
¿Cómo sigue Steve Jobs reinventando Apple Computer y la lleva a un nuevo nivel? La respuesta se halla en la Ley de la Intuición.

9. LA LEY DEL MAGNETISMO 121
Usted atrae a quien es como usted
¿Cómo logró el ejército confederado, con poca gente y armamento, aguantar por tanto tiempo la ofensiva del ejército de la Unión? Los confederados tenían mejores generales. ¿Por qué? La Ley del Magnetismo lo explica claramente.

10. LA LEY DE LA CONEXIÓN 133
Los líderes tocan el corazón antes de pedir la mano
Cómo nuevo líder de la organización, John sabía que la persona más influyente podía aumentar su liderazgo. ¿Qué hizo entonces? Se acercó utilizando la Ley de la Conexión.

11. LA LEY DEL CÍRCULO ÍNTIMO 149
El potencial de un líder es determinado por quienes están más cerca de él
Lance Armstrong es considerado el mejor ciclista que jamás haya existido. La gente se lo achaca a su rudeza, a su entrenamiento brutal; pero no se dan cuenta que tiene que ver con la Ley del Círculo Íntimo.

12. LA LEY DEL OTORGAMIENTO DE PODERES ... 165

Sólo los líderes seguros otorgan poder a otros

Henry Ford es considerado un icono en la empresa norteamericana por haber revolucionado la industria automovilística. ¿Qué fue entonces lo que lo hizo tropezar de tal forma que su hijo llegó a temer que la Ford Motor Company se fuera a la quiebra? Quedó cautivo por la Ley del Otorgamiento de Poderes.

13. LA LEY DE LA IMAGEN 181

La gente hace lo que ve

La compañía Easy detuvo el avance alemán en la batalla de Las Árdenas y truncó la última esperanza de Hitler de detener a los aliados. Pudieron lograrlo porque sus líderes se aferraron a la Ley de la Imagen.

14. LA LEY DEL APOYO 199

La gente apoya al líder, luego a la visión

Ellos liberaron su nación por medio de la protesta pasiva aunque eso les costara las vidas de miles. ¿Qué los inspiró a hacer tal cosa? La Ley del Apoyo.

15. LA LEY DE LA VICTORIA 211

Los líderes encuentran la forma de que el equipo gane

¿Qué salvó a Inglaterra del bombardeo alemán; permitió que se aboliera lo más duro de la segregación racial en Sudáfrica, y ayudó a los Bulls de Chicago a ganar varias veces el campeonato mundial? En los tres casos la respuesta es la misma, los líderes vivían según la Ley de la Victoria.

16. LA LEY DEL GRAN IMPULSO 227

El impulso es el mejor amigo de un líder

Jaime Escalante ha sido llamado el mejor maestro de Estados Unidos, pero su capacidad como instructor es sólo la mitad de la historia. Su éxito y el de la escuela de bachillerato Garfield fue producto de la Ley del Gran Impulso.

17. LA LEY DE LAS PRIORIDADES 243
Los líderes entienden que la actividad no es necesariamente logro
Lo llamaban el mago. Él se enfocaba tanto en sus prioridades que si uno le hablaba de una fecha y de un momento específico, él podía decir con exactitud qué ejercicio hicieron sus jugadores y por qué. Eso lo hizo conquistar diez campeonatos. ¿Qué puede hacer por usted la Ley de las Prioridades?

18. LA LEY DEL SACRIFICIO 257
Un líder debe ceder para subir
¿Qué daría usted por la gente que le ha seguido? Este líder dio su vida. ¿Por qué? Porque entendía la Ley del Sacrificio.

19. LA LEY DEL MOMENTO OPORTUNO 273
Cuando ser un líder es tan importante como qué hacer y dónde ir
Los líderes en todos los niveles fallaron: el alcalde, el gobernador, el secretario del gabinete y el presidente. Ninguno comprendió la devastación potencial que puede ocurrir cuando un líder hace caso omiso de la Ley del Momento Oportuno.

20. LA LEY DEL CRECIMIENTO EXPLOSIVO.......... 287
Para añadir crecimiento, dirija seguidores; para multiplicarse, dirija líderes
¿Es posible capacitar a más de un millón de personas alrededor del mundo? Si lo es, si utiliza la matemática del líder. Ese es el secreto de la Ley del Crecimiento Explosivo.

21. LA LEY DEL LEGADO 303
El valor duradero del líder se mide por la sucesión
¿Qué es lo que la gente diría en su funeral? Lo que digan mañana depende de cómo viva usted hoy la Ley del Legado.

Conclusión 313
Apéndice A: Evaluación del liderazgo según las 21 leyes.................... 315
Apéndice B: Guía de crecimiento de las 21 leyes............................ 323
Notas.. 329
Acerca del autor.. 337

PREFACIO

de Stephen R. Covey

Cuando John Maxwell me pidió que escribiera el prólogo para esta edición del décimo aniversario de la publicación de su libro *Las 21 leyes irrefutables del liderazgo*, me sentí honrado e intrigado a la vez. Durante las dos últimas décadas, John y yo hemos viajado en senderos paralelos tanto en lo que hablamos como en lo que escribimos. Ambos hemos sido llamados «expertos en liderazgo» con el paso de los años. Conocemos y respetamos el trabajo el uno del otro, pero a pesar de las similitudes entre nuestros mensajes, muy pocas veces hemos hablado al mismo público anteriormente.

Así que el hecho de recomendar este libro me permite presentar a John Maxwell y sus enseñanzas ante los miembros de mi audiencia que no han leído todavía su obra. Y ¿qué mejor libro puedo recomendar que esta versión nueva y mejorada de *Las 21 leyes irrefutables del liderazgo*? Sirve como un tipo de manifiesto para sus enseñanzas y su vida. Estudie este libro y usted llegará a conocer tanto a John Maxwell, la persona, como su filosofía de liderazgo.

Cuando *Las 21 leyes* fue publicado por primera vez en 1998, me di cuenta inmediatamente de lo prácticas y fáciles de aplicar que eran las leyes; todavía lo son. Por más de tres décadas, John Maxwell ha ganado su reputación como comunicador, y como él dice, los comunicadores «hacen sencillo lo que es complicado». Más que un análisis un tanto esotérico del liderazgo, este libro viene a ser más bien un manual de instrucción fundamental. En cada capítulo, usted *conocerá* individuos que obedecieron, o no, la ley en cuestión. La ley misma es definida de manera clara y sencilla; y, lo más importante, John le dará los pasos específicos para aplicarla en el liderazgo de su oficina, comunidad, familia o iglesia.

Respecto a esta revisión, John me dijo que estaba muy entusiasmado con la oportunidad de incluir las lecciones que él ha aprendido desde que *Las 21 leyes* se escribieron por primera vez. Sé muy bien a lo que se refiere. El liderazgo no es estático y tampoco deberían de serlo los libros que hablan al respecto. Yo creo que esta edición revisada tendrá un impacto aun mayor del que tuvo su predecesora. Las leyes han sido actualizadas, las ilustraciones refinadas y las aplicaciones realzadas. Los conceptos fundamentales del liderazgo no han sido abandonados; se diría más bien que han sido actualizados para una nueva generación de líderes. Si la edición original era buena, esta nueva es aun mejor.

Si el libro *Las 21 leyes irrefutables del liderazgo* es nuevo para usted, déjeme decirle que le va a encantar. Cambiará la manera en la que vive y dirige. Conforme lea, será desafiado y su capacidad de liderar aumentará. Si ha leído el original, entonces usted estará maravillado con esta nueva edición. Aprenderá muchas lecciones nuevas, a la vez recordará verdades que le serán de gran ayuda. Al dedicar un tiempo a la aplicación de las actividades, agudizará verdaderamente sus destrezas.

Confío en que usted disfrutará y se beneficiará de la lectura de este libro, de la misma manera en que lo hice yo. ¡Encontrará historias de liderazgo absolutamente inspiradoras y sorprendentes!

STEPHEN R. COVEY
autor del libro *Los 7 hábitos de la gente altamente efectiva, El 8° hábito* y *Grandeza para cada día*

AGRADECIMIENTOS

Me gustaría agradecer a los miles de líderes alrededor del mundo que aprendieron y hasta desafiaron a veces las leyes del liderazgo, afinando mi filosofía en el proceso.

Gracias al equipo de Thomas Nelson por haberme dado la oportunidad de revisar y mejorar este libro, especialmente a Tami Heim por su liderazgo estratégico y a Víctor Oliver quien fuera instrumental en el desarrollo del concepto original.

También deseo agradecer a mi asistente ejecutiva, Linda Eggers, y a su ayudante, Sue Cadwell, por su increíble servicio y disposición de esforzarse tanto cada día.

Por último, deseo agradecer a Charlie Wetzel, mi escritor, y a su esposa, Stephanie. Este libro no hubiera sido escrito sin la ayuda de ellos.

INTRODUCCIÓN

Cada libro es una conversación entre el autor y el individuo que lo lee. Algunas personas toman un libro esperando encontrar un poco de ánimo. Otras devoran la información del libro como si estuvieran asistiendo a un seminario intensivo. Otras más, encuentran en sus páginas un mentor con el que pueden reunirse diariamente, semanalmente o mensualmente.

Lo que me encanta al escribir libros es que me permite «hablar» a muchas personas que nunca podré conocer en persona. Es por eso que tomé la decisión en 1977 de convertirme en autor. Mi deseo de darles más valor a las personas era tan apasionado que me inspiró a escribir. Esa pasión todavía está en mí hasta la fecha. No son muchas las cosas que me gratifican más que estar de gira, encontrarme con alguien que nunca había conocido antes y que me diga: «Gracias. Sus libros realmente me han ayudado». ¡Por eso escribo e intento seguir haciéndolo! A pesar de la gran satisfacción de saber que mis libros les han ayudado a las personas, también hay una frustración que conlleva el ser autor. Una vez que un libro ha sido publicado, se congela en el tiempo. Si usted y yo nos conociéramos personalmente y nos reuniéramos semanalmente o mensualmente para hablar acerca del liderazgo, cada vez que nos reuniéramos, le compartiría algo nuevo que he aprendido. Yo sigo creciendo como persona. Leo constantemente. Analizo mis errores. Converso con grandes líderes para aprender de ellos. Cada vez que usted y yo nos sentáramos a hablar le diría: «No creerías lo que acabo de aprender».

Como conferencista y orador, con frecuencia enseño los principios que presento en mis libros y constantemente estoy actualizando mi material. Utilizo nuevas historias. Refino mis ideas. Y con frecuencia tengo una mejor perspectiva al pararme frente a una audiencia. Sin embargo, cuando vuelvo a los libros que he escrito previamente, me he dado cuenta de lo que he cambiado desde que los escribí. Eso me frustra, porque los libros no pueden crecer y cambiar junto conmigo.

Es por eso que me emocioné cuando mi editorial, Thomas Nelson, me pidió que revisara *Las 21 leyes irrefutables del liderazgo* para una edición especial de décimo aniversario. Cuando escribí el libro originalmente, lo hice para responder a la declaración: «Si yo pudiera reunir todo lo que he aprendido sobre el liderazgo durante todos estos años y lo resumiera en una lista breve, ¿cuál sería?» En papel escribí lo esencial del liderazgo, comunicado de la forma más sencilla y clara posible. Tan pronto el libro salió a la venta y apareció en cuatro listas diferentes de éxitos de librería, me di cuenta de que tenía el potencial de ayudar a muchas personas para que fueran mejores líderes.

CRECIMIENTO = CAMBIO

No obstante ahora, años más tarde, existen algunas cosas que no me satisfacen de la edición original. Sabía que podía mejorar algunas ideas. Algunos de los relatos se han vuelto anticuados y quería remplazarlos con otras historias. También desarrollé un nuevo material para explicar mejor e ilustrar algunos de esos principios. Mientras enseñaba las leyes en docenas de países alrededor del mundo por casi una década, respondí miles de preguntas acerca de ellas. Ese proceso me ayudó a reflexionar más en lo que había escrito. Esta edición del décimo aniversario me ha permitido presentar esas mejorías.

El mayor cambio que quería hacer con respecto al libro original se centra en dos de las leyes, principalmente. Seguro te estás preguntando: *¿Qué? ¿Cómo se puede* cambiar *una de las leyes* irrefutables?

Primero, al enseñarlas descubrí que dos de esas leyes en realidad eran subtemas de otras leyes. La Ley de E. F. Hutton (Cuando un verdadero líder habla, la gente escucha) en realidad era sólo un aspecto más de la Ley de la Influencia, (La verdadera medida del liderazgo es la influencia, nada más, nada menos). Cuando las personas se detienen a escuchar cuando un líder habla, están revelando que esa persona tiene influencia. Ya que las ideas de la Ley de E. F. Hutton eran parte de la Ley de la Influencia, combiné esos dos capítulos. De igual manera, reconocí que la Ley de la Reproducción (Se necesita un líder para levantar otro líder) se asumía en la Ley del Crecimiento Explosivo (Para añadir crecimiento, dirija seguidores; para multiplicarse, dirija líderes). Por esa razón, combiné esas leyes también.

Otra cosa que sucedió fue que comencé a darme cuenta de que había olvidado algunas cosas cuando escribí sobre las leyes del liderazgo al principio. Mi primera omisión la descubrí cuando comencé a enseñar las leyes en países en desarrollo. Descubrí que en muchos de esos lugares, el liderazgo se enfoca en la posición, el privilegio y el poder. En mi paradigma del liderazgo, di algunas cosas por hecho. Como yo veo el liderazgo principalmente como una forma de servicio nunca había identificado una ley que enseñara ese principio. La segunda omisión tuvo que ver con ejemplarizar el liderazgo e impactar la cultura de una organización. El resultado fueron dos nuevas leyes en esta edición del décimo aniversario de *Las 21 leyes irrefutables del liderazgo*:

La Ley de la Adición: Los líderes añaden valor al servir a los demás.
La Ley de la Imagen: Las personas hacen lo que ven.

Desde una perspectiva actual me pregunto: *¿Cómo se me pasaron por alto?* Lo bueno fue que a usted no se le pasaron por alto. Estoy seguro que estas dos leyes le servirán en su habilidad de dirigir. Servir a los demás y mostrarles la forma de hacerlo son componentes vitales de un liderazgo exitoso. Me gustaría revisar cada uno de los libros que he escrito cada diez años para incluir cosas que he pasado por alto.

MÁS LECCIONES APRENDIDAS

Hay otras dos cosas que he visto al enseñar las 21 leyes estos últimos diez años:

1. El liderazgo requiere la habilidad de hacer bien más que una sola cosa

Las personas exitosas, instintivamente, comprenden que el enfoque es algo importante para llegar a la meta, pero el liderazgo es muy complejo. Durante un receso en una de las conferencias donde estaba enseñando las 21 leyes, un estudiante universitario se me acercó y me dijo: «Sé que está enseñando las 21 leyes del liderazgo, pero quiero saber qué es lo más importante». Con algo de intensidad, me apuntó con su dedo y me preguntó: «¿Qué es lo único que necesito saber acerca del liderazgo?»

Intentando emular intensidad, le apunté con mi dedo y le respondí: «Lo único que necesita saber acerca del liderazgo es que hay más de una sola cosa que se necesita saber acerca del liderazgo». Para dirigir bien, debemos hacer las veintiuna cosas bien.

2. Nadie realiza bien todas las 21 leyes

A pesar del hecho que debemos realizar las veintiún cosas bien para ser líderes excelentes, la realidad es que ninguno de nosotros puede realizarlas todas completamente bien. Por ejemplo, yo me considero promedio o poco menos que una persona promedio en cinco de las leyes, y yo escribí el libro. Entonces ¿qué debe hacer un líder? ¿Debe ignorar esas leyes? No. Debe desarrollar un equipo de liderazgo.

Al final de este libro existe una evaluación de liderazgo. Le animo para que la realice y así examine su actitud con cada ley. Una vez que haya descubierto en cuales leyes usted es una persona promedio o poco menos que eso, comience a buscar miembros en su equipo cuyas cualidades sean fuertes donde las suyas son débiles. De esa forma se complementarán y todo el equipo saldrá beneficiado. Eso hará que usted desarrolle un equipo de liderazgo excepcional. Recuerde, ninguno de nosotros es tan listo como todos nosotros juntos.

ALGUNAS COSAS NUNCA CAMBIAN

Aun cuando he hecho ajustes a las leyes y he actualizado las formas en que las enseño, algunas cosas no han cambiado en los últimos diez años. Todavía sigue siendo cierto que el liderazgo es liderazgo, sin importar adónde vaya usted o lo que haga. Los tiempos cambian. La tecnología avanza. Las culturas son diferentes de un lugar a otro, pero los principios de liderazgo son constantes, sin importar si estamos analizando a los ciudadanos de la antigua Grecia, a los hebreos en el Antiguo Testamento, los ejércitos del mundo moderno, los líderes de la comunidad internacional, los pastores de las iglesias, o los hombres de negocios de la economía global actual. Los principios del liderazgo pasan la prueba del tiempo. Son irrefutables.

Me gustaría que mientras lee los siguientes capítulos tenga presente las cuatro ideas siguientes:

1. Las leyes pueden ser aprendidas. Algunas son más fáciles de entender y aplicar que otras, pero cada una de ellas puede ser adquirida.
2. Las leyes son independientes. Cada ley complementa todas las demás, pero usted no necesita una para poder aprender otra.

3. Las leyes traen consigo consecuencias. Aplique las leyes, y la gente lo seguirá a usted. Quebrántelas o páselas por alto, y no podrá dirigir a otros.

4. Estas leyes son el fundamento del liderazgo. Una vez que usted aprende los principios, debe ponerlos en práctica y aplicarlos a su vida.

Sea que, como seguidor, esté apenas comenzando a descubrir el impacto del liderazgo, o que sea un líder natural que ya tiene seguidores, usted puede ser un mejor líder. Es posible que cuando lea las leyes se dé cuenta de que ya está practicando eficazmente algunas de ellas; otras leyes expondrán vulnerabilidades que usted no sabía que tenía, pero mientras mayor sea el número de leyes que aprenda, mejor líder llegará a ser. Cada ley es como un instrumento, listo para ser tomado y usado para ayudarle a alcanzar sus sueños y sumar valor a otras personas. Tome aunque sea una de las leyes, y se convertirá en un mejor líder. Apréndalas todas, y la gente lo seguirá gustosamente.

Ahora abramos juntos la caja de herramientas.

1

❧

LA LEY DEL TOPE

*La capacidad de liderazgo determina el nivel de
eficacia de una persona*

A menudo comienzo mis conferencias sobre el liderazgo explicando la Ley del Tope, porque esta ayuda a la gente a entender el valor del liderazgo. Si usted puede asirse de esta ley, podrá visualizar el impacto increíble del liderazgo en cada aspecto de la vida. La capacidad de liderazgo es el tope que determina el nivel de eficacia de una persona. Cuanto menor es la capacidad de dirigir de un individuo, tanto más bajo está el tope de su potencial. Cuanto más alto está su nivel de liderazgo, tanto mayor es su eficacia. Por ejemplo, si su liderazgo obtiene una puntuación de 8, su eficacia no puede obtener más de 7. Si su liderazgo es únicamente de 4 puntos, su eficacia no es de más de 3. Su capacidad de liderazgo, para bien o para mal, siempre determina su eficacia y el impacto potencial de su organización.

Permítame referirle una historia que ilustra la Ley del Tope. En 1930, dos jóvenes hermanos llamados Dick y Maurice se mudaron de New Hampshire a California en busca del «sueño americano». Acababan de salir de la escuela de bachillerato y eran muy pocas las oportunidades que había en su pueblo natal, de modo que partieron rumbo a

Hollywood donde finalmente encontraron empleo en el escenario de un estudio de cinematografía.

Después de un tiempo, el espíritu empresarial y el interés en la industria del entretenimiento que tenían los hermanos los impulsaron a abrir un teatro en Glendale, una ciudad a cinco millas al noreste de Hollywood. Sin embargo, a pesar de todos sus esfuerzos, no les fue posible hacer que el negocio resultara rentable. En los cuatro años que dirigieron el teatro no pudieron generar de manera continua suficiente dinero para pagar el alquiler de cien dólares que les cobraba el propietario.

UNA NUEVA OPORTUNIDAD

Los hermanos tenían un fuerte deseo de triunfo, de modo que siguieron buscando mejores oportunidades para un negocio. Finalmente, en 1937, se les ocurrió algo que sí funcionó. Abrieron un pequeño restaurante de «autoservicio» en Pasadena, al este de Glendale. La gente del sur de California se había hecho muy dependiente de sus autos, y la cultura estaba cambiando para adaptarse a esta realidad, lo cual incluía los negocios.

Los restaurantes de «autoservicio» constituyeron un fenómeno que surgió al principio de los años treinta, y se estaban haciendo muy populares. Los clientes no entraban a un comedor a comer, sino que entraban en su automóvil a un estacionamiento alrededor de un restaurante, ordenaban lo que deseaban a un camarero que se les acercaba, y recibían sus alimentos en bandejas dentro de sus autos. Se usaban platos de loza, vasos de vidrio y cubiertos de metal. Esta era una idea oportuna en una sociedad que se volvía cada vez más móvil y acelerada.

El pequeño restaurante de «autoservicio» de Dick y Maurice resultó un éxito extraordinario, y en 1940, los hermanos decidieron mudar sus operaciones a San Bernardino, ciudad a cincuenta millas al este de Los Ángeles donde la clase trabajadora experimentaba una prosperidad repentina. Construyeron una instalación más grande y expandieron su menú de «perros calientes», papas fritas, y batidos, para incluir emparedados de carne y cerdo a la barbacoa. El negocio floreció. Las ventas anuales llegaron a los $200.000, y cada hermano recibía una ganancia de $50.000 cada año, suma que los colocó en la élite económica de la ciudad.

En 1948, la intuición les dijo que los tiempos estaban cambiando, e hicieron modificaciones a su negocio. Eliminaron el servicio en los autos y comenzaron a servir a los clientes en el interior del local. También aumentaron la eficiencia del proceso de servicio. Redujeron su menú y se concentraron en vender hamburguesas. Eliminaron los platos, los vasos de vidrio, y los cubiertos de metal e introdujeron productos de cartón y de plástico. Redujeron los costos y el precio a los clientes. También crearon lo que llamaron el «Sistema de Servicio Rápido». La cocina se convirtió en algo así como una línea de ensamblaje, en la que cada persona se concentraba en servir con rapidez. La meta de los hermanos era servir la orden de cada cliente en treinta segundos o menos. Y tuvieron éxito. A mediados del decenio de los cincuenta, el ingreso anual llegó a $350.000, y ya para entonces Dick y Maurice recibían cada uno una ganancia anual de $100.000.

¿Quiénes eran estos dos hermanos? En aquellos días, usted hubiese podido conocerlos si hubiera llegado en su auto al pequeño restaurante que tenían en la esquina de la calle Catorce y la Calle E en San Bernardino. Al frente del pequeño edificio octagonal colgaba un letrero de neón que simplemente decía McDonald's Hamburgers. Dick y Maurice McDonald habían ganado el premio gordo norteamericano. Y el resto, como se dice, es historia, ¿no es cierto? Incorrecto. Los McDonald no llegaron más lejos porque su débil liderazgo puso un tope a su capacidad de triunfo.

LA HISTORIA DETRÁS DE LA HISTORIA

Es muy cierto que los hermanos McDonald tenían su futuro económico asegurado. Su restaurante era uno de los más rentables en todo el país, y no hallaban cómo gastar todo el dinero que hacían. La genialidad de los hermanos consistía en el servicio al cliente y la organización de la cocina. Ese talento contribuyó a la creación de un nuevo sistema de servicio de comida y bebida. De hecho, aquel talento era tan conocido en los círculos de servicios de alimentos, que la gente comenzó a escribirles y a visitarlos de todas partes del país para aprender más de sus métodos. Llegaron a un punto en que recibían trescientas llamadas y cartas cada mes. Esto les dio la idea de lanzar al mercado el concepto McDonald's. La idea de la franquicia de restaurantes no era nueva. Había estado en funcionamiento durante varias décadas. Para los hermanos McDonald era una forma de hacer dinero sin tener que abrir ellos mismos otro restaurante. Comenzaron a poner en práctica esta idea en 1952, pero el esfuerzo resultó un fracaso catastrófico. La razón fue muy simple. No tenían el liderazgo necesario para aplicar la idea en forma eficaz. Dick y Maurice eran buenos propietarios de restaurantes. Sabían cómo dirigir un negocio, crear sistemas eficientes, reducir costos, y aumentar las ganancias. Eran gerentes eficientes, pero no eran líderes. Sus patrones de pensamiento pusieron un tope a lo que hubieran podido hacer y llegar a ser. En la cumbre de su éxito, Dick y Maurice se hallaban exactamente contra la Ley del Tope.

LOS HERMANOS SE ASOCIAN CON UN LÍDER

En 1954, los hermanos cerraron un trato con un hombre llamado Ray Kroc, quien sí era un líder. Kroc había estado dirigiendo una pequeña compañía que él mismo había fundado, dedicada a la venta de máquinas para hacer batidos. Él conocía a los McDonald. El restaurante de estos era uno de sus mejores clientes.

Tan pronto visitó el negocio, tuvo la visión de su gran potencial, pudo ver en su mente al restaurante en toda la nación, en cientos de mercados. Al poco tiempo cerró un trato con Dick y Maurice, y en 1955 creó McDonald's System, Inc. (llamado posteriormente McDonald's Corporation).

Kroc inmediatamente compró los derechos a una franquicia a fin de poder usarla como modelo y prototipo para vender otras franquicias. Entonces comenzó a formar un equipo y a erigir una organización para convertir a McDonald's en una entidad nacional. Reclutó y empleó a la gente más hábil que pudo encontrar, y cuando su equipo creció en tamaño y capacidad, sus asociados reclutaron a otras personas con capacidad de liderazgo.

En los primeros años, Kroc sacrificó mucho. Aunque tenía más o menos cincuenta y cinco años, trabajaba largas horas exactamente como lo había hecho al entrar en los negocios treinta años atrás. Eliminó asuntos superfluos en casa, como su afiliación en el club campestre, lo cual, según dijo él después, añadió diez golpes a su juego de golf. Durante sus primeros ocho años con McDonald's, no recibió salario. Y no sólo eso, sino que personalmente pidió dinero prestado al banco y contra su seguro de vida para ayudar a cubrir los salarios de unos cuantos líderes clave que deseaba mantener en el equipo. Su sacrificio y su liderazgo dieron buenos resultados. En 1961, por la suma de $2.7 millones, Kroc compró los derechos exclusivos de los hermanos McDonald's, y procedió a convertir la compañía en una institución norteamericana y una entidad mundial.

El «tope» en la vida y el liderazgo de Ray Kroc era obviamente mucho más alto que el de sus predecesores.

En los años que Dick y Maurice McDonald habían intentado otorgar la franquicia de su sistema de servicio de comida, solamente pudieron vender el concepto a quince compradores, y sólo diez de estos realmente abrieron restaurantes. Y aun en esa pequeña empresa, su liderazgo y visión limitados representaron obstáculos. Por ejemplo, cuando su primer concesionario, Henil Fox de Phoenix, les dijo que deseaba llamar McDonald's a su restaurante, la respuesta de Dick fue: «¿Para qué? McDonald's no significa nada en Phoenix».

Por otra parte, el tope del liderazgo en la vida de Ray Kroc iba por las nubes. Entre 1955 y 1959, Kroc tuvo éxito en la apertura de cien restaurantes. Cuatro años después, había quinientos McDonald's. Hoy la compañía ha abierto más de treinta y un mil restaurantes en ciento diecinueve países.[1] La capacidad de liderazgo o más específicamente, la falta de capacidad de liderazgo, fue el tope de la eficacia de los hermanos McDonald.

BUEN ÉXITO SIN LIDERAZGO

Creo que el éxito está al alcance de casi todo el mundo, pero también creo que el éxito personal sin capacidad de liderazgo sólo produce una eficacia limitada. El impacto de una persona representa sólo una fracción de lo que podría ser si esta tuviese un buen liderazgo. Cuanto más alto desee escalar, tanto más necesitará el liderazgo. Cuanto más alto sea el impacto que desee causar, tanto mayor influencia necesitará. Lo que alcance estará restringido por su capacidad de dirigir a otros.

Permítame darle una ilustración de lo que quiero expresar. Digamos que en lo que se refiere al éxito, usted obtiene una puntuación de 8 (en una escala del 1 al 10). Esta es muy buena puntuación. Creo que sería justo decir que los hermanos McDonald estaban en esa categoría.

> *Cuanto más alto desee escalar, tanto más necesitará el liderazgo. Cuanto más alto sea el impacto que desee causar, tanto mayor influencia necesitará.*

Pero digamos, también, que el liderazgo no es algo importante para usted. No le interesa y no hace ningún esfuerzo para desarrollarse en el área de liderazgo. Su capacidad de liderazgo es sólo de 1. Su nivel de eficacia sería algo así:

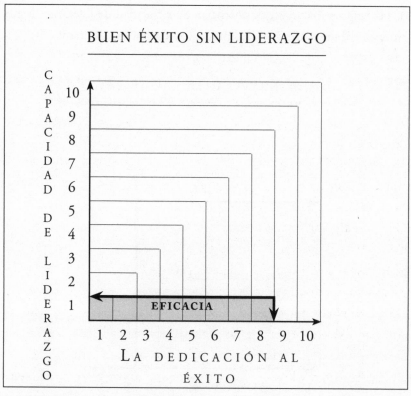

BUEN ÉXITO SIN LIDERAZGO

Para aumentar su nivel de eficacia, usted tiene varias alternativas. Podría trabajar muy duro para aumentar su dedicación al éxito y a la excelencia de trabajar para llegar a la puntuación de 10. Es posible que pueda llegar a este nivel, aunque según la Ley de los Rendimientos Decrecientes, el esfuerzo que tendría que hacer para aumentar esos últimos 2 puntos podría exigirle más energía de la que usó para alcanzar los primeros 8 puntos. Si realmente hizo un esfuerzo sobrehumano, pudo aumentar su éxito ese veinticinco por ciento.

Sin embargo, usted tiene otra opción. Puede trabajar duro para aumentar su nivel de *liderazgo*. Digamos que su nivel de liderazgo natural es un 4, un poco debajo del nivel promedio. Usando nada más que el talento que le dio Dios, aumenta su nivel de eficacia trescientos por ciento. Pero digamos que usted se convierte en un verdadero estudiante de liderazgo y maximiza su potencial. Su capacidad de liderazgo llega a obtener, digamos, un 7. Visualmente, los resultados serían así:

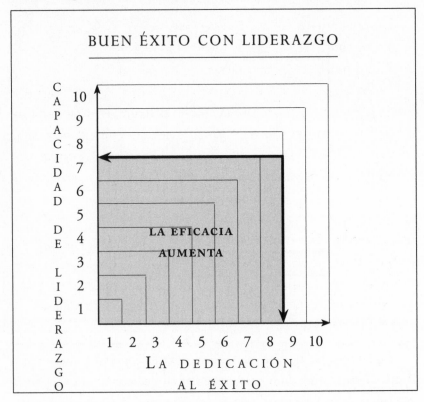

BUEN ÉXITO CON LIDERAZGO

Al aumentar su capacidad de liderazgo, sin aumentar su dedicación al éxito en lo más mínimo, usted puede aumentar su eficacia original ¡500 por ciento! Si fuera a aumentar su liderazgo a 8, y empatara su dedicación al éxito, podría aumentar su eficacia ¡700 por ciento! El liderazgo tiene un efecto multiplicador.

Una y otra vez he visto su impacto en todo tipo de negocios y organizaciones sin fines de lucro. Y por eso he enseñado acerca del liderazgo por más de veinte años.

PARA CAMBIAR EL RUMBO DE LA ORGANIZACIÓN, CAMBIE EL LÍDER

La capacidad de liderazgo siempre es el tope de la eficacia personal y de la organización. Si el liderazgo es fuerte, el tope es alto, pero si no lo es, entonces la organización está limitada.

Por eso, en momentos de dificultad, obviamente las organizaciones buscan un nuevo liderazgo. Cuando el país experimenta tiempos difíciles, elige un nuevo presidente. Cuando una compañía está perdiendo dinero, emplea un nuevo jefe principal. Cuando una iglesia está confusa, busca un nuevo pastor principal. Cuando un equipo deportivo pierde una y otra vez, busca un nuevo entrenador.

La relación entre liderazgo y eficacia es evidente en los deportes. Por ejemplo, si usted observa las organizaciones deportivas profesionales, verá que rara vez se cuestiona el talento del equipo. Casi todos los equipos tienen jugadores sumamente talentosos. El liderazgo del entrenador y de varios jugadores clave es lo que hace la diferencia.

La eficacia personal y dentro de una organización guarda proporción con la fuerza del liderazgo.

Cuando un equipo con talento no gana un evento debemos examinar el liderazgo.

Dondequiera que mire, usted podrá encontrar personas inteligentes, talentosas y exitosas que sólo llegan hasta allí debido a las limitaciones de su liderazgo. Por ejemplo, cuando Apple inició operaciones a fines de los años setenta, Steve Wozniak era el cerebro detrás del computador Apple.

Su tope de liderazgo era bajo, pero ese no era el caso de su socio, Steve Jobs.

Su tope era tan alto que erigió una organización de categoría mundial y le dio un valor de nueve cifras. Ese es el impacto de la Ley del Tope.

Hace algunos años, conocí a Don Stephenson, presidente de Global Hospitality Resources, Inc., de San Diego, California, una compañía internacional de asesoría y consultoría en servicios de hospitalidad. Durante el almuerzo le hice preguntas acerca de su organización. En la actualidad es consultor principalmente, pero al comienzo había asumido la administración de hoteles y centros de turismo a los que no les iba bien económicamente. La compañía supervisaba muchas instalaciones excelentes como La Costa en el sur de California.

Don dijo que cuando ellos asumían la administración de una organización, siempre comenzaban haciendo dos cosas: Primero, capacitaban a todo el personal para mejorar su nivel de servicio a los clientes; y segundo, despedían al líder. Cuando él me dijo eso, al principio me sorprendí.

«¿Siempre lo despiden?», pregunté. «¿Todas las veces?»

«Sí. Todas las veces», dijo él.

«¿No hablan primero con la persona, para ver si es un buen líder?» dije yo.

«No», respondió él. «Si fuera un buen líder, la organización no estuviera en el caos en que está».

Yo pensé: *Por supuesto, es la Ley del Tope.* Para alcanzar el nivel más alto de eficacia, usted debe elevar el tope, en una forma u otra.

La buena noticia es que el despido del líder no es la *única* forma. Así como enseño en mis conferencias que hay un tope, también enseño que usted puede elevarlo, pero eso es tema de otra ley del liderazgo.

Aplique
LA LEY DEL TOPE
a su vida

1. Haga una lista de sus objetivos más importantes. (Intente enfocarse en aquellos objetivos significativos, cosas que requerirán un año o más de su tiempo. Haga una lista de al menos cinco pero no más de diez metas.) Ahora identifique cuáles requieren la participación o la cooperación de otras personas. En estas actividades, su capacidad de liderazgo impacta grandemente su efectividad.

2. Evalúe su habilidad de liderazgo. Haga la evaluación de liderazgo en Apéndice A al final de este libro para darse una idea de su habilidad básica de liderazgo.

3. Pídale a otras personas que califiquen su liderazgo. Hable con su jefe, su cónyuge, dos colegas (del mismo rango) y tres personas que estén bajo su mando y pregúnteles acerca de su habilidad de liderazgo. Pídale a cada uno de ellos que lo enumeren en una escala del 1 al 10 (siendo el 1 lo más bajo y 10 lo más alto) en cada una de las siguientes áreas:

- Don de gente
- Pensamiento planificador y estratégico
- Visión
- Resultados

Promedie las calificaciones y compárelas con su propia evaluación. En base a estas evaluaciones, ¿es su habilidad de liderazgo mejor o peor de lo que esperaba? ¿Existe una brecha entre su evaluación y la de los demás? ¿Cuál cree que sea la causa? ¿Está lo suficientemente dispuesto a crecer en esta área de liderazgo?

2

⁓⁘⁓

LA LEY DE LA INFLUENCIA

La verdadera medida del liderazgo es la influencia,
nada más, nada menos

¿Cómo son los líderes? ¿Siempre *aparecen* poderosos, impresionantes, carismáticos a primera vista? Y ¿cómo se *mide* la efectividad
de un líder? ¿Se puede poner a dos personas una al lado de la otra e instantáneamente saber cuál es el mejor líder entre ellas? Estas son preguntas que las personas se han hecho por cientos de años.

Una de las líderes más efectivas del siglo veinte, a primera vista, no
tenía nada de impresionante. Cuando las personas piensan en la Madre
Teresa, visualizan una mujer frágil dedicada a servir a los más pobres. Es
cierto, así era ella, pero también era una gran líder. Lo digo porque ella
tenía una asombrosa cantidad de influencia sobre los demás. Y si uno no
tiene influencia, *nunca* podrá dirigir a los demás.

PEQUEÑA ESTATURA—GRAN IMPACTO

Lucinda Vardey, quien trabajó con la Madre Teresa en el libro *Camino de
sencillez*, describía a la monja como «la quintaesencia, empresaria dinámica, que había percibido una necesidad y había hecho algo al respecto,

que contra viento y marea había levantado una organización, formulado
la constitución de la misma, y establecido sucursales en todo el mundo»

La organización fundada y dirigida
por la Madre Teresa se llama Misio-
neras de la Caridad. Mientras otras
órdenes vocacionales de la iglesia
católica decaían, la de ella creció rápidamente, hasta tener más de cuatro

> *Si uno no tiene influencia,
> nunca podrá dirigir a los
> demás.*

mil miembros durante el tiempo que ella vivió (*sin* incluir la gran cantidad de voluntarios). Durante su dirección, sus seguidores sirvieron en
veinticinco países en cinco continentes. Sólo en Calcuta estableció un
hogar para niños, un centro para personas con lepra, un hogar para personas moribundas y desvalidas, y un hogar para gente que sufre de tuber-
culosis o de trastornos mentales. Este complejo tipo de organización sólo
puede ser creado por un verdadero líder.

La influencia de la Madre Teresa se extendió mucho más allá de su
entorno inmediato. Personas de todas las clases sociales de todos los países del planeta la respetaban, y cuando hablaba, la escuchaban. La autora
y anterior escritora de discursos presidenciales, Peggy Noonan, escribió
acerca de un discurso que dio la Madre Teresa en el Desayuno Nacional
de Oración en 1994. Noonan dijo:

La clase dirigente de Washington estaba allí, más unos cuantos miles
de cristianos nacidos de nuevo, católicos ortodoxos, y judíos. La Madre
Teresa habló de Dios, del amor, de la familia. Dijo que debemos amar-
nos unos a otros y preocuparnos unos por otros. Muchos mostraron
estar de acuerdo, pero cuando el discurso continuó, se volvió más específico. Habló de padres infelices en los asilos de ancianos que están «heridos porque han sido olvidados». Ella preguntó: «¿Estamos dispuestos a
dar hasta que nos duela a fin de estar con nuestras familias, o ponemos
primero nuestros propios intereses?»

Las personas entre cuarenta y cincuenta años de edad que estaban en el auditorio comenzaron a moverse en sus asientos. Y la madre continuó. «Creo que hoy el mayor destructor de la paz es el aborto», dijo ella, y les explicó el porqué en términos intransigentes. Por unos tres segundos hubo silencio, luego los aplausos llenaron el auditorio. No todos aplaudieron; el presidente Clinton y la primera dama, el vicepresidente Gore y su esposa parecían estatuas de cera del museo Madame Tussaud sin mover un solo músculo. La Madre Teresa tampoco se detuvo allí. Cuando hubo terminado, casi todos los concurrentes habían sido ofendidos.[1]

Si casi cualquier otra persona del mundo hubiese hecho esas declaraciones, las reacciones del público hubieran sido abiertamente hostiles. La gente habría abucheado, insultado, o salido de la sala intempestivamente; pero la oradora era la Madre Teresa, probablemente la persona más respetada del mundo en ese tiempo. De modo que todos escuchaban lo que ella tenía que decir, aunque muchos estuviesen en completo desacuerdo con lo que decía. De hecho, cada vez que la Madre Teresa hablaba, la gente escuchaba. ¿Por qué? Ella era una verdadera líder, y cuando el verdadero líder habla, la gente escucha. El liderazgo es influencia, nada más nada menos.

LIDERAZGO NO ES…

La gente tiene muchos conceptos erróneos acerca del liderazgo. Cuando las personas oyen que alguien tiene un título impresionante o una posición de liderazgo asignada, suponen que la persona es un líder. *A veces* es cierto, pero los títulos no tienen mucho valor cuando se trata del liderazgo.

El verdadero liderazgo no puede ser otorgado, nombrado, ni asignado. Sólo procede de la influencia, y esta no puede imponerse. Debe ser ganada. Lo único que un título puede comprar es un poco de tiempo, sea para aumentar su nivel de influencia sobre otros o para eliminarlo.

CINCO MITOS SOBRE EL LIDERAZGO

La gente ha adoptado muchos mitos o conceptos erróneos acerca de los líderes y el liderazgo. He aquí los cinco más comunes:

1. EL MITO DE LA ADMINISTRACIÓN

Un error muy difundido es que el liderazgo y la administración son lo mismo. Hasta hace unos pocos años, libros que proclamaban ser sobre liderazgo por lo general eran realmente sobre administración. La diferencia principal entre las dos cosas es que el liderazgo consiste en influir en la gente para que siga al líder, mientras que la administración se enfoca en los sistemas y los procesos de mantenimiento. Como antiguo presidente y jefe principal de la Chrysler, Lee Iacocca comentó a manera de parodia: «Algunas veces, hasta el mejor administrador se asemeja al muchacho que pasea un perro grande y espera a ver dónde quiere ir el animal para entonces llevarlo allá».

> *Lo único que un título puede comprar es un poco de tiempo, sea para aumentar su nivel de influencia sobre otros o para eliminarlo.*

La mejor forma de probar si una persona es líder en vez de administrador es pedirle que haga algunos cambios positivos. Los administradores pueden mantener el rumbo, pero no pueden cambiarlo. Para cambiar el rumbo de las personas, se necesita influencia.

2. EL MITO DEL EMPRESARIO

Con gran frecuencia la gente supone que todos los vendedores y empresarios son líderes, pero no siempre es así. Tal vez usted recuerda los comerciales de Ronco que aparecieron por televisión hace años. Vendían artefactos como Veg-O-Matic [procesador de vegetales], Pocket Fisherman [caña plegable de pescar], e Inside the Shell Egg Scrambler [aparato para revolver huevos dentro de la cáscara]. Esos productos eran inventos de un empresario de nombre Ron Popeil. Llamado «el vendedor del siglo», este hombre también ha aparecido en muchos comerciales informativos de diversos productos, como remedios para la calvicie en atomizador y aparatos para la deshidratación de alimentos.

Es muy cierto que Popeil es emprendedor, innovador, y exitoso, especialmente si lo pesa por los $300 millones de ganancia que la venta de sus productos ha dejado; pero esto no lo convierte en un líder. La gente puede estar comprando lo que él vende, pero no lo sigue. En el mejor de los casos, él puede persuadir a la gente por un momento, pero no tiene influencia sobre ellos a largo plazo.

3. El mito del conocimiento

Sir Francis Bacon dijo: «El conocimiento es poder». Mucha gente que cree que el poder es la esencia del liderazgo, naturalmente supone que los que poseen conocimiento e inteligencia son líderes, pero eso no sucede de manera instantánea. Usted puede visitar cualquier universidad importante y conocer hombres de ciencia ocupados en la investigación y filósofos cuyo poder de raciocinio es tan alto que se sale de las gráficas, pero cuya capacidad para dirigir es tan baja que ni siquiera se registra en las gráficas. El coeficiente intelectual (IQ) no necesariamente equivale a liderazgo.

4. El mito del precursor

Otro concepto erróneo es que todo el que está frente a la multitud es un líder, pero ser el primero no siempre es lo mismo que ser el líder. Por ejemplo, Sir Edmund Hillary fue el primer hombre en llegar a la cumbre del monte Everest. Desde su ascenso histórico en 1953, mucha gente lo ha «seguido» en la realización de esa hazaña, pero eso no convierte a Hillary en un líder.

Ni siquiera fue el líder de esa expedición particular. El líder era John Hunt. Y cuando Hillary viajó al Polo Sur en 1958 como parte de la Expedición Transantártica de la Comunidad de Naciones, iba acompañado de otro líder, Sir Vivian Fuchs. Para ser líder, una persona no sólo debe ir al frente, sino que también debe tener gente que intencionadamente viene detrás de ella, sigue su dirección, y actúa sobre la base de su visión.

5. El mito de la posición

Como ya se dijo, el peor de todos los conceptos erróneos acerca del liderazgo, es aquel que se basa en la posición. Observe lo que sucedió hace varios años en Cordiant, la agencia publicitaria conocida antiguamente como Saatchi & Saatchi. En 1994, inversionistas institucionales en Saatchi & Saatchi obligaron a la junta directiva a despedir a Maurice Saatchi, el jefe principal de la compañía. ¿Cuál fue el resultado? Varios de los ejecutivos lo siguieron. También lo siguieron algunas de las cuentas más grandes de la compañía, incluidas British Airways, y Mars, el fabricante de caramelos. La influencia de Saatchi era tan grande que su partida ocasionó que las acciones de la compañía bajaran inmediatamente de $8 $^5/_8$ a $4 por acción.[2] Lo que sucedió fue resultado de la Ley de la Influencia.

> «No es la posición lo que hace al líder; es el líder quien hace la posición».
> —STANLEY HUFFTY

Saatchi perdió su título y su posición, pero siguió siendo el líder. Stanley Huffty afirmó: «No es la posición lo que hace al líder; es el líder quien hace la posición».

¿QUIÉN ES UN VERDADERO LÍDER?

Hace muchos años, había un juego en la televisión llamado: *To Tell the Truth* [Decir la verdad]. Funcionaba de la siguiente manera. Al comienzo del espectáculo, había tres concursantes que decían ser la misma persona. Uno de ellos estaba diciendo la verdad; los otros dos eran «actores». Había un panel de jueces compuesto por celebridades. Estos jueces se turnaban para hacer preguntas a las tres personas, y cuando se terminaba el tiempo, cada panelista adivinaba cuál de las tres personas estaba diciendo la verdad. Muchas veces los actores fanfarroneaban tan bien que engañaban a los panelistas y al público.

Cuando se trata de identificar a un líder, la tarea puede ser mucho más fácil, si recuerda qué cosas está buscando. No escuche las afirmaciones de la persona que profesa ser el líder. En vez de eso, observe las reacciones de la gente alrededor que rodea a esa persona. La prueba del liderazgo se encuentra en los seguidores.

Personalmente aprendí la Ley de la Influencia cuando, después de graduarme de la universidad, acepté mi primer trabajo en una pequeña iglesia en la parte rural de Indiana. Entré

La prueba del liderazgo se encuentra en los seguidores.

con todas las credenciales. Fui contratado como pastor principal, lo que significaba que tenía la posición y el título de líder en esa organización. Tenía el título universitario adecuado. Hasta había sido ordenado. Además, mi padre me había preparado; un pastor excelente y notable líder de la denominación. Todo esto servía para preparar un atractivo curriculum vitae pero no me convertía en un líder. En mi primera reunión de la directiva, rápidamente descubrí quién era el verdadero líder de esa iglesia, un granjero llamado Claude. Cuando él hablaba, la gente lo escuchaba. Cuando él daba una sugerencia, la gente le respetaba. Cuando él dirigía, los demás le seguían. Si yo quería causar impacto, tendría que influir en Claude. Él, a su vez, influiría en los demás. Era la Ley de la Influencia en pleno funcionamiento.

EL LIDERAZGO ES...

La verdadera medida del liderazgo es la influencia, nada más ni nada menos. La ex primera ministro británica, Margaret Thatcher observó: «Estar en el poder es como ser una dama. Si tienes que decirle a la gente que lo eres, no lo eres». Si observa las dinámicas entre la gente en prácticamente cada aspecto de la vida, verá que algunas personas lideran y otras siguen, y notará que la posición y el título poco tienen que ver con quien realmente está a cargo.

Siendo este el caso, ¿por qué algunas personas emergen como líderes, mientras que otras no pueden influenciar a los demás, sin importar cuánto se esfuercen en hacerlo? Creo que varios factores juegan un papel importante:

CARÁCTER: QUIENES SON

El verdadero liderazgo siempre comienza con la persona interior. Por esa razón, alguien como Billy Graham puede atraer más y más seguidores con el paso del tiempo. La gente puede percibir la profundidad de su carácter.

RELACIONES: A QUIENES CONOCEN

Usted sólo es líder si tiene seguidores, y eso siempre requiere el desarrollo de relaciones, mientras más profundas sean las relaciones, más fuerte es el potencial para el liderazgo. Cada vez que yo comenzaba en un nuevo puesto de liderazgo, comenzaba a entablar relaciones inmediatamente. Entable suficientes relaciones buenas con la gente adecuada, y usted puede llegar a ser el verdadero líder en una organización.

CONOCIMIENTO: LO QUE SABEN

La información es vital para un líder. Usted necesita comprender los hechos, saber los factores envueltos, y tener una visión para el futuro. El conocimiento por sí solo no hará líder a nadie, pero no se puede ser líder sin él. Siempre pasé mucho tiempo estudiando una organización antes de tratar de dirigirla.

INTUICIÓN: LO QUE SIENTEN

El liderazgo exige más que un simple dominio de datos. Demanda la capacidad de manejar muchas cosas intangibles (tal como lo explico en el capítulo de la Ley de la Intuición).

EXPERIENCIA: DONDE HAN ESTADO

Entre más grandes hayan sido los retos que ha enfrentado en el pasado, más probabilidades habrá de que los seguidores le den una oportunidad. La experiencia no garantiza la credibilidad, pero motiva a las personas a darle una oportunidad de probar que es capaz.

ÉXITOS PASADOS: LO QUE HAN HECHO

Nada convence mejor a los seguidores que un buen historial. Cuando fui a dirigir mi primera iglesia, no tenía historial. No podía señalar buenos éxitos pasados que hicieran que la gente creyera en mí, pero cuando fui a mi segunda iglesia, ya tenía unos cuantos. Cada vez que me esforzaba, corría un riesgo, y tenía éxito, los seguidores tenían otra razón de confiar en mi capacidad de líder y escuchar lo que yo tenía que compartir.

CAPACIDAD: LO QUE PUEDEN HACER

Lo básico para los seguidores es lo que el líder sea capaz de hacer. Esa es la razón principal por la que la gente lo escuchará y lo reconocerá como su líder. Tan pronto dejen de creer en usted, dejarán de escucharlo.

LIDERAZGO SIN INFLUENCIA

Admiro y respeto el liderazgo de mi buen amigo Bill Hybels, pastor principal de la iglesia Willow Creek Community Church en el sur de Barrington, Illinois, una de las iglesias más grandes de Estados Unidos. Bill dice que él cree que no hay empresa de más intenso liderazgo en la sociedad que la iglesia. Mucha gente de negocios que conozco se sorprende cuando oye esta declaración, pero creo que Bill tiene razón. ¿En qué se basa para creer esto? El liderazgo por posición no funciona en las organizaciones voluntarias. Si un líder no tiene fuerza o influencia no es eficaz. En otras organizaciones, la persona que tiene una posición tiene una influencia y una fuerza increíbles. En la milicia, los líderes pueden usar su rango y, si todo lo demás falla, se manda a los soldados a la cárcel militar. En los negocios, los jefes tienen una tremenda fuerza en forma de salario, y beneficios. La mayoría de los seguidores desean cooperar cuando su sustento está en juego.

«La esencia misma de todo poder para influir, estriba en hacer que la otra persona participe».
—HARRY A. OVERSTREET

Sin embargo, en las organizaciones voluntarias, como las iglesias, lo único que funciona es el liderazgo en su forma más pura. Lo único que ayuda a los líderes es su influencia. Y como observó Harry A. Overstreet: «La esencia misma de todo poder para influir, estriba en hacer que la otra persona participe». Los seguidores en organizaciones voluntarias no pueden ser obligados a subir a bordo. Si el líder no ejerce ninguna influencia sobre ellos, no lo seguirán.

Cuando compartí esa observación con un grupo de unos ciento cincuenta jefes principales de la industria automovilística, vi cómo se encendían bombillas en toda la sala. Y un consejo que les di, realmente hizo que se emocionaran. Voy a compartir con usted el mismo consejo: Si es una persona de negocios y realmente quiere descubrir si su gente puede dirigir, mándelos a ofrecer voluntariamente su tiempo al servicio de la comunidad. Si pueden lograr que algunas personas lo sigan mientras sirven en la Cruz Roja, en un asilo de United Way, o en su iglesia local, entonces sabrá que realmente tienen influencia y capacidad de liderazgo.

DE COMANDANTE A SOLDADO RASO A COMANDANTE EN JEFE

Una de mis historias favoritas que ilustra la Ley de la Influencia tiene que ver con Abraham Lincoln. En 1832, años antes de convertirse en presidente, el joven Lincoln reunió un grupo de hombres para combatir en la guerra contra Black Hawk [el indio Black Hawk, Halcón Negro]. En esos días, la persona que reunía una compañía voluntaria para la milicia por lo general se convertía en su líder y asumía el rango de comandante. En este caso, Lincoln obtuvo el rango de capitán, pero Lincoln tenía un problema. No sabía nada de milicia. No tenía experiencia militar, y no sabía nada acerca de tácticas. Le costaba recordar los procedimientos militares más sencillos.

Por ejemplo, un día iba marchando con varias docenas de hombres a lo largo de un campo y debía guiarlos a través de una puerta hacia otro campo. No supo cómo hacerlo. Al referir luego al incidente, Lincoln dijo: «Ni por mi propia vida pude recordar la

Al final de su servicio militar, Abraham Lincoln encontró su lugar adecuado cuando bajó al rango de soldado raso.

palabra de mando correcta para que los soldados de mi compañía se pusieran uno detrás del otro. Finalmente, cuando nos acercábamos [a la puerta] grité: 'Esta compañía romperá filas por dos minutos, y luego formará filas otra vez al otro lado de la puerta'».[3]

Con el paso del tiempo, el nivel de influencia de Lincoln sobre otros en la milicia en realidad *disminuyó*. Mientras otros oficiales se destacaron y obtuvieron rango, Lincoln comenzó a ir en dirección opuesta. Comenzó con el *título* y la *posición* de capitán, pero esto no le sirvió de mucho. No pudo superar la Ley de la Influencia. Al final de su servicio militar, Abraham Lincoln encontró su lugar adecuado cuando bajó al rango de soldado raso. Afortunadamente para él y para el destino de nuestro país Lincoln llegó a superar su incapacidad de influir en otros.

Siguió su tiempo en la milicia, y tuvo trabajos más bien mediocres en la asamblea legislativa del estado de Illinois y en la Cámara de Representantes de Estados Unidos. No obstante, con el tiempo y con mucho esfuerzo y experiencia personal, se convirtió en una persona de impacto e influencia notables.

Este es mi proverbio favorito acerca del liderazgo: «El que se cree líder y no tiene seguidores, sólo está dando un paseo». Si usted no puede influir en otros, estos no lo seguirán. Y si ellos no lo siguen, usted no es un líder. Esa es la Ley de la Influencia. No importa lo que cualquier persona le diga, recuerde que el liderazgo es influencia, nada más, nada menos.

Aplique

LA LEY DE LA INFLUENCIA

a su vida

1. ¿Cuáles mitos mencionados en este capítulo eran parte de su pasado: la administración, el empresario, el conocimiento, el precursor, o la oposición? ¿Por qué ha sido susceptible a ese mito? ¿Qué le dice acerca de su percepción del liderazgo hasta ahora? ¿Qué es lo que debe cambiar en su pensamiento actual para que se abra al progreso de su liderazgo en el futuro?

2. ¿En qué cosas se apoya más para persuadir a las personas? Califíquese usted mismo en una escala del 1 al 10 en base a los siete factores mencionados en el capítulo (el 1 significa que usted no lo considera un factor mientras que el 10 significa que se apoya en él continuamente):

- Carácter: quiénes son
- Relaciones: a quienes conocen
- Conocimiento: lo que saben
- Intuición: lo que sienten
- Experiencia: donde han estado
- Éxitos pasados: lo que han hecho
- Capacidad: lo que pueden hacer

¿Cómo puede optimizar o utilizar mejor aquellos factores que tienen calificaciones más bajas?

3. Busque una organización donde pueda trabajar como voluntario. Escoja algo en lo que usted cree apasionadamente: por ejemplo, una escuela, un comedor escolar, o un proyecto comunitario, y entregue

su tiempo y energía. Si cree que tiene la habilidad de liderar, entonces intente dirigir. Aprenderá a dirigir por medio de la influencia.

3

⸙

LA LEY DEL PROCESO

El liderazgo se desarrolla diariamente,
no en un día

Anne Scheiber tenía 101 años cuando murió en enero de 1995. Durante muchos años vivió en un pequeño y descuidado cuarto alquilado en la ciudad de Manhattan. La pintura de las paredes se estaba pelando, y los viejos libreros se encontraban cubiertos de polvo. El alquiler mensual era de $400.00.

La señora Scheiber vivía del seguro social y de una pequeña pensión mensual que comenzó a recibir en 1943 al jubilarse de su cargo de auditora en el IRS [Internal Revenue Service, Ministerio de Hacienda]. No le había ido bien en este lugar. Para ser más específico, la agencia no había obrado bien con ella. A pesar de tener un título en derecho y de hacer un trabajo excelente, nunca fue ascendida. Y al jubilarse a la edad de cincuenta y uno, sólo estaba ganando $3.150 al año.

«La trataron muy, muy injustamente», dijo Benjamín Clark, quien la conocía mejor que nadie. «Verdaderamente tuvo que arreglárselas por sí sola en todos los aspectos. Realmente fue una tremenda lucha».

Anne Scheiber era un modelo del ahorro. No gastaba dinero en sí misma. No compraba muebles nuevos aunque los que tenía se le desgastaran. Ni siquiera se suscribió a un periódico. Una vez a la semana iba a la biblioteca pública a leer el *Wall Street Journal*.

¡LLOVIDO DEL CIELO!

Imagine la sorpresa de Norman Lamm, el rector de Yeshiva University en la ciudad de Nueva York, cuando descubrió que Anne Scheiber, una ancianita de la que nunca había oído hablar y que nunca asistió a Yeshiva dejó casi todas sus propiedades a la universidad.

«Cuando vi el testamento, fue algo increíble, algo llovido del cielo en forma tan inesperada», dijo Lamm. «Esta mujer se ha convertido en una leyenda de la noche a la mañana». La herencia que Anne Scheiber dejó a Yeshiva University valía 22 millones de dólares.[1]

¿Cómo pudo una solterona que había estado jubilada durante cincuenta años amasar una fortuna de 8 cifras? Esta es la respuesta. Al momento de jubilarse del IRS en 1943, Anne Scheiber había podido ahorrar $5.000. Invirtió este dinero en acciones. En 1950 había obtenido suficientes ganancias para comprar mil acciones de la Schering-Plough Corporation, que tenían en ese tiempo un valor de $10.000. Y ella continuó con esas acciones, dejando que adquirieran más valor. Hoy, esas acciones originales se han dividido lo suficiente como para producir ciento veintiocho mil acciones, con un valor de $7.5 millones.[2]

El secreto del éxito de Scheiber fue que esta dama pasó la mayor parte de su vida acumulando su fortuna. Aunque el valor de sus acciones subieran o bajaran, nunca pensó: *Ya he acabado de acumular; es tiempo de obtener el efectivo*. Ella había decidido tomar el camino largo, el *verdadero* camino largo. Cuando ganaba dividendos, que se iban acrecentando cada vez más, volvía a invertirlos. Pasó acumulando todo el tiempo de su vida.

Mientras otras personas mayores se preocupan porque pueden quedarse sin fondos al final de sus días, Scheiber se hacía más rica mientras más tiempo vivía. Cuando se trataba de finanzas, Scheiber entendía y aplicaba la Ley del Proceso.

EL LIDERAZGO ES COMO LA INVERSIÓN: SE INCREMENTA

Ser un líder es como invertir exitosamente en la bolsa de valores. Si usted espera hacer una fortuna en un día, no tendrá éxito. Lo que más importa es lo que hace día a día a largo plazo. Mi amigo Tag Short sostiene: «El secreto de nuestro buen resultado se encuentra en nuestro orden a diario». Si invierte continuamente en el desarrollo de su liderazgo, y permite que sus «bienes» incrementen, el resultado inevitable es el crecimiento paulatino. ¿Qué puede ver cuando observa la agenda diaria de una persona? Las prioridades, pasiones, habilidades, relaciones, actitudes, disciplina personal, visión e influencia. Observe lo que la persona está haciendo cada día, día tras día, y sabrá quién es esa persona y en lo que se está convirtiendo.

En las conferencias cuando enseño acerca del liderazgo, la gente inevitablemente me pregunta si el líder nace. Siempre respondo: «Sí, por supuesto que nace… ¡aún no he conocido a uno que haya venido al mundo en otra forma!» Todos nos reímos, y luego respondo la verdadera pregunta, si el liderazgo es algo que el individuo posee de forma innata o no.

Ser un líder es como invertir exitosamente en la bolsa de valores. Si usted espera hacer una fortuna en un día, no tendrá éxito. Lo que más importa es lo que hace día a día a largo plazo.

Aunque es verdad que alguna gente nace con dones naturales más grandes que otros, la capacidad de dirigir es en realidad una combinación de destrezas, que en su mayor parte pueden ser aprendidas y mejoradas. Sin embargo, ese proceso no tiene lugar de la noche a la mañana. El liderazgo es algo complejo. Tiene muchas facetas: respeto, experiencia, fuerza emocional, destreza en las relaciones con las personas, disciplina, visión, impulso, momento oportuno, y la lista sigue. Como puede ver, muchos de los factores que entran en juego en el liderazgo son intangibles. Por eso es que los líderes necesitan mucha experiencia para ser eficaces. Y por eso es que sentí que, sólo después de haber alcanzado los cincuenta años, fue que verdaderamente comencé a entender con claridad los muchos aspectos del liderazgo.

LOS LÍDERES SON APRENDICES

En un estudio de noventa líderes principales de varios campos, los expertos en liderazgo Warren Bennis y Burt Nanus hicieron un descubrimiento acerca de la relación entre el crecimiento y el liderazgo: «Es la capacidad de desarrollar y mejorar las destrezas lo que marca la diferencia entre los líderes y sus seguidores». Los líderes exitosos son aprendices. Y el proceso del aprendizaje es un continuo resultado de la autodisciplina y la perseverancia. La meta de cada día debe ser mejorar un poco, edificar sobre el progreso del día anterior. El problema es que la mayoría de las personas le dan demasiada importancia a los eventos y subestiman el poder de los procesos. Queremos arreglos instantáneos. Queremos el efecto compuesto que Anne Scheiber recibió después de cincuenta años en menos de cincuenta minutos.

No me tome a mal, a mí me encantan los eventos. Pueden ser catalizadores muy efectivos, pero si desea una progreso duradero, si desea poder, entonces debe apoyarse en el proceso. Considere la diferencia entre los dos:

> «Es la capacidad de desarrollar y mejorar las destrezas lo que marca la diferencia entre los líderes y sus seguidores».
> —BENNIS Y NANUS

UN EVENTO	UN PROCESO
Estimula las decisiones	Estimula el desarrollo
Motiva a las personas	Madura a las personas
Es un asunto de calendario	Es un asunto de cultura
Desafía a la gente	Cambia a la gente
Es algo sencillo	Es algo difícil

Si deseo sentirme inspirado para seguir adelante, entonces asisto a un evento. Si deseo mejorar, entonces me involucro en un proceso y me adhiero a él.

LAS FASES DEL CRECIMIENTO DEL LIDERAZGO

¿Cómo es el proceso de crecimiento en el liderazgo? Es diferente en cada persona. No obstante, aunque usted no tenga una gran capacidad natural para el liderazgo, su desarrollo y su progreso probablemente se producirán basándose en las cinco fases siguientes:

FASE 1: NO SÉ LO QUE NO SÉ
La mayoría de las personas no reconocen el valor del liderazgo. Creen que el liderazgo es sólo para unos cuantos, para las personas que están en las más altas posiciones de la compañía. No tienen idea de las oportunidades que están desaprovechando por no aprender a dirigir. Me di cuenta de esto cuando el rector de una universidad me dijo que sólo unos cuantos alumnos se habían anotado en el curso de liderazgo que allí se ofrecía. ¿Por qué? Sólo unos pocos creían tener la capacidad para ser líderes. Si hubiesen sabido que el liderazgo es influencia, y que en el transcurso de un día la mayoría de los individuos tratan de influir por lo menos en cuatro personas, el deseo

Cuando un individuo no sabe lo que no sabe, no crece.

de aprender más acerca del tema hubiera surgido en ellos. Esto es una lástima porque cuando un individuo no sabe lo que no sabe, no crece.

Fase 2: Sé que necesito saber

Por lo general, en algún momento de la vida somos colocados en una posición de liderazgo, y miramos a nuestro alrededor y descubrimos que nadie nos está siguiendo. Nos damos cuenta de que necesitamos *aprender* a dirigir. Y naturalmente, en ese momento el proceso puede comenzar. El Primer Ministro inglés Benjamín Disraeli hizo un sabio comentario: «El ser conscientes de que ignoramos los hechos, es un paso decisivo hacia el conocimiento».

Eso fue lo que me sucedió cuando ocupé mi primera posición de liderazgo en 1969. Toda mi vida había sido capitán de equipos deportivos y había sido presidente del gobierno estudiantil en la universidad, de modo que pensaba que ya era un líder, pero cuando intenté dirigir a las personas en el mundo real, descubrí la cruel realidad. Estar a cargo de algo no es lo mismo que ser un líder.

Fase 3: Sé lo que no sé

Por un tiempo tuve dificultades en esa primera posición de liderazgo. Para ser honesto, tuve que apoyarme en mi energía y en el carisma que poseía. Pero llegó un momento cuando me di cuenta que el liderazgo iba a ser la clave de mi carrera profesional. Si no mejoraba en el liderazgo, mi carrera se acabaría y nunca hubiera alcanzado las metas que me había impuesto. Afortunadamente, fui a desayunar con Kurt Kampmeir de Succes Motivation Inc. [*Motivación al éxito*]. Durante ese desayuno, él me hizo una pregunta que cambiaría mi vida: «Juan, ¿cuál es tu plan de crecimiento personal?»

Me puse a pensar en una respuesta y finalmente le dije que no tenía ninguna. Esa noche, mi esposa, Margaret y yo decidimos realizar algunos sacrificios financieros para que yo pudiera asistir al programa que Kurt ofrecía. Ese fue un paso hacia el crecimiento. Desde ese momento hasta la fecha, me he disciplinado a leer libros, escuchar cintas de audio e ir a conferencias sobre liderazgo.

En la época cuando conocí a Kurt, también tuve otra idea: Escribí a los diez mejores líderes en mi campo y les ofrecí cien dólares por media hora de su tiempo para poder hacerles algunas preguntas. (Esta era una suma bastante considerable para mí en 1969.) Durante los siguientes años, mi esposa Margaret y yo planeamos cada vacación en áreas donde vivían estas personas. Si un gran líder en Cleveland respondía que sí a mi solicitud, ese año pasábamos las vacaciones en Cleveland para que yo pudiera conocerlo. Y mi idea dio muy buenos resultados. Esos hombres compartieron conmigo conceptos únicos que no hubiera podido aprender de otra forma.

Fase 4: Sé, me desarrollo y comienza a notarse

Cuando usted reconoce su falta de destreza y empieza una disciplina diaria de crecimiento en el liderazgo, comienzan a suceder cosas muy emocionantes.

Una vez estaba enseñando a un grupo de Denver y noté entre la multitud a un joven inteligente de diecinueve años llamado Brian. Por unos días observé el mucho interés con que tomaba notas. Conversé con él unas cuantas veces durante algunos descansos. Cuando llegué a la parte del seminario en la que enseño la Ley del Proceso, pedí a Brian que se pusiera de pie para que todos escucharan lo que iba a decirle.

Le dije: «Brian, te he estado observando aquí, y tu anhelo de aprender y crecer me ha impresionado mucho. Quiero decirte un secreto que cambiará tu vida». Todo el mundo en el auditorio se inclinó hacia adelante.

«Creo que en unos veinte años, podrás llegar a ser un *gran* líder. Quiero animarte a que te conviertas en un aprendiz del liderazgo durante toda tu vida. Lee libros, escucha con regularidad cintas de audio, y sigue asistiendo a seminarios. Y cuando te encuentres con una verdad de oro o una cita importante, anótala y archívala para usarla en el futuro.

«No va a ser fácil», le dije. «Pero en cinco años verás progreso a medida que aumenta tu influencia. En diez años irás desarrollando una competencia que hará muy eficaz tu liderazgo. Y en veinte años, cuando apenas tengas treinta y nueve años de edad, si has seguido aprendiendo y creciendo, otros comenzarán a pedirte que les enseñes acerca del liderazgo. Y algunos quedarán asombrados, se mirarán unos a otros y dirán: «¿Cómo se volvió tan sabio de repente?»

«Brian, tú puedes ser un gran líder, pero no sucederá en un día. Comienza a pagar el precio ahora». Lo que es cierto para Brian también es cierto para usted. Comience a desarrollar su liderazgo hoy, y algún día experimentará los efectos de la Ley del Proceso.

> «El secreto del éxito en la vida, es que el hombre esté listo cuando le llega su tiempo».
> —BENJAMÍN DISRAELI

FASE 5: CAMINO HACIA DELANTE PORQUE AHORA SÉ A DONDE VOY
Cuando está en la fase cuatro, puede ser muy eficaz como líder, pero tiene que pensar bien cada acción que ha de tomar. Sin embargo, cuando se halla en la fase cinco, su capacidad de dirigir es casi instantánea. Usted desarrolla grandes instintos. Y es allí donde la recompensa es más grande que la vida, pero la única forma de llegar a ese lugar es obedeciendo la Ley del Proceso y pagando el precio.

PARA DIRIGIR MAÑANA, APRENDA HOY

El liderazgo se desarrolla diariamente, no de un día para otro. Esta es una realidad dictada por la Ley del Proceso. Benjamín Disraeli dijo: «El secreto del éxito en la vida es que el hombre esté listo cuando le llega su tiempo». Lo que una persona hace de manera disciplinada y consecuente la prepara, independientemente de cuál sea su meta.

Uno puede ver el efecto de la Ley del Proceso en cualquier estilo de vida. La leyenda del baloncesto, Larry Bird, llegó a ser muy sobresaliente en los tiros libres porque practicaba quinientos tiros cada mañana antes de ir a la escuela. Demóstenes, de la antigua Grecia, llegó a ser el más grande de los oradores porque recitaba versos con piedras en la boca y practicaba ante el rugido de las olas en la costa y pudo hacerlo a pesar de haber nacido con un defecto de pronunciación. Usted necesita la misma dedicación para llegar a ser un gran líder.

LUCHANDO POR ESCALAR

Hay un viejo refrán que dice: «Los campeones no se convierten en campeones en el cuadrilátero, simplemente se les reconoce allí». Esto es cierto. Si usted quiere ver cómo alguien se forja como campeón, mire su rutina diaria. El antiguo campeón de peso pesado Joe Frazier dijo: «Puede trazar el plan de una pelea o el plan de una vida, pero cuando comienza la acción, usted depende de sus reflejos. Allí es donde se demuestra el trabajo que ha hecho durante cada día. Si hizo trampas en la oscuridad de la madrugada, la gente se va a dar cuenta ahora bajo las luces brillantes».[3] El boxeo es una buena analogía del desarrollo del liderazgo porque consiste en una preparación diaria.

Aunque la persona tenga talento natural, debe entrenarse y prepararse para tener éxito .

Uno de los más grandes líderes de este país era fanático del boxeo: el presidente Theodore Roosevelt. De hecho, en una de sus citas más famosas usa una analogía del boxeo:

Los campeones no se convierten en campeones en el cuadrilátero, simplemente se les reconoce allí.

No es el crítico lo que cuenta, ni el hombre que señala cómo el hombre fuerte dio un traspié, ni qué hubiera hecho mejor el que realizaba el acto. El crédito es del hombre que se halla en la arena, cuya cara está estropeada por el polvo, el sudor, y la sangre; que lucha esforzadamente; que se equivoca y se queda corto una y otra vez; que conoce los grandes entusiasmos, las grandes devociones, y se dedica a una buena causa; que, en el mejor de los casos, conoce al final el triunfo de una gran realización; y que, en el peor, si falla, ha hecho al menos un intento extraordinario, de modo que su lugar nunca estará cerca de aquellas almas frías y tímidas que no conocen ni la victoria ni la derrota».

Roosevelt, que era también boxeador, era la máxima expresión de un hombre de acción. No sólo era un líder eficaz, sino que también fue el más pintoresco de todos los presidentes de Estados Unidos. El historiador británico Hugh Brogan lo describió como «el hombre más capaz que se ha sentado en la Casa Blanca desde Lincoln; el más dinámico desde Jackson; el más estudioso desde John Quincy Adams».

UN HOMBRE DE ACCIÓN

TR (sobrenombre de Roosevelt) es recordado como un hombre de acción, franco, y defensor de la vida dinámica. Mientras estaba en la Casa Blanca, era conocido por sus sesiones regulares de boxeo y lucha, veloces paseos a caballo, y caminatas largas y agotadoras. Un embajador francés que visitó a Roosevelt acostumbraba a hablar de la ocasión en que acompañó al presidente a una caminata en el bosque. Cuando los dos hombres llegaron a la orilla de un arroyo que era muy profundo para ser atravesado a pie, TR se quitó la ropa y esperó que el dignatario hiciera lo mismo para que ambos pudieran nadar a la otra orilla. Nada representaba un obstáculo para Roosevelt.

En distintos momentos de su vida, Roosevelt fue vaquero en el oeste norteamericano, explorador y cazador de caza mayor, y soldado de caballería en la guerra contra España. Su entusiasmo y vigor parecían ilimitados. Como candidato a la vicepresidencia en 1900, dio 673 discursos y viajó 20 mil millas haciendo campaña a favor del presidente McKinley. Y años después de su presidencia, mientras se preparaba para dar un discurso en Milwaukee, Roosevelt recibió un disparo en el pecho. Fue víctima de un atentado. Con una costilla rota y con la bala dentro de su pecho, Roosevelt insistió en terminar su discurso antes de permitir que lo trasladaran al hospital.

ROOSEVELT COMENZÓ DESPACIO

De todos los líderes que ha tenido esta nación, Roosevelt fue uno de los más fuertes, física y mentalmente, pero no comenzó así. El presidente vaquero de Estados Unidos nació en Manhattan en el seno de una familia rica y eminente. Cuando niño era débil y muy enfermizo. Sufría de un asma debilitante, tenía muy mala visión, y era terriblemente delgado. Sus padres no creían que sobreviviría.

Cuando tenía doce años, su padre le dijo: «Tienes la mente, pero no tienes el cuerpo, y sin la ayuda del cuerpo la mente no puede llegar tan lejos como debiera. Debes *desarrollar* el cuerpo». Y Roosevelt lo hizo. Vivió según la Ley del Proceso.

TR comenzó a dedicar un tiempo *todos los días* a cultivar su cuerpo y su mente, y lo siguió haciendo por el resto de su vida. Se ejercitaba con pesas, caminaba, patinaba sobre hielo, cazaba, remaba, montaba a caballo, y boxeaba. En años posteriores, Roosevelt evaluó su progreso y admitió que cuando niño era «nervioso y tímido. Sin embargo», dijo él, «al leer acerca de las personas a las que admiraba… y conociendo a mi padre, sentía gran admiración por los hombres audaces que se mantienen firmes en el mundo, y yo tenía un gran deseo de ser como ellos».[4]

Cuando TR se graduó de Harvard, *era* como uno de ellos, y estaba listo para entrar en el mundo de la política.

NO HAY ÉXITO DE LA NOCHE A LA MAÑANA

Roosevelt tampoco se convirtió en un gran líder de la noche a la mañana. Su camino a la presidencia fue de crecimiento lento y continuo. Mientras sirvió en varias posiciones, desde jefe de policía de la ciudad de New York hasta presidente de Estados Unidos, siguió aprendiendo y creciendo. Se mejoró a sí mismo, y con el tiempo llegó a ser un líder fuerte. Esto prueba que vivía según la Ley del Proceso.

La lista de hechos de Roosevelt es notable. Bajo su liderazgo, Estados Unidos emergió como una potencia mundial. Ayudó al país a desarrollar una marina de guerra superior. Bajo su mandato se construyó el Canal de Panamá. Negoció la paz entre Rusia y Japón, y durante ese proceso obtuvo el Premio Nobel de la Paz. Y cuando el pueblo cuestionó su liderazgo, tomó la presidencia después del asesinato de McKinley, hizo campaña y fue reelegido por el mayor número de votantes que jamás hubiera elegido a un presidente hasta ese momento.

Como era siempre un hombre de acción, al completar su período presidencial en 1909, inmediatamente viajó a África donde dirigió una expedición auspiciada por The Smithsonian Institution (El Instituto Smithsoniano). Unos cuantos años después, en 1913, con la colaboración de otro líder dirigió una expedición a un río inexplorado de Brasil. Esta era una aventura de aprendizaje que no podía desaprovechar. «Era mi última oportunidad de ser niño», admitió posteriormente. Tenía cincuenta y cinco años. El 6 de enero de 1919, en su hogar en Nueva York, Theodore Roosevelt murió mientras dormía. Entonces el vicepresidente Marshall dijo: «La muerte tenía que llevárselo dormido, porque si Roosevelt hubiera estado despierto, hubiera habido una pelea». Cuando lo levantaron de su lecho, encontraron un libro debajo de su almohada. Hasta el último momento, Theodore Roosevelt estaba luchando por aprender y mejorarse a sí mismo. Aun se hallaba practicando la Ley del Proceso.

Si usted desea ser líder, le tengo buenas noticias: puede serlo. Todo el mundo tiene el potencial, pero no es algo que se alcanza de la noche a la mañana. Se necesita perseverancia. Y absolutamente no podrá pasar por alto la Ley del Proceso. El liderazgo no se desarrolla de un día para el otro. Toma toda una vida.

Aplique
LA LEY DEL PROCESO
a su vida

1. ¿Cuál es su plan de crecimiento? Si usted es como yo era antes cuando Kurt Kampmeir me hizo esta pregunta, tiene una intención vaga de crecer, no tiene un plan específico. Escriba un plan. Le recomiendo que lea un libro cada mes, que escuche al menos una cinta de audio, o un mensaje por medio de la Internet, y también asista a una conferencia cada año. Seleccione los materiales con anticipación. Separe el tiempo para su crecimiento utilizando un calendario y empiece a hacerlo inmediatamente. Si desarrollar un plan desde cero le parece algo difícil, quizás desee leer mi libro: *Hoy es importante*. Contiene el plan de crecimiento personal que utilicé por varios años.

2. Lo que separa a los líderes sobresalientes de los buenos es la forma en que invierten en las personas que los siguen. De la misma forma en que usted necesita un plan de crecimiento para progresar, también los que trabajan para usted lo necesitan. Puede ayudar a sus empleados por medio de libros, trayendo entrenadores capacitados, reuniones privadas, lo que sea necesario. Provéales oportunidades de crecimiento. Esa es su responsabilidad.

3. Si es líder de un negocio, una organización o un departamento, debe crear una cultura de crecimiento. Cuando las personas que pertenecen a su esfera de influencias saben que el crecimiento personal y el desarrollo de liderazgo son algo valorado, respaldado y gratificado, el crecimiento explotará. Y el ambiente que usted ha creado empezará a atraer a personas con gran potencial.

4

LA LEY DE LA
NAVEGACIÓN

*Cualquiera puede gobernar un barco, pero se
necesita que un líder planee la ruta*

En 1911, dos grupos de exploradores emprendieron una misión increíble. Aunque usaron estrategias y rutas diferentes, los líderes de los equipos tenían la misma meta: ser los primeros en la historia en llegar al Polo Sur. La historia de estos grupos son ilustraciones claras de la Ley de la Navegación.

Uno de los grupos fue dirigido por el explorador noruego Roald Amundsen. Irónicamente, la intención original de Amundsen no era ir a la Antártica. Su deseo era ser el primer hombre en llegar al Polo *Norte*, pero cuando supo que Robert Peary hizo la proeza antes que él, Amundsen cambió su meta y se dirigió hacia el otro extremo del mundo. Norte o Sur, él sabía que su plan valdría la pena.

AMUNDSEN TRAZA SU RUTA CON MUCHO CUIDADO

Antes de la salida de su equipo, Amundsen había planeado su viaje con mucho esmero. Estudió los métodos de los esquimales y de otros experimentados viajeros del Ártico y determinó que su mejor plan sería transportar todo su equipo y todas sus provisiones en trineos tirados por perros. Al reunir su equipo, escogió expertos esquiadores y entrenadores de perros. Su estrategia era sencilla. Los perros harían la mayor parte del trabajo mientras el grupo avanzaba de quince a veinte millas en un período de 6 horas cada día. Esto daría suficiente tiempo tanto a los perros como a los hombres para descansar cada día después de una jornada.

La previsión y la atención que Amundsen dio a los detalles fueron increíbles. Ubicó y surtió depósitos de provisiones a lo largo de toda la ruta. De esa manera, su grupo no tendría que llevar cada parte de la provisión durante todo el viaje. También equipó a su grupo con la mejor ropa posible. Amundsen había considerado detenidamente todo aspecto posible del viaje, lo había estudiado a fondo, y había hecho planes conforme a ello. Y obtuvo buenos resultados. El peor problema que sucedió en el viaje fue que a uno de los hombres se le infectó un diente y tuvieron que sacárselo.

SCOTT VIOLÓ LA LEY DE LA NAVEGACIÓN

El otro equipo de hombres fue dirigido por Robert Falcon Scott, un oficial de la marina británica que previamente había hecho algunas exploraciones en el área antártica. La expedición de Scott fue la antítesis de la de Amundsen. En vez de usar trineos tirados por perros, Scott decidió usar trineos motorizados y caballos. Sus problemas comenzaron cuando los motores de los trineos dejaron de funcionar a sólo cinco días de haber comenzado el viaje. Los caballos tampoco viajaron bien en esas temperaturas glaciales. Cuando llegaron al pie de las montañas antárticas, fue necesario sacrificar a todos esos pobres animales. Como resultado, los miembros del equipo quedaron arrastrando aquellos trineos de doscientas libras. Fue un trabajo arduo.

Scott no había puesto suficiente atención en el resto del equipo del grupo. La ropa estaba tan mal diseñada que todos los hombres sufrieron de congelación. Uno de los miembros del grupo necesitaba una hora todas las mañanas para ponerse las botas en sus pies hinchados y gangrenosos. Todos fueron cegados por el reflejo de la nieve debido a las gafas inadecuadas que Scott había proporcionado. Lo peor de todo era que el grupo siempre estuvo escaso de comida y agua. Esto también fue consecuencia del mal planeamiento de Scott. Los depósitos de provisiones que Scott estableció no fueron abastecidos adecuadamente, estaban demasiado lejos uno de otro, y muy mal señalados, por lo cual era difícil encontrarlos. Como tenían poco combustible para derretir la nieve, todos se deshidrataron. Las cosas empeoraron aun más porque Scott tomó la decisión de último minuto de llevar consigo a un quinto hombre, aunque sólo tenían provisiones suficientes para cuatro.

Después de abarcar ochocientas penosas millas en diez semanas, el exhausto grupo de Scott finalmente llegó al Polo Sur el 17 de enero de 1912. Allí encontraron la bandera noruega que ondeaba al viento y una carta de Amundsen. El otro equipo, bien dirigido, había llegado primero a la meta ¡con más de un mes de antelación!

SI USTED NO VIVE SEGÚN LA LEY DE LA NAVEGACIÓN…

El viaje de este grupo al Polo fue muy malo, pero esa no es la peor parte de la historia. El largo viaje de regreso fue terrible. Scott y sus hombres se estaban muriendo de hambre y contrajeron la enfermedad del escorbuto. Pero Scott, incapaz de guiar hasta el fin, no era consciente de la situación difícil en la que se encontraban. Estaban contra el tiempo y tenían muy pocos alimentos, y sin embargo insistió en recolectar treinta libras de muestras geológicas para llevar de regreso, más peso que aquellos hombres ya exhaustos iban a tener que cargar.

El progreso del grupo era cada vez más lento. Uno de los hombres murió. Otro, Lawrence Oates, se encontraba muy mal. El antiguo oficial del ejército que había sido traído originalmente para ocuparse de los caballos, se sentía tan entumido que casi no podía avanzar. Como creía que estaba poniendo en peligro la supervivencia del equipo, a propósito se lanzó a una ventisca para librar al grupo de la responsabilidad de cargar con él. Antes de salir de la carpa y en medio de la tormenta, dijo: «Sólo voy a salir un rato, tal vez me tarde un poco».

> Los campeones no se convierten en campeones en el cuadrilátero, simplemente se les reconoce allí.

Scott y los dos hombres que quedaban sólo avanzaron un poco más al norte antes de darse por vencidos. El viaje de regreso ya había tomado dos meses y aún faltaban ciento cincuenta millas para llegar al campamento base. En aquel lugar murieron. Hoy sabemos su historia porque pasaron sus últimas horas escribiendo unos diarios. Algunas de las últimas palabras de Scott fueron: «Moriremos como caballeros. Creo que esto demuestra que el brío y el poder para aguantar no se ha ido de nosotros».[1] Scott tenía valor, pero no tenía liderazgo. Como no pudo vivir según la Ley de la Navegación, esta acabó con él y sus compañeros.

Los seguidores necesitan líderes que puedan «navegar», guiar eficazmente con ellos. Y cuando enfrentan situaciones de vida o muerte, la necesidad es más que obvia. Sin embargo, aun cuando las consecuencias no sean tan serias, la necesidad es igualmente grande. La verdad es que casi cualquier persona puede gobernar el barco, pero se necesita de un líder para trazar la ruta. Esta es la Ley de la Navegación.

LOS NAVEGANTES CONSIDERAN EL VIAJE QUE TIENEN POR DELANTE

Jack Welch, presidente de la General Electric, afirma: «Un buen líder se mantiene enfocado… Controlar su rumbo es mejor que ser controlado por este». Welch tiene razón, pero los líderes que «navegan», que guían, hacen aun más que controlar el rumbo en el que ellos y su gente viajan. Ven mentalmente todo el viaje antes de salir del muelle. Tienen una visión de su destino, saben lo que costará llegar allá, saben a quién necesitarán en el equipo para triunfar, y reconocen los obstáculos mucho antes de que aparezcan en el horizonte. Leroy Eims, autor de *Be the Leader You Were Meant to Be* [*Cómo ser el líder que debieras ser*], escribe: «Un líder es un individuo que ve más que los demás, ve más allá que los demás, y ve antes que los demás».

Cuanto más grande sea la organización, tanto más capaz debe ser el líder de mirar el futuro. Eso es así porque el tamaño de la organización dificulta más las correcciones que se hacen a medio camino. Y si se cometen errores, más personas resultarán afectadas. El desastre presentado por

> *«Un líder es un individuo que ve más que los demás, ve más allá que los demás, y ve antes que los demás».*
>
> —Leroy Eims

James Cameron en 1997 en la película *Titanic* fue un buen ejemplo de este tipo de problema. La tripulación no podía mirar lo suficientemente hacia adelante como para evadir el iceberg y, debido al tamaño del barco, el más grande que había sido construido en esa época, no pudo hacer la maniobra debida para cambiar el rumbo de este cuando el objeto fue divisado. El resultado de este incidente fue que más de mil personas perdieron sus vidas.

DONDE VA EL LÍDER...

Los navegantes de primera categoría siempre tienen presente que otras personas dependen de ellos y de su capacidad de trazar un buen rumbo. Leí una observación que hizo James A. Autry en *Life and Work: A Manager's Search for Meaning* [Vida y trabajo: La búsqueda de un gerente por el sentido de la vida] que ilustra esta idea. Él sostuvo que de vez en cuando se oye la noticia del choque de cuatro aviones militares que vuelan juntos en formación. La razón de la pérdida de los cuatro es la siguiente: Cuando los aviones de guerra vuelan en grupos de cuatro, un piloto, el líder, decide hacia dónde debe volar la cuadrilla. Los otros tres aviones vuelan según los dirija el líder, observándolo y siguiéndolo adondequiera que vaya. Cualquiera que sea la movida que haga, el resto de su equipo la hará con él. Y esto es así, ya sea que se eleve en las nubes o se estrelle en la cima de una montaña.

Antes de llevar a su gente a una jornada, el líder atraviesa por un proceso a fin de que el viaje tenga la mejor oportunidad de ser exitoso:

LOS NAVEGANTES SE BENEFICIAN DE LA EXPERIENCIA PASADA

Cada éxito y cada fracaso pasado pueden ser una fuente de información y sabiduría, si se permite que lo sean. Los buenos éxitos le enseñan sobre sí mismo y lo que es capaz de hacer con sus dones y talentos particulares. Sin embargo, sus fracasos generalmente le enseñan grandes lecciones. Los fracasos señalan qué tipo de malas suposiciones ha hecho y en qué han fallado sus métodos. Irónicamente, muchas personas odian tanto sus fracasos que los encubren rápidamente en lugar de analizarlos y aprender de ellos. Tal como lo expliqué en mi libro: *El lado positivo del fracaso*, si usted no aprende de sus errores, fracasará una y otra vez. ¿Por qué le menciono algo que parece tan sencillo? Lo hago porque la mayoría de los líderes naturales son activistas. Tienden a mirar hacia delante y no hacia atrás, toman decisiones y siguen adelante. Lo sé porque esa es mi tendencia, pero para que los líderes se conviertan en buenos navegantes, necesitan reflexionar y aprender de sus propias experiencias. Es por esa razón que he desarrollado la disciplina de la reflexión. Hablo de ello con más detalle en mi libro: *Piense, para obtener un cambio*, pero permítame darle algunas ventajas acerca de la reflexión. La reflexión:

• Le da una perspectiva correcta.

- Le da una integridad emocional a sus pensamientos.
- Aumenta su confianza en la toma de decisiones.
- Clarifica la imagen completa.
- Toma una buena experiencia y la convierte en experiencia valiosa. [2]

Cada beneficio le da al líder una gran ventaja cuando planea los siguientes pasos de un equipo o una organización.

Los navegantes examinan las condiciones antes de contraer compromisos

Extraer de la experiencia significa mirar internamente. Examinar las condiciones significa mirar externamente. Un buen líder no planea un curso de acción sin poner mucha atención a las condiciones actuales. Sería como navegar contra la marea, o seguir el curso hacia un huracán. Los buenos navegantes analizan todo *antes* de realizar un compromiso con ellos o con los demás. No sólo examinan los factores medibles como las finanzas, los recursos y el talento sino también los recursos intangibles como el tiempo, la moral, el ímpetu, la cultura, etc. (Hablaremos más al respecto en las Leyes de la Intuición y del Momento oportuno.)

> *No importa cuánto aprenda del pasado, este nunca le dirá todo lo que necesita saber sobre el presente.*

Los navegantes escuchan lo que otros dicen

No importa cuánto aprenda del pasado, este nunca le dirá todo lo que necesita saber sobre el presente. No importa cuán buen líder es, usted no tendrá todas las respuestas. Por eso los navegantes de primera clase reúnen información de diversas fuentes. Por ejemplo, antes de que Roald Amudsen hiciera la expedición hacia el Polo Sur, aprendió de un grupo de indígenas en Canadá acerca de la ropa que se debía usar y técnicas de supervivencia árticas. Esas nuevas habilidades marcaron la diferencia entre el fracaso y el éxito de su equipo en la Antártica.

Los líderes navegantes obtienen ideas de los miembros de su equipo de liderazgo. Hablan con la gente de su organización para descubrir qué está pasando al nivel de las bases populares y pasan algún tiempo con líderes que no son de la organización, pero que pueden ser sus mentores. Siempre piensan en términos de apoyarse en un equipo y no hacerlo solos.

LOS NAVEGANTES SE ASEGURAN QUE SUS CONCLUSIONES REPRESENTEN TANTO LAS EXPECTATIVAS COMO LOS HECHOS

El poder «navegar», dirigir a los demás, exige al líder una actitud positiva. Usted debe tener fe de que puede llevar a su gente a lo largo de toda la jornada. Si no puede hacer el viaje confiando en su mente, no podrá concretarlo en la práctica.

Es difícil equilibrar el optimismo y el realismo, la intuición y la planeación, las expectativas y los hechos, pero eso es lo que se necesita para ser un líder navegante eficaz.

Por otra parte, usted también debe ser capaz de ver los hechos de manera realista. No puede minimizar los obstáculos ni racionalizar los retos. Si no empieza con los ojos bien abiertos, se encontrará con una sorpresa. Como observa Bill Easum: «Los líderes realistas son lo suficientemente realistas para minimizar las ilusiones. Saben que el engañarse a sí mismos puede costarles su visión».

Jim Collins confirmó este equilibrio entre las expectativas y los hechos en su libro: *Good to Great (Empresas que sobresalen)*. Él lo llama la paradoja de Stockdale. Él dice: «Uno debe tener la expectativa de que al final prevalecerá pero *además* debe confrontarse con los hechos más brutales de su realidad actual».[3] A veces es difícil equilibrar el optimismo y el realismo, la intuición y la planeación, las expectativas y los hechos, pero eso es lo que se necesita para ser un líder navegante eficaz.

UNA LECCIÓN DE NAVEGACIÓN

Recuerdo la primera vez que realmente entendí la importancia de la Ley de la Navegación. Tenía treinta y ocho años, y estaba dirigiendo la iglesia Faith Memorial en Lancaster, Ohio, (mi segunda iglesia). Antes de mi llegada allí en 1972, el crecimiento de la congregación se había estancado por aproximadamente una década. Pero en 1975, nuestra asistencia había aumentado de cuatrocientos a más de mil. Yo sabía que podíamos seguir creciendo y alcanzar a más personas, si tan sólo construíamos un nuevo auditorio.

La buena noticia era que ya yo tenía cierta experiencia en construir y reubicar una iglesia porque había dirigido a mi primera a través de ese proceso. La mala noticia era que la primera iglesia era muy pequeña en comparación con la segunda. Iba a ser un proyecto multimillonario veinte veces mayor que el primero. Sin embargo aun ese no era el mayor obstáculo.

Poco antes de que yo entrara a la junta directiva como líder de la iglesia, había tenido una gran confrontación con respecto a otra propuesta de construcción, y el debate había sido fuerte, divisivo, y encarnizado. Por eso yo sabía que por primera vez estaba experimentando una gran oposición a mi liderazgo. Me esperaba una situación difícil, y si yo como líder no navegaba a través de ella bien, podía hundir la nave.

Si el líder no puede navegar guiando a su gente a través de aguas turbulentas, puede hundir la nave.

TRAZANDO EL RUMBO CON UNA ESTRATEGIA DE NAVEGACIÓN

Creo que debo confesar en este momento que no soy un navegante muy bueno. A mí no me llama la atención involucrarme en los detalles, prefiero seguir mi instinto natural, algunas veces demasiado rápido para mi propio beneficio. En los últimos quince o veinte años, he complementado mi debilidad empleando buenos líderes navegantes que me ayuden en la organización. Por ejemplo, por muchos años, cuando era líder de la iglesia, Dan Reiland era parte de mi personal. Él es un excelente navegante. En EQUIP, la organización sin fines de lucro que fundé en 1996, tengo como presidente a John Hull, que es un fantástico líder navegante. Sin embargo, en 1975, yo estaba encargado del proceso de navegación. Para no fracasar, desarrollé una estrategia que desde entonces he usado varias veces en mi liderazgo. Escribí los pasos de la misma para recordarla siempre:

Predetermine un programa de acción.

Trace sus metas.

Ajuste sus prioridades.

Notifique al personal clave.

Dé cierto tiempo a la aceptación.

Comience a actuar.

Espere problemas.

Señale los buenos éxitos siempre.

Revise su plan diariamente.

Esto se convirtió en mi plan para navegar guiando a mi gente.

Yo sabía exactamente cuál debía ser nuestro plan de acción. Si queríamos seguir creciendo debíamos construir un nuevo auditorio. Yo había considerado todas las alternativas posibles, y sabía que esa era la única solución viable. Mi meta era diseñar y construir la instalación, pagarla en diez años, y unificar a toda la gente en el proceso, que no es poca cosa.

Comencé a prepararme para la reunión de la congregación. La programé con un par de meses de antelación a fin de darme tiempo para preparar todas las cosas. Lo primero que hice fue encargarles a los miembros de la junta directiva y a un grupo de líderes financieros clave que efectuaran un análisis de nuestros patrones financieros y de crecimiento en veinte años. El análisis abarcaba los diez años anteriores y proyecciones para los siguientes diez años. Basados en eso, determinamos los requisitos de la instalación.

Luego formulamos un presupuesto de diez años que explicaba detenidamente cómo manejaríamos las finanzas. También pedí que se incluyera toda la información que estábamos reuniendo en un informe de veinte páginas que daríamos a los miembros de la congregación. Sabía que los obstáculos principales para el planeamiento exitoso eran el temor al cambio, la ignorancia, la incertidumbre acerca del futuro, y la falta de imaginación. Yo iba a hacer todo lo posible para prevenir que esos factores fueran un obstáculo para nosotros.

Mi siguiente paso era notificar a los líderes clave. Comencé con los que tenían más influencia, y me reuní con ellos individualmente y a veces en grupos pequeños. En el transcurso de varias semanas, me reuní con más o menos cien líderes. Les presenté la visión y respondí sus preguntas. Y cuando percibía que una persona no se sentía segura respecto al proyecto, planeaba reunirme de nuevo con ella a solas. Luego esperé algún tiempo para que esos líderes influyeran al resto de la gente y que poco a poco la congregación fuera aceptando el proyecto.

> *Los obstáculos principales para el planeamiento exitoso eran el temor al cambio, la ignorancia, la incertidumbre acerca del futuro, y la falta de imaginación.*

Cuando llegó el tiempo de la reunión, estábamos listos para entrar en acción. Tomó varias horas presentar el proyecto a ellos. Distribuí el informe de veinte páginas que contenía los planos del edificio, el análisis financiero, y los presupuestos. Traté de responder todas las preguntas que pudiesen existir antes de que tuvieran la oportunidad de preguntar. También pedí a algunas de las personas más influyentes de la congregación que dijeran unas palabras.

Yo esperaba cierta oposición, pero cuando concedí la palabra para dar lugar a las preguntas, me quedé pasmado. Sólo hubo dos preguntas: Una persona quería saber cuál sería la ubicación de las fuentes de agua en el edificio, y la otra preguntó el número de lavatorios. En ese momento supe que había navegado con éxito en las aguas turbulentas. Cuando llegó el momento de hacer la moción de que todos votaran, el laico más influyente de la iglesia la hizo. Y yo había hecho arreglos para que el líder que se había opuesto a la construcción, secundara la moción. Cuando se hizo el cómputo final, noventa y ocho por ciento de la gente había votado a favor.

Cuando terminamos de navegar a través de esa fase, el resto del proyecto no fue difícil. Mantuve continuamente la visión ante la gente con informes de las buenas noticias de nuestras metas logradas, y periódicamente revisaba nuestros planes y los resultados para verificar que todo iba viento en popa. La ruta había sido trazada, todo lo que teníamos que hacer era dirigir la nave.

Esta fue una maravillosa experiencia de aprendizaje para mí. Sobre todo descubrí que el secreto de la Ley de la Navegación es la preparación. Cuando usted se prepara bien, infunde confianza y esperanza en su gente. La falta de preparación produce el efecto opuesto. No es el tamaño del proyecto lo que determina su aceptación, apoyo, y éxito, sino el tamaño del líder. Es por eso que digo que cualquiera puede *gobernar* un barco, pero se necesita que un líder planee la ruta. Los líderes que son buenos navegantes pueden llevar a su gente casi a cualquier parte.

No es el tamaño del proyecto lo que determina su aceptación, apoyo, y éxito, sino el tamaño del líder.

Aplique
LA LEY DE LA NAVEGACIÓN
a su vida

1. ¿Reflexiona de manera regular sobre sus experiencias negativas y positivas? Si no es así, se perderá las lecciones que esas experiencias puedan ofrecer. Realice una de estas cosas: separe tiempo para reflexionar cada semana, examinando su calendario o su diario. O separe tiempo para reflexionar en su horario inmediatamente después de cualquier éxito o fracaso. Escriba lo que aprendió durante ese proceso de descubrimiento.

2. Los líderes navegantes hacen su tarea. En cada proyecto o asignación en los cuales sea actualmente responsable, extraiga de su experiencia, busque conversaciones con expertos y miembros del equipo para reunir información y examinar las condiciones actuales que puedan impactar el éxito de su tarea. Después de tomar estos pasos realice un plan de acción.

3. ¿En cual área se apoya más, en las expectativas o los hechos? Es muy difícil encontrar un líder que sea talentoso en ambas áreas (soy una persona de expectativas, muy visionario y creo que todo es posible. Por lo general me apoyo en mi hermano, Larry, en lo que respecta a un pensamiento más realista). No obstante los buenos navegantes pueden hacer ambas cosas.

Para practicar exitosamente la Ley de la navegación, usted debe saber cuál es su fortaleza. Si no está seguro, pregúnteles a sus amigos y colegas confiables. Luego asegúrese de tener a alguien que tenga la capacidad en la otra área para que puedan trabajar juntos.

5

❧

LA LEY DE LA ADICIÓN

Los líderes añaden valor por medio
del servicio a los demás

En un mundo donde muchos líderes políticos disfrutan su poder y su prestigio y donde los ejecutivos de las empresas ganan ingresos astronómicos, viviendo con lujos y preocupándose más por sus propias ganancias, Jim Sinegal, es una contradicción.

Sinegal es el cofundador y presidente ejecutivo de Costco, la cuarta cadena de supermercados más grande en Estados Unidos y la novena cadena más grande alrededor del mundo. A él parecen no interesarle mucho los beneficios extras. Trabaja en una oficina con sillas y mesas plegables. Si invita a alguien a reunirse con él en las oficinas corporativas, él mismo baja al vestíbulo a recibirlo. Responde a sus propias llamadas. Y su salario es únicamente de $350.000 al año, colocándolo en el diez por ciento de presidentes ejecutivos que reciben el menor salario de parte de grandes corporaciones.

La senda de Sinegal al liderazgo corporativo tampoco fue algo común. No asistió a una escuela privada de gran reputación. No es abogado, ni contador. Cuando era un adolescente, pensó en hacerse doctor, pero sus notas escolares no eran impresionantes. Así que decidió ir a la universidad y sacar un título menor. Mientras estaba asistiendo a la Universidad de San Diego, le ayudaba a un amigo suyo a descargar colchones en una tienda local llamada Fed-Mart. Poco después ese se convirtió en su trabajo. Una vez que recibió una promoción dejó de estudiar. Había encontrado su carrera. Con el tiempo también había encontrado un mentor, Sol Price, el presidente de la junta directiva de Fed-Mart. Bajo su guía, Sinegal, logró convertirse en el vicepresidente ejecutivo de la sección de mercadeo. Sinegal le ayudó después a Price a fundar Price Club, y después a ser el cofundador de Costco en 1983 junto con Jeffrey Brotman. El crecimiento de la compañía fue muy rápido. Costco compró Price Club diez años más tarde.

AÑADIENDO GANANCIAS POR MEDIO DEL VALOR

Los expertos en el mercado ponen mucha atención a la fórmula exitosa de Sinegal: ofrecer una cantidad limitada de artículos, apoyarse en ventas de alto volumen, mantener los costos lo más bajo posible y no gastar dinero en publicidad. Pero hay algo que lo separa de aquellos competidores que emplean estrategias similares: la forma en que trata a sus empleados. Él cree en pagarles a los empleados bien y ofrecerles un buen paquete de beneficios. Los empleados de Costco reciben un cuarenta y dos por ciento más de ganancias que sus rivales. Además los empleados de Costco pagan sólo una fracción del promedio nacional por beneficios médicos. Sinegal cree que si uno les paga bien a las personas «va a obtener buenas personas y una gran productividad».[1] Además de eso obtiene lealtad de los empleados. Costco es la compañía que tiene menos empleados abandonando sus posiciones en el campo de las ventas de supermercados.

Además el estilo de liderazgo de Sinegal de añadir valor no acaba con la compensación de los empleados. Él les demuestra a sus empleados que se preocupa por ellos. Mantiene una política de puertas abiertas con todos ellos. Utiliza un gafete como los demás empleados, y los conoce por sus nombres personales, además se asegura de visitar cada tienda de Costco al menos una vez al año.

«Ningún gerente o parte del personal de algún negocio se siente bien si el jefe no se interesa lo suficiente como para venir a verlos», dice Sinegal. Y cuando él se aparece, su personal disfruta verlo. «Los empleados saben que quiero saludarlos, porque los aprecio».[2]

Sinegal una vez viajó desde Texas hasta San Francisco cuando supo que un ejecutivo de Costco fue hospitalizado de emergencia, algo que no sorprendió al ejecutivo ya que esa es la forma en que Sinegal siempre dirige.

LECCIONES DE LIDERAZGO APRENDIDAS
DESDE EL PRINCIPIO

Sol Price, el mentor de Sinegal dice: «Jim ha realizado un magnífico trabajo en equilibrar los intereses de los accionistas, los empleados, y los clientes. La mayoría de las compañías tienden a apoyarse más en un área que en otra». Sinegal aprendió muchas de las lecciones de Price, un hombre que cree también en tratar a las personas bien y darles el mérito. Durante una reunión en Fed-Mart, Sinegal notó que un gerente buscaba el mérito en algunas cosas y culpaba a los empleados en otras. Sin embargo Price vio más allá.

«Deseando enseñarnos una lección», recuerda Sinegal, «Sol utilizó una reunión semanal para mostrar su desagrado acerca de algo que estaba sucediendo en las tiendas. Yo no entendía por qué lo hizo. Pero cuando él vio que su gerente culpaba a dos de sus empleados, lo despidió una semana después.

»No es correcto que una persona reciba el mérito cuando se necesitan muchas personas para crear una organización exitosa», afirma Sinegal. «Cuando uno intenta ser el más importante, no está creando lealtad.

Si no puede dar el mérito a los demás (o aceptar la culpa personalmente) se desvanecerá en su incapacidad de inspirar a los demás».[3] Las únicas personas que critican a Sinegal son los de Wall Street. Los analistas creen que Sinegal es demasiado generoso con su gente. Ellos quisieran verlo pagándoles menos dinero a sus empleados y en cierta manera explotándolos, pero Sinegal nunca haría eso. Él considera que si uno trata bien a los empleados y a los clientes, las ganancias vendrán por sí solas. «Wall Street», dice él «vive para hacer dinero entre hoy y el próximo jueves. No lo digo amargamente, pero nosotros no podemos hacer lo mismo. Queremos desarrollar una compañía que siga aquí en los próximos cincuenta a sesenta años».[4]

«No es correcto que una persona reciba el mérito cuando se necesitan muchas personas para crear una organización exitosa».
—JIM SINEGAL

Otras personas fuera de la organización aprecian su enfoque. Nell Minow, un experto en gobierno corporativo recalcó: «Me encantaría clonarlo. De las 2000 compañías que tenemos en nuestra base de datos, él es la persona que tiene el contrato de empleo más pequeño como presidente ejecutivo». Es menos de una página. «Y es el único contrato que específicamente dice que puede ser despedido por una mala causa».[5]

Sinegal está más enfocado en añadir valor a las personas mediante el servicio, que en servirse a sí mismo, o hacerse rico con un salario exorbitante. Él vive de acuerdo a la Ley de la Adición. «Lo que pasa es que pienso que si uno va a intentar dirigir una organización consciente de los costos, no puede tener esas discrepancias. Tener un individuo que está ganando 100, 200 o 300 veces más que el empleado promedio que está trabajando en el edificio, no es algo correcto».[6]

Sinegal lo sintetiza de esta manera: «Esto no es algo altruista. Esto es un buen negocio». Él también podría decir que eso es un buen liderazgo.

¿IMPORTAN LOS MOTIVOS?

¿Por qué deben dirigir los líderes? Y cuando lo hacen ¿cuál es su primera responsabilidad? Si les preguntamos a varios líderes, quizás las respuestas sean muy variadas. Probablemente dirían que el trabajo del líder es:

• Estar a cargo.
• Hacer que la organización camine sin problemas.
• Hacer dinero para los accionistas.
• Desarrollar una gran compañía.
• Ser mejor que la competencia.
• Triunfar.

¿Importan los motivos de un líder, o lo importante es sencillamente realizar un trabajo? ¿Qué es lo más importante?

Hasta hace diez años no había pensado mucho en ello. Recuerdo vívidamente cuando estaba enseñando aspectos de liderazgo con un grupo de oficiales en el gobierno de una nación en desarrollo. Estaba hablando de que los líderes añadieran valor sirviendo a los demás. Pude notar que muchos en la audiencia no se sentían muy cómodos al escuchar lo que les decía. Cuando terminé la conferencia le mencioné esta observación a uno de mis anfitriones, él me dijo: «Claro que se sentían incómodos. Tiene que darse cuenta que probablemente más de la mitad de las personas que estaban aquí habrían matado a alguien para obtener su posición actual en el poder». He visto muchas cosas en mis viajes alrededor del mundo pero debo admitir que eso me impresionó. En ese momento, me di cuenta que uno no debe dar por hecho la razón por la cual los líderes dirigen y la forma en que lo hacen.

ANÁLISIS

Muchas personas ven el liderazgo de la misma forma en que ven el éxito, tratando de llegar lo más lejos posible, de escalar, y lograr la mayor posición debido a su talento. Pero en contraste con el pensamiento convencional, yo creo que lo más importante en el liderazgo no es qué tan lejos avancemos, sino qué tan lejos ayudemos a los demás a avanzar. Esto se logra sirviendo a los demás y añadiéndoles valor a sus vidas.

> *Lo más importante en el liderazgo no es qué tan lejos avancemos, sino qué tan lejos ayudemos a los demás a avanzar.*

La interacción entre los líderes y los seguidores es una relación, y todas las relaciones añaden o sustraen algo de la vida de una persona. Si usted es un líder, está teniendo un impacto positivo o negativo en las personas que dirige. ¿Cómo lo puede saber? Por medio de una pregunta vital: *¿Está usted mejorando las cosas para las personas que lo siguen?* Si no puede responder afirmativamente a esta pregunta, ni dar evidencia que lo respalde, entonces es alguien que resta valor de los demás. Aquellos que quitan o disminuyen valor a las personas, con frecuencia no se dan cuenta de que están sustrayendo de los demás. Yo diría que el noventa por ciento de las personas que sustraen de los demás no lo hacen de manera intencional. No se dan cuenta de su impacto negativo en los demás. Y cuando un líder es el que resta en vez de sumar valor, y no cambia su manera de hacer las cosas, no pasará mucho tiempo antes de que su impacto en los demás pase de sustraer a dividir.

En contraste, noventa por ciento de las personas que añaden valor a los demás lo hacen de manera intencional. ¿Por qué lo digo? Porque los humanos por naturaleza somos egoístas. Yo soy egoísta. Ser una persona que añade a los demás requiere que deje mi zona de comodidad diariamente y piense en añadir valor a los demás. Pero eso es lo que se necesita para ser un líder que las demás personas sigan. Si lo hace, no solamente empezará a darles valor a los demás sino también a multiplicar ese valor.

Las personas que marcan las diferencias más grandes parecen entender esto. Si uno piensa en las personas que han ganado los premios Nobel de la paz, por ejemplo, Albert Schweitzer, Martin Luther King Jr., la Madre Teresa y el obispo Desmond Tutu, puede ver líderes que estaban más interesados en un impacto positivo en los demás que en su propia posición. Si lee sus escritos, o estudia sus trayectorias, se nota que deseaban mejorar las cosas para los demás, y querían añadirle valor a sus vidas. Su meta no era recibir un premio Nobel; ellos deseaban involucrarse en un servicio noble para sus compañeros, los seres humanos. La mentalidad de siervo permeaba sus pensamientos. El ganador del premio Nobel en 1952, Albert Schweitzer aconsejaba: «Intente hacer algún bien en algún lugar. Todos los seres humanos debemos buscar la forma de darnos cuenta de nuestro verdadero valor. Hay que compartir con nuestro prójimo. Recuerde. Usted no vive en su propio mundo. Sus hermanos están aquí también».

Añadir valor a los demás a través del servicio no sólo beneficia a las personas que reciben ese servicio. Les permite a los líderes experimentar lo siguiente:

- Una realización especial en dirigir a los demás
- Un liderazgo con motivos correctos
- La habilidad de realizar actos significativos como líderes
- El desarrollo de un equipo de liderazgo
- Una actitud de servicio para un equipo

El mejor lugar de un líder no siempre es la posición más alta, el lugar más prominente o poderoso. Es el lugar donde ellos pueden servir y añadir valor a los demás.

Albert Einstein, ganador del premio Nobel de física en 1921 dijo: «Solamente una vida que se vive para el servicio a los demás es la que vale la pena vivirse». Un gran liderazgo significa un gran servicio. ¿Cómo sirven los líderes a su gente? Jim Sinegal paga buenos salarios y trata a sus empleados con respeto. Martin Luther King, Jr. marchó por los derechos civiles. La Madre Teresa cuidó de los enfermos y estableció lugares donde otras personas pudieran hacer lo mismo. Los aspectos específicos dependen de la visión, equipo de trabajo y la organización pero la intención siempre es la misma, añadir valor. Cuando usted les añade valor a las personas, las está elevando, ayudándoles a avanzar, haciéndoles parte de algo más grande que ellos mismos y apoyándolos para que sean lo que ellos fueron diseñados a ser. Por lo general su líder es la única persona que puede ayudarles a hacer esas cosas.

AÑADA VALOR, CAMBIE VIDAS

He desarrollado cuatro directrices que me ayudan a añadir valor a los demás. Tres de ellas son fundamentales y pueden ser utilizadas por cualquiera que desee practicar la Ley de la Adición. La cuarta se basa en mi fe personal. Si eso pudiera ofenderle o usted no tiene interés en esa área, simplemente puede pasarla por alto.

1. AÑADIMOS VALOR A LOS DEMÁS CUANDO...
REALMENTE VALORAMOS A LOS DEMÁS

Darryl Hartley Leonard, presidente pensionado de la junta directiva de la corporación de los hoteles Hyatt y que actualmente es presidente y ejecutivo oficial de Production Group International dice: «Cuando una persona entra en una posición de autoridad, cede su derecho de abusar de las personas». Creo que es cierto. Pero ese es solamente el principio de un buen liderazgo. Los líderes eficaces no sólo dejan de dañar a los demás sino que intencionalmente les ayudan. Para hacer eso ellos deben valorar a las personas y demostrarles que las aprecian de tal forma que lo sepan sus seguidores.

Dan Reiland, quien fuera por muchos años mi mano derecha, es un líder excelente y valora mucho a las personas. Pero cuando él comenzó a trabajar para mí, no lo demostraba. Un día cuando apenas comenzaba con su empleo, yo estaba hablando con algunas personas en el vestíbulo

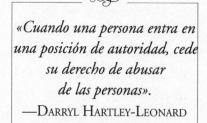

«*Cuando una persona entra en una posición de autoridad, cede su derecho de abusar de las personas*».
—Darryl Hartley-Leonard

y Dan entró con su portafolio. Pasó a nuestro lado sin decir una palabra y siguió hacia su oficina. Yo me quedé atónito. ¿Cómo puede un líder pasar en frente de un grupo de personas con las que trabaja y ni siquiera saludarles? Dejé la conversación por un momento y seguí a Dan a su oficina.

«Dan», le pregunté después de saludarlo: «¿cómo puedes pasar en frente de nosotros sin decir nada?»

Dan respondió: «Tengo mucho trabajo que hacer hoy, y deseaba comenzar».

«Dan», le dije: «acabas de pasar por tu trabajo. No olvides que el liderazgo tiene que ver con las personas». A Dan le importaban las personas y quería servirles como líder. Simplemente no lo estaba mostrando.

Me han dicho que en el lenguaje de señas estadounidense, la señal que se utiliza para la palabra servicio se realiza poniendo las manos al frente hacia arriba y moviéndolas de atrás hacia delante. Me parece una buena metáfora de la actitud que los líderes siervos deben poseer. Deben ser personas abiertas, confiables, cuidadosas, ofreciendo su ayuda y dispuestos a ser vulnerables. Los líderes que añaden valor por medio del servicio creen en su personal mucho antes de lo que ese personal cree en ellos mismos y sirven a los demás antes de recibir algún servicio.

2. AÑADIMOS VALOR A LOS DEMÁS CUANDO...

NOS HACEMOS MÁS VALIOSOS PARA ELLOS

Todo este asunto de añadir valor a los demás depende de la idea de que uno tenga algo de valor para dar. No puede dar lo que no posee. ¿Qué es lo que usted puede dar a los demás? ¿Puede enseñarles alguna habilidad? ¿Puede darles alguna oportunidad? ¿Puede darles algún consejo o una perspectiva por medio de la experiencia? Ninguna de estas cosas viene gratis.

Si usted tiene habilidades, las ha obtenido a través del estudio y la práctica. Si tiene oportunidades que dar, las ha adquirido por medio del esfuerzo. Si posee sabiduría, la ha obtenido al evaluar intencionalmente las experiencias que ha tenido. Entre más intencional haya sido acerca de su crecimiento personal, mayor será lo que tiene que ofrecer. Entre más continúe buscando el crecimiento personal, más tendrá que ofrecer.

3. AÑADIMOS VALOR A LOS DEMÁS CUANDO...

CONOCEMOS Y NOS RELACIONAMOS CON LO QUE LOS DEMÁS VALORAN

La asesora administrativa Nancy K. Austin dice que una vez miró debajo de la cama de su cuarto en uno de sus hoteles favoritos y se sorprendió cuando encontró una tarjeta. La tarjeta decía: «Así es, nosotros también limpiamos aquí abajo». Dijo Austin: «No recuerdo el vestíbulo, el número de candelabros, o la cantidad de metros cuadrados de mármol que hacía nuestra experiencia placentera». Lo que ella recordaba era esa tarjeta. El personal de limpieza había anticipado lo que era importante para ella y le sirvieron correctamente.

Pensamos que eso es un buen servicio al cliente, y cuando somos clientes o huéspedes esperamos recibir esa clase de servicio. Pero como líderes, no esperamos darlo de manera automática. Sin embargo, esa es la clave del liderazgo efectivo. Como líderes, ¿cómo conocemos y nos relacionamos con lo que valora nuestro personal? Debemos escucharlos.

Los líderes sin experiencia se ponen a dirigir sin saber nada sobre las personas que intentan dirigir. Por el contrario los líderes maduros, escuchan, aprenden y luego dirigen. Ellos *escuchan* las historias de su personal. Averiguan cuáles son sus sueños y esperanzas. Se familiarizan con sus aspiraciones. Y ponen atención a sus emociones. Sabiendo esto, *aprenden* de su gente. Descubren lo que es valioso para ellos. Y *luego dirigen* basados en lo que han aprendido. Cuando hacen eso, todos ganan, la organización, el líder y los seguidores.

> *Los líderes sin experiencia se ponen a dirigir sin saber nada sobre las personas que intentan dirigir. Por el contrario los líderes maduros, escuchan, aprenden y luego dirigen.*

4. Añadimos valor a los demás cuando...
hacemos las cosas que Dios valora

Ya le mencioné que usted puede saltarse este punto, pero para mí no es un aspecto negociable. Yo creo que Dios no sólo quiere que tratemos a las personas con respeto, sino que también nos acerquemos a ellas y les sirvamos. La Escritura nos provee muchos ejemplos y descripciones de cómo debemos conducirnos, pero este es mi ejemplo favorito, tomado de la versión Dios Habla Hoy:

«Cuando el Hijo del hombre venga, rodeado de esplendor y de todos sus ángeles, se sentará en su trono glorioso. La gente de todas las naciones se reunirá delante de él, y él separará unos de otros, como el pastor separa las ovejas de las cabras. Pondrá las ovejas a su derecha y las cabras a su izquierda. Y dirá el Rey a los que estén a su derecha: "Vengan ustedes, los que han sido bendecidos por mi Padre; reciban el reino que está preparado para ustedes desde que Dios hizo el mundo. Pues tuve hambre, y ustedes me dieron de comer; tuve sed, y me dieron de beber; anduve como forastero, y me dieron alojamiento. Estuve sin ropa, y ustedes me la dieron; estuve enfermo, y me visitaron; estuve en la cárcel, y vinieron a verme". Entonces los justos preguntarán: "Señor, ¿cuándo te vimos con hambre, y te dimos de comer? ¿O cuándo te vimos con sed, y te dimos de beber? ¿O cuándo te vimos como forastero, y te dimos alojamiento, o sin ropa, y te la dimos? ¿O cuándo te vimos enfermo o en la cárcel, y fuimos a verte?" El Rey les contestará: "Les aseguro que todo lo que hicieron por uno de estos hermanos míos más humildes, por mí mismo lo hicieron"».[7]

Ese parámetro en mi conducta incluye todo lo que hago, no solamente como parte del liderazgo sino especialmente en mi liderazgo. Porque entre más poder tengo, mayor es mi impacto en los demás, para bien o para mal. Siempre quiero ser alguien que añade valor a los demás, no que sustraiga de ellos.

NO TIENE QUE VER SÓLO CON EL POLLO

Cuando mudé mis compañías a Atlanta en 1997, no pasó mucho tiempo antes de que recibiera una llamada de Dan Cathy, presidente de Chick-fil-A, la cadena privada nacional de restaurantes. Él me hizo una pregunta: «John, ¿cómo te podemos ayudar a ti y a tu organización?»

Me sorprendió. ¿Con qué frecuencia una compañía que es más grande y más fuerte que la de uno aparece de la nada y ofrece darle una mano? Eso fue exactamente lo que Dan hizo. Él trajo a 200 hombres de negocios del área de Atlanta a una reunión donde me presentó y me permitió hablarles por cuarenta minutos. Instantáneamente me dio credibilidad ante ellos, algo que me hubiera tomado varios años lograr, asumiendo que lo hubiera podido hacer sin su ayuda. Él le añadió un gran valor a mi organización y a mí personalmente.

Lo que descubrí al ir conociendo a Dan, a Truett Cathy, su padre y fundador de Chick-fil-A y a su organización es que la actitud de servicio permea todo lo que hacen. Y por esa razón, junto con su dedicación a la excelencia, debo admitir que Chick-fil-A es una de las compañías que más admiro y respeto.

En el año 2005, cuando fui el anfitrión de Exchange, una experiencia de crecimiento del liderazgo para ejecutivos durante un fin de semana, llevé a los participantes a las oficinas centrales de Chick-fil-A en el sur de Atlanta. Todos pudieron ver las operaciones de la compañía, conocer a Truett Cathy y escuchar a Dan Cathy hablar acerca de la organización. Compartieron con nosotros muchos aspectos reveladores acerca de su dedicación al servicio y de cómo añadían valor a sus empleados y a sus clientes. Por ejemplo, Dan se dedica a conocer a los clientes el día antes de la apertura de un nuevo restaurante.

También habló del deseo de la compañía de dar «un servicio extra». Ya que Chick-fil-A es una compañía privada, es una compañía mucho más pequeña que McDonalds, KFC u otros competidores. Es por eso que él cree que la compañía puede competir y ganar por medio del servicio y no por medio de la fortaleza. Entonces, la compañía les enseña a sus empleados, muchos de los cuales son adolescentes, reglas de etiqueta. Dan decía en broma: «Hay evidencia de que las palabras *etiqueta* y *comida rápida* nunca han sido mencionadas en una misma oración antes».

Pero el enfoque de Dan hacia el liderazgo se hizo claro cuando se preparó a darle a cada persona en Exchange lo que llamó una herramienta de desarrollo en las relaciones de liderazgo. Dan dijo:

Tengo en mis manos un cepillo para lustrar zapatos. Este es un cepillo industrial. Lo mejor que se puede conseguir de la compañía Johnston and Murphy. Quiero entregarle uno a cada uno de ustedes. Y John, ¿puedes venir un momento? He hecho un compromiso de nunca entregar una de esas herramientas de desarrollo de relaciones de liderazgo a nadie sin primero demostrar cómo se usa, así que John, ven aquí para que te puedan ver. Quiero desafiarlos para que observen atentamente. Realmente esto es algo que tiene sustancia y verdadero significado cuando se practica con personas que realmente conoces y con personas con las que trabajas mucho tiempo. Permítanme mostrarles cómo funciona.

Dan me hizo sentarme, se arrodilló a mis pies y comenzó a limpiar mi zapatos con el cepillo.

Esto funciona sin importar si la persona trae zapatos deportivos, o de vestir, así que no te preocupes por la clase de zapatos que tenga la persona. Uno no dice nada mientras lo hace, esa es una de las claves principales. Tampoco es algo que se hace de prisa. Después cuando uno termina, se levanta y le da un gran abrazo.

En ese momento Dan se levantó, me dio un gran abrazo, y se dirigió al público una vez más:

Me he dado cuenta, que en un ambiente correcto cuando uno tiene suficiente tiempo para hacer esto y para hablar de esto, se puede tener un impacto poderoso en las vidas de las personas. Yo creo que 'limpia' nuestras relaciones con los demás.[8]

Una gran parte de un buen liderazgo es no tener conflictos relacionales con las demás personas. Servir a las personas que le siguen realmente purifica sus motivos y le ayuda a obtener una mejor perspectiva. Además trae a la superficie cualquier motivo impuro de los seguidores. Cada vez que pueda remover agendas incorrectas en una relación de liderazgo, está abriéndose paso a una meta fantástica.

Cuando Truett Cathy respondía algunas de las preguntas al final de la reunión, citó a Benjamín Franklin diciendo: «El saludo del anfitrión afecta el sabor del brindis». Otra forma de decirlo es que la actitud del líder afecta la atmósfera de la oficina. Si usted desea añadir valor a los demás mediante el servicio, será un mejor líder. Su personal logrará mayores cosas, desarrollará una mayor lealtad y disfrutará más de realizar las cosas. Ese es el poder de la Ley de la Adición.

Aplique
LA LEY DE LA ADICIÓN
a su vida

1. ¿Tiene usted una actitud de siervo en lo que respecta al liderazgo? No se apresure en contestar afirmativamente. Piense primero lo siguiente: en situaciones donde necesita satisfacer las necesidades de los demás, ¿cómo responde? ¿Es impaciente? ¿Se resiente? ¿Cree que ciertas tareas no son de su dignidad o posición? Si su respuesta es afirmativa a alguna de esas preguntas, su actitud no es tan buena como debiera ser. Realice pequeñas tareas de servicio a los demás regularmente sin buscar el mérito o el reconocimiento de ellos. Continúe haciéndolas hasta que no las resienta.

2. ¿Qué es lo que valoran las personas más cercanas a usted? Haga una lista de las personas más importantes de su vida, de su hogar, su trabajo, la iglesia, etc. Después de hacer esa lista, escriba lo que cada persona valora más. Luego califíquese usted en una escala del 1 al 10. Uno es la calificación menor y 10 la calificación más alta sobre cómo se relaciona usted con los valores de esa persona. Si no puede expresar lo que alguien valora o su calificación es menor de 8 con respecto a su relación a ella, dedique más tiempo a mejorar su relación con esa persona.

3. Haga que el añadir valor sea su estilo de vida. Comience con las personas más cercanas a usted. ¿Cómo puede añadirle valor a las personas de su lista relacionándose con lo que *ellos* valoran? Comience a hacerlo. Luego haga lo mismo con todas las personas que dirige. Si son sólo unas pocas, añada valor de manera individual. Si dirige grupos grandes, piense en servirles de manera colectiva e individual.

6

────────── ❧ ──────────

LA LEY DEL
TERRENO FIRME

La confianza es el fundamento del liderazgo

¿**Q**ué tan importante es la confianza en un líder? *Es lo más importante.* La confianza es el fundamento del liderazgo. Es lo que hace que una organización se mantenga unida. Los líderes no pueden romper la confianza repetidamente y seguir influyendo en la gente. Simplemente no sucede así.

Como nación, hemos visto la forma en la que la confianza en nuestros líderes ha subido y bajado durante las últimas décadas. Watergate fue un golpe muy fuerte en la confianza de los estadounidenses en el liderazgo. La confianza en el presidente Richard Nixon era tan baja que no le quedó otra opción que renunciar; había perdido su habilidad de influir en las personas. Bill Clinton era un líder muy talentoso, pero la duda acerca de la confianza minó su liderazgo. Los escándalos corporativos de los noventas sacudieron la confianza de las personas en el liderazgo de los negocios. Los informes sobre el acoso sexual en las academias militares minaron la confianza en el liderazgo de los servicios armados. Y los incidentes de abusos en la iglesia católica desilusionaron a muchos acerca de su liderazgo. Los líderes no pueden perder la confianza y continuar influyendo en los demás. La confianza es el fundamento del liderazgo. Esa es la Ley del Terreno Firme.

NO FUERON LAS DECISIONES, FUE EL LIDERAZGO

Personalmente aprendí el poder de la Ley del Terreno Firme en el otoño de 1989. Era el pastor principal de la iglesia Skyline en San Diego, y estaba muy ocupado. Estábamos iniciando varios programas nuevos en la iglesia, y la preparación del espectáculo navideño iba en plena marcha. Además yo tenía que viajar a varias partes del país a dictar conferencias. Como estaba tan ocupado, permití que mi naturaleza colérica se apoderara de mí y cometí un grave error. Tomé tres decisiones importantes de manera apresurada y las implementé sin proporcionar el liderazgo necesario. En una semana cambié algunos componentes del espectáculo navideño, descontinué en forma permanente el culto dominical vespertino, y despedí a un miembro del personal.

Lo interesante de todo esto es que ninguna de mis decisiones era incorrecta. El cambio en el programa navideño era beneficioso. Aunque algunos miembros viejos de la congregación disfrutaban el culto dominical vespertino, este no estaba edificando a la iglesia ni supliendo una necesidad que no fuera ya satisfecha en alguna otra parte del ministerio local. El miembro del personal que despedí tenía que irse, y era importante que no retrasara más su despido. Mi error fue la forma en que tomé esas tres decisiones. En una organización hecha con voluntarios, las decisiones necesitan ser procesadas correctamente.

Como todo en la iglesia iba tan bien, pensé que podía seguir adelante con mis decisiones sin llevar a todos los demás a través de los pasos necesarios en aquel proceso. Comúnmente reunía a los líderes, les comunicaba la visión, respondía preguntas, y los guiaba a través de todos los aspectos involucrados. Luego les daba tiempo para ejercer su influencia en el siguiente nivel de líderes. Por último, cuando era el momento adecuado, daba un anuncio general a todos, les daba a conocer las decisiones, los tranquilizaba y los motivaba a participar en la nueva visión. Pero en aquella ocasión no hice ninguna de estas cosas, sabiendo que debía hacerlas.

EL RESULTADO FUE DESCONFIANZA

Poco después comencé a percibir inquietud entre la gente. Oí algunos rumores. Al principio, mi actitud fue que todos debían reponerse y seguir adelante, pero luego me di cuenta de que el problema no estaba en ellos sino en mí. No había hecho las cosas bien. Lo peor era que mi actitud no era muy positiva, y esto no es conveniente cuando uno es el autor de libros sobre la actitud. Me di cuenta de que había quebrantado la Ley del Terreno Firme. Por primera vez en mi vida, mi gente no confiaba en mí completamente.

Apenas supe que me había equivocado, me disculpé públicamente ante mis feligreses y les pedí que me perdonaran. Su gente se da cuenta cuando usted comete errores. Lo importante es si usted está dispuesto a reconocer y confesar esos errores. Si lo hace, por lo general puede volver a ganar rápidamente la confianza de ellos. Eso me sucedió a mí tan pronto como me disculpé. Desde ese momento, siempre me esfuerzo por hacer bien las cosas. Aprendí por experiencia propia que cuando se trata del liderazgo, sencillamente no se pueden tomar atajos, no importa cuánto tiempo se haya estado dirigiendo.

La confianza es como cambio en el bolsillo de un líder. Cada vez que toma una buena decisión como líder, obtiene cambio que guarda en su bolsillo. Cada vez que toma una mala decisión, debe pagar a su gente parte de ese cambio. Cada líder lleva cierta

Cuando se trata del liderazgo, sencillamente no se pueden tomar atajos, no importa cuánto tiempo se haya estado dirigiendo.

cantidad de cambio en su bolsillo cuando comienza una nueva posición de liderazgo. Desde ese momento, o acumula cambio, o lo paga. Si toma malas decisiones, seguirá pagando. Entonces un día, después de tomar una última mala decisión, mete su mano en su bolsillo y se da cuenta de que no le queda más cambio. El error puede haber sido garrafal o pequeño; pero cuando se le acaba el cambio, su liderazgo termina.

En cambio, un líder que toma buenas decisiones y se mantiene registrando victorias para su organización acumula cambio. Y aunque cometa un error garrafal, sigue teniendo mucho cambio. Así fue mi experiencia en Skyline. Por ocho años había tomado buenas decisiones y ganado la confianza de mi gente. Por eso pude recuperarla rápidamente.

LA CONFIANZA ES EL FUNDAMENTO DEL LIDERAZGO

La confianza es el fundamento del liderazgo. Para ganar la confianza de los demás, el líder debe ser ejemplo de las siguientes cualidades: aptitud, conexión y carácter. La gente perdonará errores ocasionales relacionados con la capacidad, especialmente si son conscientes de que usted es un líder en proceso de crecimiento. Pero no confiarán en un individuo con fallas en el carácter. A este respecto, aun equivocaciones ocasionales pueden resultar letales. Todos los líderes eficaces saben esta verdad. El presidente de la junta directiva y jefe principal de Pepsi Co., Craig Weatherup, admite lo siguiente: «La gente tolera errores honestos; pero si usted viola la confianza de ellos, le será muy difícil recuperarla. Esa es una de las razones por las que la confianza debe ser para usted una de sus posesiones más valiosas. Puede engañar a su jefe, pero jamás podrá engañar a sus colegas o a sus subordinados».

El general H. Norman Schwarzkopf señala la importancia del carácter: «El liderazgo es una potente

> *Para ganar la confianza de los demás, el líder debe ser ejemplo de las siguientes cualidades: aptitud, conexión y carácter.*

combinación de estrategia y carácter. Pero si usted debe prescindir de uno de los dos, prescinda de la estrategia». El carácter y la credibilidad relacionados con el liderazgo siempre van de la mano. Anthony Harrigan, presidente del Consejo Empresarial e Industrial de Estados Unidos, dijo:

> El papel del carácter ha sido siempre el factor clave en la grandeza y en la caída de las naciones. Podemos estar seguros de que Estados Unidos de América no es la excepción a esta regla histórica. No sobreviviremos como país porque somos más inteligentes o más sofisticados, sino porque somos (eso creemos) más fuertes en nuestro interior. En pocas palabras, el carácter es el único baluarte eficaz contra las fuerzas internas y externas que provocan la desintegración o el derrumbe de un país.

El carácter hace posible la confianza. Y la confianza hace posible el liderazgo. Esta es la Ley del Terreno Firme.

EL CARÁCTER COMUNICA

Cuando uno dirige individuos, es como si estos consintieran en hacer un viaje juntos. Su carácter predice en qué irá a parar ese viaje. Si tiene un buen carácter, cuanto más largo es el viaje, tanto mejor se ve. Pero si tiene fallas de carácter, cuanto más largo es el viaje, tanto peor se vuelve. ¿Por qué? Porque a nadie le gusta pasar tiempo con una persona en quien no confía.

El carácter comunica muchas cosas a los seguidores. Las siguientes son las más importantes:

EL CARÁCTER COMUNICA COHERENCIA

No se puede contar día tras día con los líderes que no tienen fuerza interior porque su capacidad de desempeño cambia constantemente. El gran Jerry West, de la NBA [National Basketball Association: Asociación Nacional de Baloncesto], comentó una vez: «Usted no podrá obtener mucho en la vida si sólo trabaja los días en los que se siente bien». Si su gente no sabe qué esperar de usted como líder, en algún momento dejarán de buscar su liderazgo.

Cuando pienso en líderes que personifican el fruto del carácter, la primera persona que se me viene a la mente es Billy Graham. Independientemente de las creencias religiosas personales, todo el mundo confía en él. ¿Por qué? Porque ha sido ejemplo de un gran carácter por más de medio siglo. Todos los días vive según sus valores. Nunca adquiere un compromiso si no puede cumplirlo, y personifica muy bien la integridad.

> *El carácter hace posible la confianza. Y la confianza hace posible el liderazgo. Esta es la Ley del Terreno Firme.*

EL CARÁCTER COMUNICA POTENCIAL

El político y autor inglés John Morley observó: «Ningún hombre puede escalar más allá de las limitaciones de su carácter». Un carácter débil limita a una persona. ¿Quién cree usted que tiene el mayor potencial de lograr grandes sueños y de tener un impacto positivo en los demás: una persona que es honesta, disciplinada y que se esfuerza o una persona que es engañosa, impulsiva y perezosa? Es obvio cuando se presenta de tal forma, ¿no es cierto?

El talento por sí mismo nunca es suficiente. Si una persona desea ir lejos debe ser reforzado por el carácter. Piense en alguien como el jugador de la NFL [National Football League: Liga Nacional de Fútbol

Americano] Terrell Owens. Muy pocos jugadores tienen su talento. Sin embargo parece no llevarse bien con ninguno de sus compañeros de equipo. Si sigue por el mismo camino, nunca realizará todo su potencial como jugador.

Un carácter débil es como una bomba de tiempo. Sólo es cuestión de tiempo antes de que explote la habilidad de una persona para realizar algo y su capacidad para dirigir. ¿Por qué? Porque las personas que tienen un carácter débil no son confiables y la confianza es el fundamento del liderazgo. Craig Weatherup explica: «No se gana la confianza de otros por hablar simplemente de ella. Se gana cuando se obtienen resultados, siempre con integridad, y de tal forma que muestre una verdadera consideración personal hacia la gente con quien se trabaja».[1]

Cuando el líder tiene un carácter firme, las personas confían en él y en su capacidad de emplear su potencial. Esto no sólo infunde en los seguidores esperanza en el futuro, sino que también promueve una confianza sólida en ellos mismos y en su organización.

EL CARÁCTER COMUNICA RESPETO

Si usted no tiene fuerza interior, no podrá ganar el respeto de los demás. El respeto es algo absolutamente esencial para que un liderazgo sea duradero. ¿Cómo ganan respeto los líderes? Tomando sabias decisiones, admitiendo sus errores, y anteponiendo a sus planes personales lo que es mejor para sus seguidores y la organización.

Hace años se filmó una película sobre el Quincuagésimo Cuarto regimiento de infantería de Massachussets y su coronel, Robert Gould Shaw. La película se titula: *Glory* [Gloria], y aunque parte de la trama es ficticia, la historia de la jornada emprendida por Shaw y sus hombres durante la Guerra Civil y del respeto que ganó de ellos, es real.

La película describe la formación de este primer batallón del ejército de la Unión, compuesto de soldados afroamericanos. Shaw, quien era un

oficial blanco, asumió el mando del regimiento, supervisó el reclutamiento, seleccionó los oficiales (blancos), equipó a los hombres, y los
entrenó en las artes militares. Los hizo trabajar duro, pues sabía que el
desempeño de ellos en la batalla vindicaría o condenaría en la mente de
muchos blancos norteños el valor de los negros como soldados y ciudadanos. En el proceso, Shaw ganó el respeto de los soldados, y estos ganaron el respeto de Shaw.

> *¿Cómo ganan respeto los
> líderes? Tomando sabias
> decisiones, admitiendo sus
> errores, y anteponiendo a sus
> planes personales lo que es
> mejor para sus seguidores y la
> organización.*

Pocos meses después de acabar
el entrenamiento, los hombres del
Quincuagésimo Cuarto tuvieron la
oportunidad de probarse a sí mismos en el ataque al Fuerte Wagner de
los confederados en Carolina del Sur.
Russell Duncan, biógrafo de Shaw,
comentó lo siguiente acerca del ataque: «Shaw dio la admonición final
a sus soldados: "Prueben su propia
hombría", se puso al frente y ordenó:
"¡Adelante!" Años después, un soldado recordó que el regimiento peleó
duro porque Shaw estaba al frente, no detrás».

Casi la mitad de los seiscientos hombres del Quincuagésimo Cuarto que pelearon ese día resultó herida, capturada, o asesinada. Aunque
pelearon esforzadamente, los soldados no pudieron tomar el Fuerte Wagner, y Shaw, que en el primer ataque había dirigido valientemente a sus
hombres a la parte superior del terraplén del fuerte, fue asesinado junto con sus hombres.

Las acciones de Shaw ese último día solidificaron el respeto que sus
hombres ya sentían por él. Dos semanas después de la batalla, Albanus
Fisher, un sargento del Quincuagésimo Cuarto, dijo lo siguiente: «Ahora
tengo más ganas que nunca de luchar, porque ahora deseo vengar a nuestro valeroso coronel».[2] J. R. Miller observó una vez: «Lo único que regresa

de la tumba con los dolientes y se niega a ser enterrado es el carácter del hombre. Esto es verdad. Lo que un hombre es, nunca muere. Nunca puede ser enterrado». El carácter de Shaw, fuerte hasta el final, había transmitido a sus hombres un nivel de respeto que sobrevivió a su muerte.

El buen carácter de un líder infunde confianza a sus seguidores, pero cuando un líder la quebranta pierde su capacidad de dirigir. Esa es la Ley del Terreno Firme.

EL PRINCIPIO DEL FINAL DE LA CONFIANZA

Anteriormente mencioné Watergate y otros escándalos públicos que han minado la confianza del público en los líderes durante los últimos treinta años. Pero el evento que pienso comenzó a erosionar la fe del pueblo en sus líderes y que desarrolló un fuerte escepticismo en el país fue la guerra de Vietnam. Las acciones que los miembros de la administración Johnson tomaron, los errores cometidos por Robert McNamara y su falta de disposición para enfrentar y admitir esos errores rompió la confianza del pueblo estadounidense. Desde entonces, Estados Unidos ha estado sufriendo las repercusiones.

Vietnam ya estaba en guerra cuando el presidente Kennedy y Robert McNamara, su secretario de defensa, asumieron el cargo en enero de 1961. La región de Vietnam había sido un campo de batalla durante décadas y Estados Unidos se involucró a mediados de la década de los cincuenta, cuando el presidente Eisenhower envió un pequeño número de tropas estadounidenses a Vietnam como asesores. Cuando Kennedy asumió la presidencia, continuó la política de Eisenhower. Su

«*Lo único que regresa de la tumba con los dolientes y se niega a ser enterrado es el carácter del hombre. Esto es verdad. Lo que un hombre es, nunca muere. Nunca puede ser enterrado*».
—J. R. MILLER

intención siempre fue que Vietnam del Sur peleara y ganara su propia guerra, pero con el tiempo, Estados Unidos se fue involucrando cada vez más. Antes de que la guerra terminara, más de medio millón de tropas norteamericanas había servido en Vietnam.

Si usted recuerda esos años de guerra, tal vez le sorprenda saber que el apoyo norteamericano a la guerra era muy fuerte, aun cuando el número de tropas enviadas aumentaba rápidamente y la cantidad de víctimas crecía. En 1966, más de doscientos mil estadounidenses habían sido enviados a Vietnam, aunque dos tercios de todos los norteamericanos entrevistados por Louis Harris creían que Estados Unidos debía «permanecer y pelear contra el comunismo». La mayoría de las personas expresaban esa opinión de que las tropas debían quedarse y pelear hasta que la guerra terminara.

PRIMERO CONFIANZA, LUEGO APOYO

Sin embargo, el apoyo no continuó por mucho tiempo. La guerra de Vietnam se estaba manejando muy mal. Lo peor fue que nuestros líderes siguieron la guerra aun después de darse cuenta de que no podíamos ganarla. Pero el peor error de todos fue que McNamara y el presidente Johnson no fueron honestos con el pueblo estadounidense. Quebrantaron la Ley del Terreno Firme, y finalmente destruyeron el liderazgo de la administración. En su libro *In Retrospect* [Retrospectivamente], McNamara relata que repetidamente minimizaba las bajas estadounidenses y sólo decía verdades a medias respecto a la guerra. Por ejemplo, él dice: «A mi regreso a Washington [desde Saigón] el 21 de diciembre [1963], no fui completamente sincero cuando dije a la prensa: "Observamos los resultados de un incremento muy sustancial de la actividad en Vietcong" (cierto); pero después añadí: "Revisamos los planes de los vietnamitas del sur y creemos firmemente que tendrán éxito" (en el mejor de los casos, una exageración)».

Durante un tiempo, nadie cuestionó las declaraciones de McNamara porque no había ninguna razón de desconfiar en el liderazgo del país. Pero con el tiempo, el pueblo reconoció que sus palabras y los hechos no coincidían. Fue entonces cuando el pueblo estadounidense comenzó a perder fe. Años después McNamara admitió su falta: «Nosotros, los de las administraciones de Kennedy y Johnson, que participamos en las decisiones sobre Vietnam, actuamos según lo que pensábamos que eran los principios y las tradiciones de esta nación. Tomamos las decisiones a la luz de esos valores, pero estábamos equivocados, terriblemente equivocados».[3]

PARA ENTONCES ERA DEMASIADO TARDE

Muchos dirían que la admisión de McNamara llegó treinta años y cincuenta y ocho mil víctimas tarde. El costo de Vietnam fue alto, y no sólo en cuanto a vidas. Así como la confianza del pueblo estadounidense en sus líderes mermó, también su deseo de seguirlos. La era que había comenzado con la esperanza y el idealismo caracterizados por John F. Kennedy, terminó con la desconfianza y el cinismo asociados con Richard Nixon.

Cuando un líder quebranta la Ley del Terreno Firme, su liderazgo paga un precio. McNamara y el presidente Johnson perdieron la confianza del pueblo norteamericano y, en consecuencia, su capacidad de dirigir sufrió. A la larga, McNamara renunció al cargo de secretario de defensa. Johnson, político consumado, reconoció su posición debilitada y no participó como candidato a la reelección. Pero las repercusiones de la confianza perdida no terminaron allí. La desconfianza del pueblo estadounidense en los políticos ha continuado hasta este día, y sigue aumentando.

Ningún líder puede traicionar la confianza de su pueblo y esperar influirlo. La confianza es el fundamento del liderazgo. Rompa la Ley del Terreno Firme, y no podrá seguir siendo el líder.

Aplique
LA LEY DEL TERRENO FIRME
a su vida

1. ¿Qué tan confiable dirían sus seguidores que es usted? ¿Cómo se puede medir su confianza? Por medio de lo abiertos que ellos sean con usted. ¿Comparten ellos con usted sus opiniones incluyendo las negativas? ¿Le dan ellos malas noticias tanto como buenas noticias? ¿Le hacen saber ellos lo que está sucediendo en sus áreas de responsabilidad? Si no es así, es probable que no confíen en su carácter.

¿Y qué tal sus colegas y su líder? ¿Ponen su confianza constantemente en usted? ¿Cómo puede medir su confianza? Por la responsabilidad que ellos ponen en usted. Si ellos le entregan grandes responsabilidades, es una buena señal de que usted es confiable. Si no es así, necesita averiguar si ellos dudan de su competencia o de su carácter.

2. La mayoría de las personas que buscan lograr metas altas ocupan su tiempo desarrollando sus aptitudes profesionales. Quieren ser altamente competentes. Pocas veces se enfocan en su carácter. ¿Qué está haciendo usted actualmente para desarrollar su carácter?

Le recomiendo que se enfoque en tres áreas principales: integridad, autenticidad y disciplina. Para desarrollar la integridad haga un compromiso con usted mismo de ser escrupulosamente honesto. No moldee la verdad, no diga mentiras blancas, y no invente números. Sea honesto aunque duela. Para desarrollar la autenticidad, sea usted mismo con todos. No sea demagogo, no actúe o pretenda ser algo que no es. Para reforzar su disciplina, haga cosas correctas todos los días a pesar de cómo se sienta.

3. Si ha roto la confianza de otras personas en el pasado, entonces su liderazgo siempre sufrirá hasta que intente restaurar las cosas. Antes que

nada, discúlpese con aquellas personas que haya dañado o traicionado. Si usted puede hacer alguna enmienda o restitución, hágala y comprométase a volver a ganarse la confianza de ellos. Entre mayor sea la traición, más tiempo necesita para repararla. La responsabilidad de confiar no está en ellos. Usted debe ganarse la confianza de ellos (si ha roto la confianza en su hogar, comience primero allí antes de tratar de reparar las relaciones profesionales).

7

LA LEY DEL RESPETO

*Por naturaleza, la gente sigue a los líderes
más fuertes*

Si usted la hubiese visto, es probable que su primera reacción no hubiera sido de respeto. No era una mujer de aspecto muy impresionante, tenía poco más de metro y medio de estatura, casi llegaba a los cuarenta años, y su piel era oscura y curtida. No sabía leer ni escribir. Usaba ropa gruesa y desgastada. Cuando sonreía, la gente podía ver que le faltaban los dos dientes frontales superiores.

Vivía sola. Había dejado a su esposo a la edad de veintinueve años. Se fue sin darle aviso. Un día, él despertó, y ella se había ido. Después de varios años, ella le habló sólo una vez más, y a partir de allí no volvió jamás a mencionar el nombre de él.

El trabajo de esta mujer era intermitente. La mayor parte del tiempo aceptaba trabajos domésticos en hoteles pequeños: limpiando pisos, arreglando las habitaciones, y cocinando. Pero casi todas las primaveras y los otoños ella desaparecía de su trabajo, regresaba sin un céntimo, y trabajaba nuevamente para reunir poco a poco el dinero que pudiese juntar. Cuando estaba presente en su empleo, trabajaba duro y parecía fuerte físicamente, pero se sabe que también tenía ataques en los que de repente se quedaba dormida, a veces en medio de una conversación. Ella atribuía su aflicción a un golpe en la cabeza que le habían dado en una pelea durante su adolescencia.

¿Quién hubiera respetado a una mujer así? La respuesta es: más de trescientos esclavos que la siguieron a la libertad porque conocían y respetaban su liderazgo, al igual que casi todos los abolicionistas de Nueva Inglaterra. Era el año de 1857. El nombre de la mujer era Harriet Tubman.

UNA LÍDER CON OTRO NOMBRE

Harriet Tubman tenía apenas unos treinta años cuando comenzó a ser llamada «Moisés» por su habilidad de ir a la tierra de cautiverio y libertar del yugo de la esclavitud a muchas personas de su pueblo. Tubman nació esclava en 1820 y creció en los sembradíos de Maryland. Cuando tenía trece años recibió un golpe en la cabeza que le causó problemas toda su vida. Estaba en una tienda, y un supervisor blanco le ordenó unirse a él para poder golpear a un esclavo que estaba intentando escaparse. Cuando ella se negó y bloqueó el camino del supervisor, el hombre le arrojó una pesa de dos libras que golpeó su cabeza. Esto casi provocó su muerte, y su recuperación tomó meses.

A la edad de veinticuatro años se casó con John Tubman, un hombre negro libre. Cuando ella le habló de escapar a la libertad del norte, él no quiso escuchar. Le dijo que si intentaba escapar, él la entregaría a las autoridades. Cuando ella decidió correr el riesgo e irse al norte en 1849, lo hizo sola, sin decirle una palabra. Su primera biógrafa, Sarah Bradford, afirmó que Tubman le dijo: «Pensé esto bien: había dos cosas a las que yo tenía *derecho*, la libertad o la muerte. Si no podía tener una, tendría la otra, porque ningún hombre me iba a capturar viva. Debía pelear por mi libertad mientras tuviera fuerzas, y cuando llegara el tiempo de marcharme, el Señor iba a permitir que ellos me mataran».

Tubman pudo llegar a Filadelfia, Pennsylvania, por el «Underground Railroad», una red secreta de escape de los negros libres, de los abolicionistas blancos, y de los cuáqueros que ayudaban a los esclavos a escapar. Aunque ya era libre, juró que volvería a Maryland y libertaría a su familia. En 1850, hizo su primer viaje de regreso como «conductora» del «Underground Railroad» alguien que sacaba y guiaba a los esclavos con la ayuda de simpatizantes a lo largo de todo el camino.

UNA LÍDER DE ACERO

Cada verano e invierno, Tubman trabajaba como doméstica, reuniendo poco a poco los fondos necesarios para hacer sus viajes de regreso al sur. Cada primavera y otoño arriesgaba su vida yendo al sur y regresando con más gente. Era intrépida, y su liderazgo era inquebrantable. Era una tarea sumamente peligrosa, y cuando la gente a su cuidado flaqueaba, ella permanecía fuerte como el acero. Tubman sabía que si los esclavos que habían escapado regresaban, serían golpeados y torturados hasta que dieran información de quiénes los habían ayudado. De modo que nunca permitió que la gente que guiaba se rindiera. «Los muertos no cuentan historias», decía a un esclavo temeroso mientras lo apuntaba en la cabeza con una pistola cargada. «¡Sigues, o mueres!»

Entre 1850 y 1860, Harriet Tubman guió a más de trescientas personas, incluidos muchos miembros de su propia familia. Hizo diecinueve viajes en total y se enorgullecía del hecho de que nunca perdió a una persona bajo su cuidado. «Mi tren nunca se descarriló», decía, «y nunca perdí un pasajero». Los blancos sureños pusieron a la cabeza de Tubman el precio de $12.000, una fortuna. Al comienzo de la Guerra Civil, había sacado más gente de la esclavitud que ningún otro norteamericano en la historia, blanco o negro, hombre o mujer.

RESPETO EN AUMENTO

La reputación y la influencia de Tubman imponían respeto, y no sólo entre los esclavos que soñaban con obtener su libertad. Norteños influyentes de ambas razas la buscaban. Hablaba en reuniones y en hogares a lo largo de Filadelfia, Pennsylvania; Boston, Massachussets; St. Catharines, Canadá; y Auburn, New York, donde finalmente se estableció. Gente prominente la buscaba, como el senador William Seward, que posteriormente se convirtió en el secretario de estado de Abraham Lincoln, y el franco abolicionista y antiguo esclavo Frederick Douglass. El consejo y el liderazgo de Tubman también fueron buscados por John Brown, el famoso abolicionista revolucionario. Brown siempre se refería a la antigua esclava como «general Tubman», y se han citado sus palabras cuando dijo que ella: «era mejor oficial que la mayoría de los que él había visto, y podía dirigir un ejército con el mismo éxito que había dirigido sus pequeños grupos de fugitivos».[1] Esa es la esencia de la Ley del Respeto.

UNA PRUEBA DE LIDERAZGO

Harriet Tubman no parecía ser candidata al liderazgo porque la suerte estaba contra ella. No había recibido educación. Vivía en una cultura que no respetaba a los afroamericanos. Y trabajaba en un país donde las mujeres aún no tenían derecho al voto. A pesar de sus circunstancias, se convirtió en una líder increíble. La razón es sencilla: Los individuos, por naturaleza, siguen a los líderes más fuertes. Todo el que entraba en contacto con ella reconocía su poderoso liderazgo y se sentía obligado a seguirla. Así es como funciona la Ley del Respeto.

Cuanto más capacidad de liderazgo tiene una persona, tanto más rápido reconoce el liderazgo, o la falta de este, en otros.

NO ES UN JUEGO DE ADIVINANZAS

La gente no sigue a otros por accidente. Siguen a individuos cuyo liderazgo respetan. Alguien que tiene un liderazgo de 8 (en una escala de 1 a 10, en la que 10 es lo más alto) no sale a buscar un 6 para seguirlo, por naturaleza sigue a un 9 o a un 10. Los menos capacitados siguen a los altamente capacitados y dotados. En ocasiones, un líder fuerte decide seguir a alguien más débil que él. Pero cuando eso sucede, hay una razón. Por ejemplo, el líder más fuerte sigue a uno débil por respeto a la posición de la persona o a sus realizaciones pasadas. O tal vez esté siguiendo la cadena de mando. Sin embargo, por lo general, los seguidores son atraídos a personas que son mejores líderes que ellos. Esa es la Ley del Respeto.

Observe lo que ocurre cuando un grupo de personas se reúne por primera vez. Tan pronto empiezan a interactuar, los líderes que hay en el grupo se hacen cargo inmediatamente. Piensan en términos de la dirección en la que desean ir y a quiénes quieren llevar con ellos. Al principio, la gente se mueve tentativamente en varias direcciones, pero después de conocerse unos a otros, al poco tiempo reconocen los líderes más fuertes y los siguen.

LOS LÍDERES SIGUEN SU PROPIO PLAN CUANDO UN GRUPO SE REÚNE POR PRIMERA VEZ

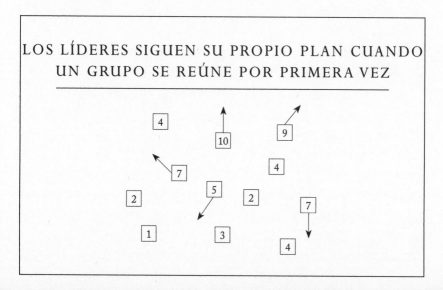

LA GENTE CAMBIA DE DIRECCIÓN PARA SEGUIR A LOS LÍDERES MÁS FUERTES

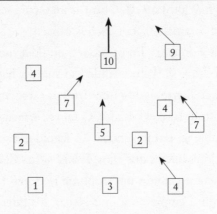

LA GENTE SE ALINEA NATURALMENTE Y SIGUE A LOS LÍDERES MÁS FUERTES

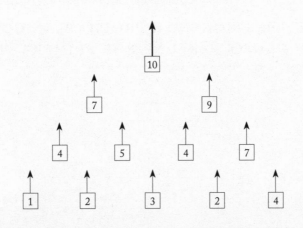

Usualmente, cuanto más capacidad de liderazgo tiene una persona, tanto más rápido reconoce el liderazgo, o la falta de este, en otros. Con el tiempo, la gente del grupo sube a bordo y sigue a los líderes más fuertes. Hacen eso, o abandonan el grupo y siguen sus propios planes.

Recuerdo haber oído una historia que muestra cómo la gente comienza a seguir a los líderes más fuertes. Ocurrió a principio de la década de los setentas, cuando Bill Walton, el central de baloncesto, ahora en el Salón de la Fama, entró al equipo de UCLA [Universidad de California, Los Ángeles] dirigido por John Wooden. Se cuenta que el entrenador les dijo a los jugadores que no se les permitía tener vello facial. Walton, en un intento de asegurar su independencia, dijo que él no se afeitaría la barba. La respuesta sensata de Wooden fue: «Bueno, Bill, te vamos a extrañar». Walton se afeitó la barba.

GÁNESE EL RESPETO

¿Qué es lo que hace que una persona respete y siga a otra? ¿Son las cualidades del líder? ¿Es debido al proceso en que el líder y el seguidor participan? ¿Sucede debido a las circunstancias? Yo creo que todos los factores forman parte de ello. Basado en mis observaciones y en mi experiencia personal aquí están las seis formas principales en que los líderes obtienen el respeto de los demás:

> *Cuando las personas le respetan a usted como persona, le admiran. Cuando le respetan como amigo, le aprecian. Cuando le respetan como líder, le siguen.*

1. Habilidad natural de liderazgo

Antes que nada, la habilidad de liderazgo. Algunas personas nacen con mayores aptitudes y habilidades para dirigir que otras. Todos los líderes no son creados de la misma forma. No obstante, tal como lo declaré en la Ley del Tope y en la Ley del Proceso, cada persona puede mejorar como líder.

Si usted posee una habilidad natural de liderazgo, las personas quieren seguirle. Quieren estar alrededor suyo. Le escucharán. Se emocionan cuando usted les comunica una visión. No obstante, si no exhibe algunas de las prácticas y características adicionales que se presentan seguidamente, usted no logrará su potencial en el liderazgo y puede ser que las personas no continúen siguiéndole. Uno de los posibles errores más grandes en los líderes naturales, es apoyarse solamente en su talento.

2. Respeto por los demás

Los dictadores y otros líderes autocráticos se apoyan en la violencia y en la intimidación para hacer que las personas hagan lo que ellos quieren. Eso realmente no es liderazgo. En contraste, los buenos líderes se apoyan en el respeto. Ellos comprenden que todo liderazgo es voluntario. Cuando los líderes muestran respeto por los demás, especialmente por las personas que tienen menos poder o una menor posición que ellos, obtienen su respeto. Y las personas *quieren* seguir a personas que respetan grandemente.

Obtener el respeto de los demás sigue un patrón:
Cuando las personas le respetan a usted como persona, le *admiran*.
Cuando le respetan como amigo, le *aprecian*.
Cuando le respetan como líder, le *siguen*.
Si usted respeta a los demás continuamente y les dirige bien constantemente, continuará teniendo seguidores.

3. Valor

Algo que hizo que las personas respetaran tanto a Harriet Tubman era su tremendo valor. Ella se había determinado a triunfar o al menos moriría intentándolo. A ella no le preocupaba el peligro. Su misión era muy clara y ella no tenía miedo.

El ex secretario de estado Henry Kissinger dijo: «Un líder no merece ese título a menos que esté dispuesto a pararse sólo de vez en cuando». Los buenos líderes hacen lo que es correcto, aun arriesgándose al fracaso, en medio de un gran peligro o bajo una crítica despiadada. No recuerdo ningún líder de la historia que no haya tenido valor. La valentía de un líder tiene gran valor: hace que sus seguidores tengan esperanza.

4. ÉXITO

El éxito es algo muy atractivo. Las personas por naturaleza se sienten atraídas a él. Esa es la razón por la cual las personas de nuestra sociedad se enfocan tanto en la vida de las celebridades. Por esa razón vitorean a su equipo favorito de deportes y por eso siguen las carreras de los artistas musicales.

El éxito es aun más importante cuando se aplica a las personas que dirigimos. Las personas respetan los logros de otras personas. Es muy difícil llevarle la contraria a alguien que tenga un buen historial. Cuando los líderes tienen éxito en sus tareas, las personas los respetan. Cuando triun-

> «Un líder no merece ese título a menos que esté dispuesto a pararse sólo de vez en cuando».
> —HENRY KISSINGER

fan en hacer llevar un equipo a la victoria, los seguidores creen que pueden hacerlo otra vez. Como resultado, los seguidores van tras ellos porque quieren ser parte del éxito en el futuro.

5. LEALTAD

Vivimos en la era de la libre empresa. Los atletas profesionales pasan de equipo a equipo, buscando el mejor contrato. Los presidentes ejecutivos negocian altos paquetes financieros y luego se van como millonarios cuando las cosas salen mal. El trabajador promedio, de acuerdo con una información, cambiará de ocupación diez veces antes de tener treinta y seis años.[2]

En una cultura de cambios y transiciones constantes, la lealtad es algo muy valioso. Cuando los líderes se mantienen con el equipo hasta que el trabajo se realice, cuando se mantienen leales a la organización aun en medio de dificultades y cuidando de sus seguidores aunque esto les afecte, eso hace que ellos le sigan y le respeten por sus acciones.

6. Añadirle valor a los demás

Quizás la fuente más grande de respeto de un líder surge de su dedicación al añadir valor a los demás. Ya que he hablado de esto extensamente en la Ley de la Adición, probablemente no necesito decir más en este capítulo. Pero puede estar seguro que los seguidores valoran a los líderes que les añaden valor. Y su respeto por ellos se mantiene aun después de que la relación ha terminado.

MIDA SU NIVEL DE RESPETO

Si usted desea medir cuánto respeto tiene como líder, lo primero que debe hacer es mirar a quien atrae. Dennis A. Peer dijo: «El liderazgo se puede medir por el calibre de las personas que deciden seguirle». Otra cosa que debe hacer es ver cómo responden las personas cuando usted les pide que hagan un compromiso o un cambio.

> «El liderazgo se puede medir por el calibre de las personas que deciden seguirle».
> —Dennis A. Peer

Cuando los líderes son respetados y piden un compromiso, su gente da un paso al frente y lo apoyan. Están preparados para tomar riesgos, atacan la colina, trabajan por largas horas, o hacen lo que sea necesario para realizar el trabajo. De la misma forma, cuando los líderes respetados piden un cambio, los seguidores están dispuestos a aceptarlo. Pero cuando los líderes no son respetados y ellos piden un compromiso o un cambio, las personas dudan, se excusan, o simplemente se alejan. Es muy difícil que un líder que no se ha ganado el respeto logre hacer que otras personas le sigan.

UN LÍDER RESPETADO SE RETIRA

En octubre de 1997, el baloncesto universitario presenció el retiro de otro gran líder, alguien que inspiraba respeto, pues pasó más de treinta años de su vida dándose a los demás. Su nombre es Dean Smith, y era el entrenador principal de baloncesto de la Universidad de Carolina del Norte. Acumuló un récord notable mientras dirigió a los Tar Heels y es considerado uno de los mejores entrenadores de todos los tiempos. En los treinta y dos años como entrenador principal en Carolina del Norte, ganó 879 juegos.[3] Sus equipos registraron veintisiete temporadas consecutivas de veinte juegos ganados. Ganaron trece títulos de la Conferencia de la Costa Atlántica, jugaron en once cuartos de finales, y ganaron dos campeonatos nacionales.

El respeto que Smith ha ganado entre sus iguales es tremendo. Cuando programó la conferencia de prensa para anunciar su jubilación, personas como John Thompson, entrenador de Georgetown, a quien Smith venció en el campeonato nacional de 1982, y Larry Brown, vinieron a mostrarle su apoyo. Michael Hooker, rector de

«El líder tiene que saber, debe saber que sabe y debe comunicarlo abundantemente claro a aquellos que él conoce».
—CLAREANCE B. RANDALL

la Universidad de Carolina del Norte, dio a Smith una invitación abierta a hacer lo que quisiera en la universidad en los años siguientes. Aun el presidente de Estados Unidos llamó a Smith para darle honores.

LOS MÁS CERCANOS A ÉL LE RESPETABAN MÁS.

Pero la Ley del Respeto se puede apreciar más sobre el desempeño profesional de Smith en la forma en que sus jugadores interactuaban con él. Lo respetaban por muchas razones. Les enseñaba mucho, de baloncesto y de la vida. Los motivaba a desenvolverse bien académicamente, y casi todos los jugadores obtuvieron un título. Los convirtió en ganadores. Les mostraba lealtad y un respeto increíble. Charlie Scott, que jugaba para Smith y se graduó de Carolina del Norte en 1970, avanzó a jugar baloncesto profesional y luego continuó para trabajar como director de mercadeo de los productos Champion. Respecto a su tiempo con Smith, comentó:

> Como uno de los primeros atletas universitarios negros en la ACC [Atlantic Coast Conference: Conferencia de la Costa Atlántica], experimenté muchos momentos difíciles durante mi tiempo en Carolina del Norte, pero siempre pude contar con el entrenador Smith. En una ocasión íbamos saliendo de la cancha después de un juego en Carolina del Sur, y uno de los fanáticos de ellos me llamó gran mandril negro. Dos ayudantes tuvieron que impedir que el entrenador Smith correteara al hombre. Fue la primera vez que vi al entrenador Smith visiblemente molesto, y quedé pasmado. Pero más que todo, yo estaba orgulloso de él.[4]

Durante su tiempo en Carolina del Norte, Smith causó un tremendo impacto. Su liderazgo no sólo ganó juegos y el respeto de sus jugadores, sino que también ayudó a producir cuarenta y nueve hombres extraordinarios que siguieron jugando baloncesto profesional. En esa lista hay grandes como Bob McAdoo, James Worthy, y por supuesto, Michael Jordan, no sólo uno de los mejores jugadores en «driblar» o engañar al contrario sin perder el balón, sino también un magnífico líder por derecho propio.

James Jordan, padre de Michael, dio crédito a Smith y a su liderazgo por gran parte del éxito de su hijo. Antes de un juego durante las eliminatorias de desempate en Chicago en 1993, el anciano Jordan observó:

La gente subestima el programa que Dean Smith dirige. Él le ayudó a Michael a darse cuenta de su capacidad atlética y a pulirla. Sin embargo, lo más importante fue que formó en Michael el carácter que lo llevó a través de su profesión. No creo que Michael tuviera el privilegio de recibir más enseñanza que los demás. Tenía la personalidad que encajaba con la enseñanza, y en Carolina pudo mezclar ambas cosas. Esa es la única forma en la que puedo verlo, y creo que eso fue lo que hizo a Michael el jugador que es.[5]

Michael Jordan se mostró firme en su deseo de jugar para un solo entrenador: Phil Jackson, el hombre que según él es el mejor en el negocio. Esto es comprensible. Un líder como Jordan quiere seguir a un líder fuerte. Esa es la Ley del Respeto. Es posible que el deseo de Jordan haya tenido sus raíces en el tiempo en que el joven de Carolina del Norte, aún en desarrollo, estaba siendo dirigido por su fuerte mentor y entrenador, Dean Smith.

Si alguna vez se frustra porque la gente que usted quiere que le siga no lo hace, puede ser que esté tratando de dirigir personas cuyo liderazgo es más fuerte que el suyo. Eso crea una situación difícil. Si usted es un líder de categoría 7 y ellos lo son de categoría 8, 9 o 10 es probable que no le sigan, no importa cuán convincente sea su misión o cuán bien planeado esté su proyecto.

El matemático André Weil dijo: «Un hombre de primera clase intentará rodearse con personas iguales o mejores que él. Un hombre de segunda clase se rodeará con personas de tercera clase. Asimismo, un hombre de tercera clase se rodeará con personas de quinta clase». Eso no necesariamente es así por diseño o porque los líderes son más débiles o inseguros. Se debe a la Ley del Respeto. Nos guste o no, esa es la forma en que el liderazgo funciona.

¿Qué puede hacer entonces? Conviértase en un mejor líder. Siempre hay esperanza para un líder que desea crecer. Las personas que por naturaleza son de categoría 7 nunca llegarán a ser de categoría 10, pero pueden llegar a ser de categoría 9. Siempre hay espacio para crecer. Y entre más se desarrolle, mejor personal usted atraerá. ¿Por qué? Porque las personas por naturaleza siguen a los líderes que son más fuertes que ellos.

Aplique
LA LEY DEL RESPETO
a su vida

1. Piense en la última vez que le pidió a sus empleados, seguidores o voluntarios un compromiso o un cambio. ¿Cuál fue su reacción? En general, ¿qué tan rápido hace que la gente le siga en esas situaciones? Ese puede ser un medidor bastante real de su nivel de liderazgo.

2. Observe las cualidades que hacen que un líder obtenga respeto:

- La habilidad de liderazgo (habilidad natural)
- Respeto por los demás
- Valor
- Historial de éxito
- Lealtad
- Añadirles valor a los demás

Evalúese usted en cada área en una escala del 1 (bajo) al 10 (alto). Una de las mejores maneras de elevar su «número de liderazgo» es mejorar en cada área. En cada una de ellas escriba una oración mencionando una práctica, hábito o meta que le ayudará a mejorar en esa área. Luego dedíquese un mes a cada una de ellas hasta que se vuelva una parte rutinaria de su vida.

3. Una de mis definiciones favoritas del éxito es tener el respeto de las personas más cercanas a mí. Creo que si mi familia (que me conoce mejor) y mis colegas más cercanos (que trabajan conmigo todos los días) me respetan, entonces soy un éxito y mi liderazgo será eficaz.

Si tiene el valor, pregúnteles a esas personas qué es lo que ellas respetan más de usted. Y también pregúnteles en qué áreas necesita crecer. Luego determine cómo mejorar basado en esa retroalimentación honesta.

8

⸙

LA LEY DE LA INTUICIÓN

*Los líderes evalúan todas las cosas
con pasión de liderazgo*

Durante la década en la que di conferencias acerca de las 21 leyes de liderazgo, he descubierto que la Ley de la Intuición es la más difícil de enseñar. Cuando hablo al respecto, los líderes naturales la entienden instantáneamente, los líderes aprendices la entienden con el tiempo y los que no son líderes no la entienden del todo.

Los líderes miran las cosas de manera diferente a los demás. Ellos evalúan todo según su predisposición hacia el liderazgo. Poseen la intuición del liderazgo que les informa lo que hacen. Es una parte inseparable de lo que son.

TODAS LAS PERSONAS SON INTUITIVAS

No todas las personas son intuitivas en el área del liderazgo, pero todas las personas poseen intuición. ¿Por qué digo eso? Porque las personas son intuitivas en sus áreas fuertes. Permítame darle un ejemplo. Ya que soy un comunicador y realizo muchas conferencias, las personas desean escuchar a mi esposa, Margaret, y de vez en cuando recibe invitaciones para hablar en un evento. Cuando la fecha se aproxima, Margaret trabaja en su presentación, pero inevitablemente si hablamos de ello nuestra conversación es más o menos así:

—John, ¿cómo crees que debo empezar? —me pregunta.

—Depende —le respondo.

—Eso no me ayuda mucho.

—Margaret, no estoy tratando de portarme díficil. Cada conferencia es diferente.

—Muy bien, pero ¿qué debo hacer?

—Yo hablaría con los asistentes antes de que comenzara el evento para saber cómo es el ambiente, tú sabes, ver cuál es la actitud. También escucharía lo que el anfitrión dijera y a las personas que hablaron antes de mí para saber si debo hablar o mencionar algo que se dijo antes. Buscaría una forma de tener una conexión con la audiencia.

—Eso no me ayuda —me dice frustrada.

Para ser honesto, sus preguntas me frustran tanto como a ella lo hacen mis respuestas. Me cuesta explicarle lo que haría porque la comunicación es algo intuitivo para mí; es una de mis grandes fortalezas.

EL OTRO LADO DE LA MONEDA

No estoy tratando de burlarme de Margaret, ella es mucho más talentosa que yo en muchas áreas. Para darle una idea, cuando me estoy preparando para hablar en un evento y estoy decidiendo que ropa ponerme, soy un desastre. Pueden pasar dos cosas: me paro enfrente del ropero, paralizado sin poder saber que va con qué. O escojo algo, me lo pongo, voy al cuarto y Margaret me dice: «Oh, John, no irás vestido *así*, ¿cierto?»

Las personas son intuitivas en sus áreas fuertes.

«Oh no, por supuesto que no», le respondo. «¿Qué crees *tú* que debo usar?»

En un par de segundos Margaret encuentra lo que debo usar. «No te he visto en esta chaqueta todavía, así que ¿qué tal esta?», pregunta mientras comienza a agarrar cosas. «Y si usas esta camisa y esta corbata, realmente resaltará». Mientras ella selecciona los pantalones, yo trato de ayudarla escogiendo los zapatos. «No, no puedes usar esos zapatos con esto», dice ella. «Ten, usa estos con este cinturón».

Cuando llego al evento, recibo halagos de varias personas por la forma en que voy vestido y por eso cuando regreso a casa, cuelgo todo el traje junto porque sé que combina bien. Luego, la próxima vez que voy a otra conferencia, me pongo el mismo traje, salgo al cuarto y Margaret me dice: «No vas a usar *eso* otra vez», y el proceso empieza nuevamente.

Margaret tiene instintos increíbles en lo que respecta a cualquier cosa artística. Tiene un gran sentido del estilo y del color. Ella puede pintar, hacer arreglos florales, diseñar, encontrar antigüedades, trabajar en el jardín, decorar, etc. Ella es intuitiva en sus áreas de fortaleza. Gracias a ella, nuestra casa siempre se ve hermosa. Estoy seguro que ella puede competir con cualquier decorador de interiores de la televisión. Me siento afortunado de beneficiarme de su talento.

MÁS QUE LOS HECHOS

La intuición es algo tan difícil de explicar porque no es algo concreto. No se apoya solamente en la evidencia empírica. ¿Recuerda el programa de televisión *Dragnet*? Si lo recuerda, probablemente conoce la frase que Jack Webb hizo famosa en ese programa: «Sólo los hechos, señora, sólo los hechos». La Ley de la Intuición depende de *mucho más que sólo los hechos*. La Ley de la Intuición está basada en los hechos más el instinto más otros factores intangibles, tales como la moral del empleado, el momento en la organización y las dinámicas relacionales.

Collin Powell, general pensionado del ejército y ex secretario de estado nos da una buena explicación del uso de la intuición del liderazgo y de su importancia. Él se dio cuenta que muchos líderes tenían problemas cuando deseaban tener una gran cantidad de información o si esperaban que todas las preguntas estuvieran contestadas antes de tomar una decisión. Powell dice que él toma decisiones de liderazgo reuniendo entre un cuarenta y un sesenta por ciento de la información que se puede obtener y luego utiliza su propia experiencia como factor de apoyo. En otras palabras, él basa sus decisiones de liderazgo tanto en intuición como en hechos. Él se apoya en la Ley de la intuición. Y eso, por lo general, separa a los grandes líderes de los líderes promedios.

EL LIDERAZGO ES SU PREDISPOSICIÓN

El tipo de intuición informada que los entrenadores y mariscales de campo tienen el día del juego es similar a la que tienen los líderes. Los líderes ven todo con una predisposición del liderazgo, y como resultado, de manera instintiva, casi automática, saben qué hacer. Usted puede ver este tipo de instinto de reacción inmediata en todos los grandes líderes. Por ejemplo, observe el desempeño profesional del general del ejército de Estados Unidos, H. Norman Schwarzkopf. Una y otra vez se le asignaban comandos que otros evitaban, pero él podía cambiar totalmente la situación debido a su excepcional intuición del liderazgo y a su capacidad de actuar. A menudo los líderes pueden hacer cosas parecidas.

Schwarzkopf había estado diecisiete años en el ejército, cuando finalmente obtuvo la oportunidad de comandar un batallón. Esto sucedió en diciembre de 1969 durante su segundo recorrido por Vietnam como teniente coronel. El comando, que nadie quería, era el del Primer Batallón de la Sexta Infantería, conocido como el «Primero de la Sexta». Pero como el grupo tenía tan mala reputación, le pusieron de sobrenombre el «peor de la Sexta». Un hecho que confirmaba esto era que cuando

Schwarzkopf asumió el comando, le informaron que el batallón acababa de salir mal en la inspección anual. Habían sacado una puntuación de dieciséis de un total de cien puntos. Sólo tenía treinta días para poner a estos hombres en forma.

VEA A TRAVÉS DE LOS LENTES DEL LIDERAZGO

Después de la ceremonia de cambio de comando, Schwarzkopf conoció al comandante saliente, quien le dijo: «Esto es para usted», entregándole una botella de whisky escocés. «La va a necesitar. Bueno, espero que a usted le vaya mejor que a mí. Traté de dirigir lo mejor que pude, pero es un batallón malísimo que tiene la moral muy baja y una pobre misión. Le deseo buena suerte».

Y después de decir esto, se marchó. La intuición de Schwarzkopf le dijo que estaba ante una situación terrible, pero era peor de lo que había imaginado. Su predecesor no tenía idea de lo que era el liderazgo. El hombre nunca había salido de la seguridad del campamento base para

Schwarzkopf podía cambiar totalmente la situación debido a su excepcional intuición del liderazgo y a su capacidad de actuar.

inspeccionar sus tropas y los resultados habían sido espantosos. Todo el batallón estaba en caos. Los oficiales eran indiferentes, no se estaban siguiendo los procedimientos básicos de seguridad, y los soldados estaban muriendo innecesariamente. El comandante saliente tenía razón: era un batallón malísimo con la moral muy baja, pero lo que no decía es que la culpa era de él. Según la descripción de Schwarzkopf, era obvio que el antiguo comandante no tenía la capacidad de interpretar la situación, y había fallado como líder a su gente.

Durante las semanas que siguieron, la intuición de Schwarzkopf le dio algunas claves, y tomó ciertas medidas. Implementó procedimientos militares, volvió a entrenar las tropas, formó a sus líderes, y dio a los hombres dirección y propósito. Cuando llegó la hora de la inspección a los treinta días, obtuvieron una puntuación aceptable. Y los hombres comenzaron a pensar de sí mismos: *Oye, podemos hacerlo bien, podemos tener éxito. Ya no somos el peor de la Sexta.* Como resultado, menos hombres murieron, la moral se elevó, y el batallón comenzó a cumplir su misión con eficacia. El liderazgo de Schwarzkopf fue tan fuerte y el cambio que produjo fue tan eficaz, que después de pocos meses de haber asumido el mando, su batallón fue escogido para llevar a cabo misiones más difíciles; el tipo de misiones que sólo podría realizar un grupo disciplinado, bien dirigido, con la moral muy alta.

LO QUE USTED ES DETERMINA LO QUE VE

¿Cómo pudo Schwarzkopf dar un giro total a asignaciones difíciles una y otra vez? La respuesta se encuentra en la Ley de la Intuición. Los otros oficiales tenían la ventaja del mismo entrenamiento en la milicia y en las tácticas. Tenían además total acceso a los mismos recursos, de modo que esa no era la respuesta. Schwarzkopf no necesariamente era más inteligente que sus contrapartes. Su contribución fue su fuerte intuición del liderazgo. Todo lo veía con la predisposición del liderazgo.

Lo que usted es determina lo que ve. Si ha visto la película *The Great Outdoors* [La gran naturaleza], tal vez recuerda una escena que ilustra perfectamente esta idea. En la película, John Candy hace el papel de Chet, un hombre que está de vacaciones con su familia en el lago de una pequeña comunidad en el bosque. Recibe la sorpresiva visita de su cuñada y el esposo de esta, Román, papel representado por Dan Aykroyd. Los dos hombres están sentados en la terraza de la cabaña, la cual tiene vista al lago y millas de un hermoso bosque, y comienzan a conversar. Román, quien se percibe como un comerciante poco escrupuloso, comparte su visión con Chet: «Te diré lo que veo cuando miro aquí afuera... veo los recursos subdesarrollados del norte de Minnesota, Wisconsin, y Michigan. Veo un consorcio de desarrollo sindicado que explota más de mil millones de dólares en productos forestales. Veo una fábrica de papel y, si hay metales estratégicos, una operación minera; una zona verde entre los condominios del lago y una instalación de manejo de los desperdicios...

Ahora te pregunto a ti, ¿qué ves tú?»

«Yo, eh, yo sólo veo árboles», responde Chet.

«Bueno», dice Román, «nadie podrá decir que tienes una visión grandiosa».

Chet veía árboles porque estaba allí para disfrutar la escena. Román veía oportunidades porque era un hombre de negocios cuyo deseo era hacer dinero. Lo que usted es determina la forma en que ve el mundo que lo rodea.

CÓMO PIENSAN LOS LÍDERES

Debido a su intuición, los líderes evalúan todo con una predisposición típica del liderazgo. La gente que nació con una capacidad de liderazgo natural es especialmente fuerte en el área de la intuición de liderazgo. Otros tienen que hacer un gran esfuerzo para desarrollarla y pulirla. Pero independientemente de cómo se produzca, la intuición es el resultado de dos cosas: la combinación de la habilidad natural, que se haya en las áreas fuertes de una persona, y las destrezas aprendidas. Esta intuición informada hace que los asuntos del liderazgo salten a la vista de un líder en una manera única. Yo considero la intuición de liderazgo como la capacidad de un líder de interpretar lo que está sucediendo. Es por esta razón que yo digo que los líderes son intérpretes:

Lo que usted es determina lo que ve.

LOS LÍDERES SON INTÉRPRETES DE SU SITUACIÓN

En la actualidad tengo muchas ocupaciones: escribo, doy conferencias, soy mentor, y hago conexiones. También soy dueño de dos compañías. Aunque hablo con los presidentes de mis compañías semanalmente, ellos se encargan de la operación diaria de las compañías y voy a sus oficinas de vez en cuando.

Recientemente, John Hull, presidente de EQUIP, me comentó: «John, cuando vienes a la oficina, puedes entrar a nuestro mundo fácilmente». Las palabras que usó fueron muy interesantes y le pregunté que quería decir con ello.

«Estás muy familiarizado con la atmósfera y el ambiente» me explicó. «Haces muy buenas preguntas y rápidamente te amoldas al mismo paso que nosotros. Nunca sentimos que tu llegada a la oficina causa incomodidad». Mientras reflexionaba en ello, me di cuenta de que lo que él estaba describiendo era la forma en que utilizo mi intuición de liderazgo.

En toda clase de circunstancias, los líderes retoman detalles que otros no ven. Pueden «sintonizarse» a la dinámica de liderazgo. Muchos líderes describen esto como una habilidad para «oler» las cosas en la organización. Pueden percibir la actitud de las personas. Pueden detectar la química del equipo. Pueden saber cuando las cosas marchan muy bien, cuando van en descenso, o cuando van a detenerse. No necesitan mirar estadísticas, leer reportes o examinar una hoja de balance. Conocen la situación *antes* de tener todos los hechos. Ese es el resultado de su liderazgo de intuición.

La habilidad natural y las destrezas aprendidas crean una intuición informada que hace que los asuntos del liderazgo salten a la vista de los líderes.

Los líderes son intérpretes de las tendencias

La mayoría de los seguidores se enfocan en su trabajo actual. Piensan en términos de asignaciones, proyectos o metas específicas. Así debe ser. La mayoría de los gerentes se preocupan de la eficiencia y la efectividad. Con frecuencia tienen un punto de vista más amplio que los empleados, pensando en términos de semanas, meses y años. No obstante, los líderes tienen una perspectiva aun más amplia. Ellos se fijan con anticipación en años y hasta en décadas.

Todo lo que sucede a nuestro alrededor ocurre en el contexto de un panorama más amplio. Los líderes tienen la capacidad y la responsabilidad de apartarse de lo que está pasando en el momento y ver no sólo hasta dónde ellos y su gente han llegado, sino también visualizar hacia dónde se dirigen en el futuro. A veces pueden lograr esto por medio del análisis, pero con frecuencia los mejores líderes lo perciben primero y luego encuentran información para explicarlo después. Su intuición les dice que algo está sucediendo, que las condiciones están cambiando y que el problema o la oportunidad se están acercando. Los líderes siempre se encuentran unos pasos al frente de los demás, si no lo hicieran no estarían dirigiendo. Ellos pueden hacer eso solamente si pueden interpretar las tendencias.

Los líderes son intérpretes de sus recursos

Una de las diferencias más importantes entre los líderes y el resto de las personas, es su forma de ver los recursos. Un buen trabajador encuentra un desafío y piensa: *¿Qué puedo hacer para ayudar?* Una persona con muchos logros se pregunta: *¿Cómo puedo resolver este problema?* El máximo ejecutor se pregunta: *¿Qué debo hacer para llegar al siguiente nivel y poder superar esto?*

No obstante, los líderes piensan diferente. Ellos piensan en términos de recursos y de cómo utilizarlos al máximo. Ellos ven el desafío, el problema o la oportunidad y luego piensan: *¿Quién es la mejor persona que* *puede encargarse de esto? ¿Cuáles recursos, materiales, tecnología, información, etc. poseemos que nos puede ayudar ahora? ¿Cuánto nos costará esto? ¿Cómo puedo estimular a mi equipo para que triunfen?*

Los líderes ven todo por medio de una predisposición. Su enfoque es movilizar a las personas y reforzar los recursos para lograr sus metas más que utilizar sus propios esfuerzos. Los líderes que quieren triunfar utilizan al máximo cada recurso y cada activo que tienen para el beneficio de su organización. Por esa razón, continuamente están conscientes de lo que tienen a su disposición.

> *Los líderes que quieren triunfar utilizan al máximo cada recurso y cada activo que tienen para el beneficio de su organización.*

LOS LÍDERES SON INTÉRPRETES DE LAS PERSONAS

El presidente Lyndon Johnson dijo una vez que cuando uno entra a una habitación y no puede saber quién está a favor y quién está en contra de uno, no pertenece al mundo de la política. Esta declaración también se aplica al liderazgo. La intuición ayuda a los líderes a percibir lo que sucede entre las personas y casi instantáneamente conocer sus esperanzas, temores, y preocupaciones. Pueden percibir lo que está pasando en un salón, si hay curiosidad, duda, renuencia, anticipación o alivio.

Interpretar a las personas es quizás la habilidad intuitiva más importante que los líderes pueden poseer. Después de todo, si lo que usted está haciendo no involucra a las personas, entonces no es liderazgo. Y si no puede persuadir a las personas para que le sigan entonces no está dirigiendo.

LOS LÍDERES SON INTÉRPRETES DE SÍ MISMOS

Por último, los buenos líderes desarrollan la capacidad de interpretarse a sí mismos. El poeta James Russell Lovell dijo: «Nadie que no pueda ser completamente sincero consigo mismo puede producir cosas grandes». Los líderes no sólo deben saber cuales son sus puntos fuertes y sus puntos ciegos, sus destrezas y debilidades, sino también su estado de ánimo mental actual. ¿Por qué? Porque los líderes pueden obstaculizar el progreso tan fácilmente como lo pueden ayudar a crear. De hecho, es más fácil dañar una organización de lo que es edificarla. Todos hemos visto organizaciones excelentes que necesitaron muchas generaciones para construirse y que se destruyeron en cuestión de años.

Cuando los líderes se vuelven egocéntricos, pesimistas o rígidos en sus pensamientos, con frecuencia dañan a sus organizaciones porque caen en la trampa de pensar que no pueden o no deben cambiar. Y una vez que eso sucede, las organizaciones tienen mucha dificultad en mejorar. Su declive es inevitable.

TRES NIVELES DE INTUICIÓN

Si usted está pensando: *Me gustaría poder interpretar esta dinámica en mi organización pero no veo las cosas de manera intuitiva*, no se desespere. La buena noticia es que puede mejorar su intuición de liderazgo, aunque no sea un líder natural. Tal como lo mencioné antes, el liderazgo de intuición es una intuición *informada*. Entre menos talento natural de liderazgo tenga, mayor será su necesidad de obtener experiencia y de desarrollar aptitudes. Estas pueden ayudarle a desarrollar patrones de pensamiento y los patrones de pensamiento pueden ser aprendidos.

He visto que todas las personas entran en uno de los tres niveles principales de intuición:

1. LOS QUE COMPRENDEN EL LIDERAZGO *NATURALMENTE*

Alguna gente nace con dones excepcionales del liderazgo. En forma instintiva entienden a las personas y saben cómo moverlas del punto A al punto B. Aun desde niños actúan como líderes. Obsérvelos en el parque de juegos y podrá ver que todos los siguen. Las personas con una intuición natural de liderazgo pueden pulirla y llegar a ser líderes de categoría mundial del más alto calibre. Esta capacidad natural a menudo es la diferencia entre un 9 (un líder excelente) y un 10 (un líder de categoría mundial).

2. LOS QUE SON *CULTIVADOS* PARA COMPRENDER EL LIDERAZGO

La mayoría de las personas caen en esta categoría. Tienen aptitudes adecuadas y si aceptan la enseñanza, pueden desarrollar la intuición. El liderazgo puede ser aprendido. La gente que no desarrolla su intuición o que no intenta mejorar su liderazgo está condenada a ser tomada por sorpresa en su liderazgo durante el resto de su vida.

3. LOS QUE *NUNCA* COMPRENDERÁN EL LIDERAZGO

Creo que casi todo el mundo puede adquirir técnicas de liderazgo e intuición. Pero en ciertas ocasiones, me encuentro con algunos que no parecen tener ni una fibra de liderazgo en su cuerpo *y* que no tienen interés en adquirir las técnicas necesarias para dirigir. Usted no es esa clase de persona porque entonces nunca habría comprado este libro.

DESARROLLE LA INTUICIÓN CAMBIANDO
SUS PENSAMIENTOS

Hace varios años aprendí mucho acerca de cómo se enseña a pensar a los mariscales de campo. El entrenador Larry Smith me había invitado a visitar la Universidad de California del Sur (USC). Me pidió que hablara al equipo de fútbol americano los Trojans antes de un juego importante. Mientras estaba allí, también visité el salón de ofensiva del equipo.

En las pizarras que cubrían las paredes, los entrenadores habían trazado toda situación posible que pudiera enfrentar el equipo de acuerdo a: donde la pelota toque el suelo, longitud, y lugar en el campo. Para cada situación, los entrenadores habían trazado una jugada específica, diseñada para tener éxito, basados en los años de experiencia y en su conocimiento intuitivo del juego.

Mientras estaba allí, noté que había una cama plegable junto a la pared. Cuando pregunté por qué estaba allí, el coordinador de ofensiva dijo: «Siempre paso el viernes en la noche aquí para asegurarme de que me sé todas las jugadas».

«Sí, pero ya las tiene anotadas en la hoja que llevará mañana a la banca», le dije, «¿Por qué no usa sólo eso?»

«No puedo depender de eso», respondió, «no hay tiempo. Mire, en el momento en que la rodilla del que lleva la bola toca el suelo, yo debo saber cuál es la siguiente jugada que se debe efectuar. No hay tiempo para buscar en el papel para decidir qué hacer». Su trabajo era poner en acción en un instante la intuición de los entrenadores.

Un líder tiene la capacidad de ver una situación y saber por intuición la jugada a realizar.

Pero los entrenadores no acabaron allí. Los tres mariscales de campo de USC tenían que memorizar cada una de esas jugadas. La noche anterior al juego, observé a los entrenadores lanzar una situación tras otra a los tres jóvenes, y estos tenían que decirles qué jugada había que efectuar. El trabajo de los mariscales era recitar cual jugada era la correcta para cada situación. Los entrenadores querían que esos jugadores estuvieran tan bien informados y preparados que su intuición se apoderara de ellos durante los momentos más tensos. De esa forma podrían dirigir eficazmente al equipo.

LOS LÍDERES RESUELVEN PROBLEMAS
USANDO LA LEY DE LA INTUICIÓN

Cuando los líderes enfrentan un problema, automáticamente lo miden, y comienzan a resolverlo, aplicando la Ley de la Intuición. Todo lo evalúan con la predisposición del liderazgo. Por ejemplo, usted puede notar cómo entró en acción la intuición del liderazgo en Apple Computer. Casi todo el mundo conoce la historia del gran éxito de Apple. La compañía fue creada en 1976 por Steve Jobs y Steve Wozniack en la cochera del padre de Jobs. Cuatro años después, el negocio se hizo público, abriendo acciones a veintidós dólares cada una y vendiendo 4, 6 millones de acciones. De la noche a la mañana hizo millonarios a más de cuarenta empleados e inversionistas.

Pero la historia de Apple no es toda positiva. Desde aquellos primeros años, su éxito, el valor de las acciones, y la capacidad de capturar clientes han fluctuado mucho. Jobs se fue de Apple en 1985, presionado por una batalla con John Sculley, el jefe principal, antiguo presidente de la junta directiva de la Pepsi, que Jobs había empleado en 1983. Sculley fue sucedido por Michael Spindler en 1993, y luego vino Gilbert Amelio en 1996. Ninguno pudo restablecer el éxito previo de Apple. En sus días de gloria, Apple había vendido 14,6 por ciento de todos los computadores personales en Estados Unidos. En 1997, las ventas disminuyeron a 3,5 por ciento. En ese momento Apple buscó nuevamente el liderazgo de su fundador, Steve Jobs. La gente de la compañía creía que él podía salvarla.

> *Cuando los líderes enfrentan un problema, automáticamente lo miden, y comienzan a resolverlo, aplicando la Ley de la Intuición.*

RENOVACIÓN DE APPLE

Jobs estudió la situación en forma intuitiva e inmediatamente tomó medidas. Sabía que era imposible hacer mejoras si no se hacían cambios en el liderazgo, de modo que rápidamente despidió a todos los antiguos miembros de la junta excepto dos de ellos, e instaló nuevos. También hizo cambios en el liderazgo ejecutivo. También despidió a la agencia publicitaria y puso tres firmas a competir por la cuenta.

Jobs también estudió el enfoque de la compañía. Quería volver a las cosas básicas que Apple siempre había hecho mejor: usar su individualidad para crear productos que hacían una

> *La mejora es imposible sin el cambio.*

diferencia. Jobs dijo: «Hemos revisado la lista de nuevos productos y eliminado setenta por ciento de los proyectos, y nos hemos quedado con el treinta por ciento que eran gemas. Además estamos añadiendo nuevos productos que constituyen toda una nueva forma de ver las computadoras».[1]

Ninguna de estas medidas causó una sorpresa especial. Pero Jobs también hizo algo que verdaderamente mostró la Ley de la Intuición en acción. Tomó una decisión que iba totalmente en contra del pensamiento previo de Apple. Fue un increíble salto intuitivo del liderazgo. Jobs hizo una alianza estratégica con el hombre que los empleados de Apple consideraban su archienemigo, Bill Gates. Jobs explicó: «Llamé a Bill y le dije que Microsoft y Apple debían trabajar más de cerca, pero que teníamos un asunto que resolver: la disputa de la propiedad intelectual. Resolvámoslo».

Rápidamente negociaron un trato, que arregló el pleito legal contra Microsoft. Gates prometió pagar a Apple e invertir $150 millones en acciones sin derecho a votar. Abrieron el camino para futuras sociedades y llevaron a la compañía mucho capital que era necesario. Esto fue algo que sólo un líder intuitivo pudo haber hecho. En Wall Street, el valor de las acciones de Apple de inmediato subió vertiginosamente treinta y tres por ciento y con el tiempo Apple volvió a obtener algo del prestigio que había perdido años antes.

REVOLUCIONANDO LA MÚSICA

En el año 2001, Jobs realizó otro movimiento en el liderazgo basado en su intuición. Mientras que otros fabricantes de computadoras estaban poniendo la mira en las agendas digitales, él se enfocó en la música. Cuando un contratista y experto en hardware independiente llamado Tony Fadell se acercó a Apple con una idea de un reproductor de música digital MP3 y una compañía de ventas de música, Apple la aceptó, aunque varias otras compañías la habían rechazado. Fadell fue contratado y comenzó a trabajar en lo que después sería conocido como iPod.

El liderazgo es realmente más arte que ciencia.

La participación de Jobs con el iPod es un indicio de su liderazgo de intuición. Ben Knauss, quien participó en el proyecto internamente dice: «Lo interesante acerca de iPod es que desde su comienzo, ha ocupado el cien por ciento del tiempo de Steve Jobs. No hay muchos proyectos que puedan hacer eso. Él se involucró en cada aspecto del proyecto».[2] ¿Por qué lo hizo? Porque su intuición como líder lo hizo comprender el impacto que ese aparato podía tener. Algo coherente con su visión de crear un estilo de vida digital.

Jobs tuvo razón. Las ventas han sido fenomenales y han excedido las ventas de las computadoras de la compañía. Apple comenzó a recibir ganancias mientras otras compañías tecnológicas sufrían. Para la primavera del año 2002, Apple había embarcado más de diez millones de unidades.[3] Al final del 2005, Apple poseía el setenta y cinco por ciento del mercado mundial en reproductores digitales de música.[4]

La historia de Jobs es un recordatorio de que el liderazgo es realmente más arte que ciencia. Los principios del liderazgo son constantes, pero la aplicación de los mismos cambia con cada líder y cada situación. Por eso es necesaria la intuición. Sin ella, uno puede ser tomado por sorpresa, y esa es una de las peores cosas que le puede suceder a un líder. Si desea dirigir por largo tiempo, usted debe obedecer la Ley de la Intuición.

Aplique
LA LEY DE LA INTUICIÓN
a su vida

1. ¿Cómo se considera usted en lo que respecta a confiar en su intuición? ¿Es usted una persona que se basa más en los hechos o en los sentimientos? Para mejorar en la Ley de la Intuición, debe estar dispuesto primero a *confiar* en su intuición. Comience trabajando en sus áreas de mayor fortaleza.

Primero, determine cuál es su talento natural más fuerte. Segundo, participe en ese talento, ponga atención a sus sentimientos, instintos e intuición. ¿En qué momento sabe usted que algo es «bueno» antes de tener la evidencia? ¿Cómo puede saber que ese es el lugar exacto? ¿Alguna vez lo han traicionado sus instintos en esta área? Si es así, ¿cuándo y por qué? Conozca su aptitud para la intuición en su área fuerte antes de intentar desarrollarla en el liderazgo.

2. Una de las habilidades más importantes del liderazgo es interpretar a las personas. ¿Cómo se cataloga usted en esta área? ¿Cómo puede saber lo que otras personas están sintiendo? ¿Cómo puede saber cuando las personas están molestas? ¿Felices? ¿Confusas? ¿Anticipa lo que otras personas están pensando?

Si esta no es su área de fortaleza entonces mejore haciendo estas cosas:

- Lea libros sobre relaciones.
- Involucre a más personas en las conversaciones.
- Observe a las personas.

3. Capacítese para pensar en términos de movilizar a las personas y de controlar recursos. Piense en los proyectos o metas actuales. Ahora, imagínese cómo puede alcanzar esas metas *sin* que usted haga ningún otro trabajo que no sea reclutar, motivar y capacitar a los demás. Tal vez desee escribir la siguiente nota y guardarla en su bolsillo o agenda:

- ¿Cuál es la mejor persona que puede encargarse de esto?
- ¿Cuáles recursos, materiales, tecnología, información, etc. poseemos que nos puede ayudar ahora?
- ¿Cuánto nos costará esto?
- ¿Cómo puedo estimular a mi equipo para que triunfen?

9

❧

LA LEY DEL MAGNETISMO

Usted atrae a quien es como usted

Los líderes eficaces siempre están al acecho de personas valiosas. Creo que cada uno de nosotros lleva una lista mental del tipo de gente que nos gustaría tener en nuestra organización. Piense en lo siguiente: ¿Sabe qué tipo de personas está buscando ahora mismo? ¿Cómo describiría a los empleados perfectos? ¿Qué cualidades poseen estos individuos? ¿Quiere que sean dinámicos y emprendedores? ¿Está buscando líderes? ¿Desea usted que sean personas de veinte, cuarenta, o sesenta años? Deténgase ahora por un momento, y escriba una lista de las cualidades que desea en la gente de su equipo. Busque un lápiz o un bolígrafo, y escriba la lista ahora, antes de continuar leyendo.

Mi personal debería tener estas cualidades:

_____

_____

_____

_____

¿Qué determina si obtiene las personas que desea y si estas poseen las cualidades que busca? La respuesta puede sorprenderlo. Aunque no lo crea, lo que usted *quiere* no determina a quien atrae. Se determina por lo que usted *es*.

Observe la lista que acaba de escribir y al lado de cada característica marque si usted posee esa cualidad. Por ejemplo, si escribió que le gustaría tener «grandes líderes» y usted es un líder excelente, entonces coincide. Ponga un gancho (√) al lado de la cualidad. Si su liderazgo no sobrepasa el promedio, ponga una «X» y escriba al lado «sólo un líder promedio». Si escribió que desea gen-

> *Lo que usted quiere no determina a quien atrae. Lo determina lo que usted es.*

te «emprendedora» y usted posee esa cualidad, coloque un gancho (√). Si no la posee, escriba una «X» y continúe con el resto de las cualidades. Ahora revise toda la lista.

Si encuentra muchas «X», está en problemas porque las personas que ha descrito no son el tipo de gente que querrá seguirlo. En la mayor parte de las situaciones, usted atrae a las personas que poseen sus cualidades. Esa es la Ley del Magnetismo: quien es usted es a quien atrae.

DE MAESTRÍA MUSICAL A LIDERAZGO

Cuando yo era niño, mi madre solía decir: «Dios los cría, y ellos se juntan; El que anda con sabios, sabio será». Pensaba que este era un prudente refrán cuando jugaba a la pelota con Larry, mi hermano mayor. Él era un buen atleta, y yo creía que si jugaba con él también lo sería. Cuando crecí, instintivamente me di cuenta que los buenos estudiantes pasan su tiempo con buenos estudiantes, y la gente que sólo desea jugar se reúne con gente semejante. Pero creo que no entendí realmente el impacto de la Ley del Magnetismo hasta que me trasladé a San Diego, California, y me convertí en el líder de la última iglesia que pastoreé.

Mi predecesor en la iglesia Skyline era el doctor Orval Butcher. Este es un hombre maravilloso con magníficas cualidades. Una de ellas es su maestría musical. Toca el piano y tiene una hermosa voz de tenor irlandés, aun hoy a sus ochenta años de edad. Cuando llegué en 1981, Skyline tenía una sólida reputación por su magnífica música. Era conocida a escala nacional por sus sobresalientes producciones musicales. De hecho, la iglesia estaba repleta de músicos y vocalistas talentosos. En los veintisiete años que el doctor Butcher dirigió la iglesia, sólo trabajaron para él dos directores de música, un historial increíble. (Para darle una comparación, durante mis catorce años allí, empleé a cinco personas en esa posición.)

¿Por qué había tantos músicos excepcionales en Skyline? La respuesta se encuentra en la Ley del Magnetismo. La gente con talento musical era, por naturaleza, atraída al doctor Butcher. Lo respetaban y lo entendían, compartían su motivación y sus valores, tenían los mismos intereses. Ellos estaban sintonizados con él. Los líderes ayudan a moldear la cultura de su organización, basados en lo que son y lo que hacen. La música era valorada. Era practicada con excelencia. Era utilizada para alcanzar a la comunidad. Estaba arraigada a la cultura de la organización.

Yo, en cambio, disfruto la música, pero no soy músico. Es gracioso, pero cuando fui entrevistado para la posición en Skyline, una de las primeras preguntas que me hicieron fue si sabía cantar. Se desilusionaron mucho cuando les dije que no. Después de tomar el mando de la iglesia, el número de músicos nuevos disminuyó rápidamente. Aún teníamos más de los que debíamos, porque el doctor Butcher había creado un impulso y había dejado un maravilloso legado en ese aspecto. ¿Sabe usted qué tipo de gente comenzó a llegar a la iglesia? Líderes. Cuando me fui de Skyline, la iglesia no sólo estaba llena de cientos de líderes excelentes, sino que también había preparado y enviado a cientos de hombres y mujeres como líderes durante el tiempo que estuve allí. Esto se debió a la

Ley del Magnetismo. Nuestra organización se convirtió en un imán para las personas con capacidades de liderazgo.

¿EN QUÉ SE PARECEN?

Tal vez usted ha comenzado a pensar en la gente que ha atraído a su organización. Tal vez esté pensando: *Un momento. Puedo mencionar veinte cosas que me hacen diferente a mi gente.* Mi respuesta sería: «Por supuesto que puede». Pero las personas que se sienten atraídas a usted probablemente tengan más similitudes que diferencias, especialmente en unos cuantos aspectos clave. Observe las siguientes características. Probablemente descubrirá que la gente que lo sigue tiene cosas en común con usted en varios de los siguientes aspectos clave:

Generación

La mayoría de las organizaciones reflejan las características de sus líderes claves y eso incluye su edad. Durante la época denominada punto-com en los noventas, miles de compañías fueron fundadas por personas mayores de veinte años y menores de cuarenta años. ¿Y a quiénes contrataron? Otras personas contemporáneas. En casi todas las organizaciones, la mayoría del tiempo las personas que son parte de ellas tiene una edad similar a los líderes que les contratan. Por lo general eso ocurre dentro de los departamentos. Y de vez en cuando ocurre en toda la compañía.

> *Si piensa que su gente es negativa, será mejor que vea su propia actitud.*

Actitud

Muy pocas veces he visto gente positiva y negativa atraída mutuamente. La gente que ve la vida como una serie de oportunidades y retos emocionantes no quiere escuchar a otros hablar todo el tiempo de lo mal que salen las cosas. Sé que esto se aplica a mí. Y no sólo las personas atraen a otras personas con actitudes similares, sino que también sus actitudes tienden a asimilarse entre ellas. La actitud es una de las cualidades más contagiosas que un ser humano posee. Las personas con buenas actitudes tienden a hacer que las personas a su alrededor se sientan más positivas. Aquellas con actitudes terribles tienden a minar las actitudes de los demás.

Trasfondo

En el capítulo de la Ley del Proceso, escribí acerca de Theodore Roosevelt. Una de sus memorables hazañas fue su osado ataque al cerro San Juan con sus hombres de caballería conocidos como «Rough Riders» [Jinetes rudos] durante la guerra de Estados Unidos contra España. Roosevelt reclutó personalmente a toda la compañía voluntaria de caballería, y se dio cuenta de que este era un grupo extraordinariamente peculiar. Estaba compuesto principalmente por dos tipos de hombres: aristócratas ricos del nordeste y vaqueros del oeste estadounidense. ¿Por qué? Porque T.R. era aristócrata de nacimiento, un neoyorquino educado en Harvard, y se transformó en un cazador de caza mayor en las Dakotas del oeste. Era un líder fuerte y genuino en ambos mundos, y por eso atraía a ambos tipos de personas.

Las personas atraen o son atraídas a otras personas con un trasfondo similar. Los obreros tienden a andar unidos. Los jefes tienden a contratar personas de la misma raza. Las personas con educación tienden a respetar y a valorar a otras que también sean educadas. Este magnetismo natural es tan fuerte que las organizaciones que valoran la diversidad tienen que luchar contra él.

Por ejemplo, en la NFL, los dueños de los equipos son blancos y por décadas todos los directores técnicos eran blancos. Pero debido a los miembros de la liga de la diversidad racial, se creó una política de diversidad que requería que al menos un candidato de una de las minorías estuviera en el proceso de entrevista cada vez que se contrataban directores técnicos. Esa política ha ayudado a que más directores técnicos afroamericanos sean contratados (pero a excepción de la raza, el *trasfondo* de todos los entrenadores se mantiene muy similar).

Valores

Los individuos son atraídos a líderes cuyos valores son similares a los de ellos. Piense en la turba que acudió ante el presidente John F. Kennedy después de su elección en 1960. Él era un joven idealista que quería cambiar el mundo, y atraía a personas de un perfil similar. Cuando formó el Cuerpo de Paz y llamó al pueblo al servicio, diciendo: «No pregunte qué puede hacer su país por usted; pregunte qué puede hacer usted por su país», miles de personas jóvenes e idealistas dieron un paso al frente en respuesta al llamado.

No importa si los valores comunes son positivos o negativos. De cualquier forma, la atracción es igualmente fuerte. Piense en alguien como Adolfo Hitler. Era un líder muy fuerte (como se puede juzgar por su nivel de influencia), pero sus valores estaban corrompidos hasta la médula. ¿A qué clase de personas atraía? A líderes con valores similares: Hermann Goering, fundador de la Gestapo; Joseph Goebbels, un amargado antisemita que dirigía el aparato propagandístico de Hitler; Reinhard Heydrich, segundo en comando de la policía secreta nazi, que ordenaba las ejecuciones masivas de los oponentes de ese partido; y Heinrich Himmler, jefe de la SS [Schutz-Staffel: Escuadras de protección] y director de la Gestapo, que inició la ejecución sistemática de los judíos. Todos ellos eran líderes fuertes, y también eran hombres totalmente perversos. La Ley del Magnetismo es poderosa. Cualquiera que sea su carácter, es probable que lo encuentre en la gente que lo sigue.

Energía

Es algo bueno que las personas con niveles similares de energía sean atraídas mutuamente porque cuando se une una persona de mucha energía con una persona de muy poca energía y se les pide que trabajen unidas, pueden volverse locas. La persona de alta energía piensa que la persona de poca energía es perezosa y la persona de poca energía piensa que la otra está loca.

Talento

Las personas no salen por allí a buscar líderes mediocres. Las personas se sienten atraídas a la capacidad y a la excelencia, especialmente en el área del talento. Es muy probable que respeten y sigan a alguien que posea su misma clase de talento. Los hombres de negocios quieren seguir personas que tengan habilidad en desarrollar una organización y obtener una ganancia. Los jugadores de fútbol desean seguir entrenadores que tengan un gran talento futbolístico. Las personas creativas quieren seguir líderes que estén dispuestos a pensar sin limitaciones. El talento atrae al talento. Parece muy obvio. Sin embargo, muchos líderes esperan que personas muy talentosas los sigan, aun cuando ellos no poseen ni expresan valor por los talentos de las personas.

Capacidad de liderazgo

Por último, la gente que usted atrae tendrá una capacidad de liderazgo similar a la suya. Como dije al hablar de la Ley del Respeto, la gente, por naturaleza, sigue a los líderes que son más fuertes que ellos. Pero también se debe tomar en cuenta la Ley del Magnetismo, que establece que quien es usted es a quien atrae. Eso significa que si usted, en lo que respecta al liderazgo, es un 7, atraerá más a los 5 y 6 que a los 2 y 3. Los líderes que atraiga tendrán un estilo y una capacidad similares a la suya.

PRACTIQUE EL LIDERAZGO

Al McGuire, ex director técnico de la Universidad de Marquette, dijo una vez: «Un equipo debe ser la extensión de la personalidad del entrenador. Mis equipos eran arrogantes y detestables». Yo pienso que es más que una cuestión de «debe ser». Los equipos no pueden ser otra cosa que una extensión de la personalidad de su líder.

En 1996 yo fundé la organización sin fines de lucro, EQUIP, que existe para capacitar líderes a nivel internacional. ¿Adivine qué clase de donantes se sienten atraídos a EQUIP? ¡Líderes! Hombres y mujeres que dirigen a otros y comprenden el valor y el impacto que surge al capacitar líderes.

EN CONTRA DE LA CORRIENTE

Mientras lee este capítulo, quizás se encuentre en una de las siguientes dos situaciones: puede estar diciendo, *No me encantan las personas que estoy atrayendo. ¿Debo quedarme en esta situación?* La respuesta es no. Si usted no se siente satisfecho con la habilidad del liderazgo de las personas que atrae, utilice la Ley del Proceso y esfuércese para aumentar su capacidad de liderazgo. Si quiere desarrollar una organización, desarrolle al líder. Si ve que las personas que usted atrae no son confiables, entonces examine su carácter. Desarrollar un carácter más fuerte puede ser un camino difícil, pero el resultado vale la pena. Un buen carácter mejora cada aspecto de la vida de una persona.

Es posible que un líder vaya y reclute personas que no son como él, pero no serían las personas que atraería naturalmente.

Por otro lado, tal vez esté diciendo: *Me gusta quien soy y me gusta la clase de gente que atraigo.* ¡Eso es grandioso! ahora, continúe con el siguiente paso del liderazgo eficaz. Reclute personas que sean diferentes a usted para fortalecer sus debilidades. Si no lo hace, algunas tareas organizativas importantes pueden ser pasadas por alto y la organización sufrirá al final. Una organización nunca desarrolla su potencial si todos en ella son visionarios o si todos son contadores.

Es posible que un líder vaya y reclute personas que no son como él, pero no serían las personas que atraería naturalmente. Atraer a personas que no son como usted requiere un alto grado de intención. Para triunfar en ello, las personas deben creer en usted y la visión que comparte debe ser convincente. Puede aprender más acerca de ello con la Ley del Apoyo.

CAMBIA EL CURSO DE LA HISTORIA

Una vez que comprende la Ley del Magnetismo, usted puede verla funcionando en casi toda situación: los negocios, el gobierno, los deportes, la educación, la milicia, etc. Cuando lea pasajes de la historia busque las pistas. Podemos ver un ejemplo vívido de la Ley del Magnetismo entre los líderes militares de la Guerra Civil. Cuando los estados del sur se separaron, no se sabía en qué lado pelearían muchos de los generales. Robert E. Lee era considerado el mejor general de la nación, y el presidente Lincoln le ofreció el comando del ejército de la Unión. Pero Lee nunca habría considerado pelear contra Virginia, su estado natal. Rechazó la oferta y se unió a los Estados Confederados, y lo siguieron los mejores generales del país.

Si Lee hubiese decidido dirigir un ejército de la Unión, muchos otros buenos generales lo habrían seguido al norte. Como resultado, probablemente la guerra habría sido mucho más corta.

Cuanto mejor sea el líder, mejores líderes atraerá.

Habría durado dos años en vez de cinco, y cientos de miles de vidas habrían sido salvadas. Esto le demuestra que cuanto mejor sea el líder, mejores líderes atraerá. Y eso causa un impacto increíble en todo lo que usted hace.

¿Cómo es la gente que actualmente usted atrae a su departamento u organización? ¿Son líderes potenciales fuertes y capaces? ¿O podrían ser mejores? Recuerde que la buena calidad de ellos no depende del procedimiento de búsqueda de empleados, ni del departamento de recursos humanos, ni de lo que cree que es la cualidad del grupo de solicitantes. Depende de usted. Quien es usted es a quien atrae. Esa es la Ley del Magnetismo.

Aplique
LA LEY DEL MAGNETISMO
a su vida

1. Si usted se saltó el ejercicio de escribir las cualidades que desea en sus seguidores, hágalo ahora. Una vez que haya terminado (o si ya lo ha hecho) piense *por qué* desea esas cualidades que escribió. Cuando las escribió, ¿pensó que estaba describiendo personas como usted o diferentes? Si existe una incongruencia entre su imagen y la de sus empleados, quizás su nivel de concientización personal pueda ser bajo y quizás esté obstaculizando su desarrollo personal. Hable con un colega o amigo confiable que le conoce bien para que le ayude a identificar esos puntos flacos.

2. Basado en las personas que usted atrae, quizás necesite crecer en el área del carácter y el liderazgo. Busque mentores que estén dispuestos a ayudarle a crecer en cada área. Buenos mentores del carácter pueden ser un pastor o un consejero espiritual, un profesional cuya habilidad usted respete, o un entrenador profesional. Lo ideal es que su mentor de liderazgo trabaje en la misma profesión o en una similar y que se encuentre unos pasos adelante de usted en su carrera.

3. Si usted ya está atrayendo la clase de personas que desea, es tiempo de que eleve su liderazgo al siguiente nivel. Esfuércese en emplear personal que le ayude con sus debilidades y reclute personal que complemente su liderazgo en el área de las actividades. Escriba una lista de las cinco áreas de fortaleza más grandes en lo que respecta a sus habilidades. Luego escriba sus cinco áreas más débiles.

Ahora es el momento de crear el perfil del personal que está usted buscando. Comience con el talento que corresponda a sus debilidades. Añada los valores y las actitudes que son similares a las suyas. También considere si la edad, el trasfondo o la educación son factores. ¿Le ayudaría si fueran diferentes?

Finalmente, busque a alguien que sea un buen líder en potencia o que al menos comprende y aprecia cómo funciona el liderazgo. Pocas cosas son más frustrantes que ser un buen líder con un compañero que tenga una mentalidad burocrática.

10

LA LEY DE LA CONEXIÓN

Los líderes tocan el corazón antes de pedir la mano

Existen incidentes en la vida y las carreras de los líderes que se convierten en momentos cruciales en su liderazgo. Para los seguidores, el público en general y los historiadores, esos momentos por lo general representan lo que son esos líderes y lo que respaldan. Permítame darle un ejemplo. Yo creo que la presidencia de George W. Bush puede ser resumida en dos momentos cruciales que experimentó durante su período como presidente.

UNA CONEXIÓN HECHA

El primer momento ocurrió al principio de su primer término y definió el término completo de su presidencia. El 11 de septiembre de 2001, los Estados Unidos fueron atacados por terroristas que estrellaron aviones en los edificios del Centro de Comercio Mundial y el Pentágono. El pueblo de Estados Unidos estaba furioso. Tenía temor. No tenía seguridad acerca del futuro. Y estaban de luto por las miles de personas que perdieron sus vidas en esos actos terroristas.

Sólo cuatro días después del colapso de las torres, Bush fue allí. Pasó tiempo con los bomberos, los oficiales de policía y los grupos de rescate. Les dio la mano. Los escuchó. Asimiló la devastación. Le agradeció a las personas que estaban trabajando allí y les dijo: «La nación envía su amor y compasión a todos los que están aquí». Se dice que la moral de los grupos de rescate se elevó cuando el presidente llegó y empezó a saludarlos. Las cámaras captaron a Bush en medio de la destrucción abrazando al bombero Bob Beckwith. Cuando algunos miembros de la multitud gritaron que no podían escucharlo. Bush levantó la voz y les dijo: «Yo los escuchó. El mundo entero los escucha. Y las personas que destruyeron esos edificios nos escucharán pronto».[1] El pueblo vitoreó. Se sintieron valiosos. Se sintieron comprendidos. Bush logró conectarse con ellos como nunca antes lo había hecho.

NO HAY NADIE EN CASA

El segundo incidente sucedió durante el segundo término de Bush y definió su presidencia. Ocurrió el 31 de agosto de 2005, dos días después que el huracán Katrina destruyera la ciudad de Nueva Orleans. Después de que los diques de la ciudad se rompieran y el agua la inundara, en lugar de visitar la ciudad como lo había hecho en New York después del 11 de septiembre, Bush voló por encima de la ciudad en el avión presidencial, observando el daño por medio de una de las ventanillas. Para el pueblo de la costa del golfo, eso significó indiferencia.

Mientras se desarrollaba la tragedia, ninguna persona en autoridad en ningún nivel gubernamental se conectó con las personas de Nueva Orleans, ni el presidente, ni el gobernador, ni el alcalde. Para el momento cuando el alcalde Ray Nagin ordenó la evacuación de la ciudad, era muy tarde para muchos residentes pobres. No pudieron irse. Mandó personas al Superdome, aconsejándoles que comieran primero porque el gobierno local no tenía provisiones para ellos. Mientras tanto, daba conferencias de prensa y se quejaba de que no estaba recibiendo ninguna ayuda. Las personas más afectadas por los problemas se sintieron abandonadas, olvidadas y traicionadas.

Después que la tragedia terminara, no importó lo que el presidente Bush dijera o cuanta ayuda proveyera, ya no pudo volver a obtener la confianza del pueblo. Es cierto que cuando el alcalde demócrata Nagin fue reelecto, le agradeció a Bush por la ayuda a los ciudadanos de Nueva Orleans. Y que Donna Brazile, otra demócrata, desde ese entonces describió a Bush como alguien «muy involucrado» en el proceso de reconstrucción y lo elogió por impulsar al Congreso para que dedicara dinero a la reconstrucción de los diques.[2] Pero ya Bush no podía deshacerse de la imagen de indiferencia que ya había creado. Él no se conectó con el pueblo. Él había roto la Ley de la Conexión.

EL CORAZÓN ES PRIMERO

En lo que respecta a trabajar con las personas, el corazón es primero. Eso es cierto en cualquier situación, sea comunicándose en un estadio lleno de personas, dirigiendo una reunión de equipo, o tratando de relacionarse con su cónyuge. Piense cómo reacciona con las personas. Si escucha a un conferencista o un maestro ¿quiere escuchar un montón de estadísticas frías o una gran cantidad de hechos? O ¿preferiría que el orador lo involucrara a un nivel más humano, quizás con un relato o una broma? Si usted ha estado en alguna clase de equipo triunfador sea en los negocios, los deportes o un servicio, sabe que el líder no sólo da instrucciones y luego lo deja sólo. No. Él o ella se conectan con usted a un nivel emocional.

Para ser eficaces, los líderes necesitan conectarse con la gente. Porque

Uno no puede hacer que la gente actúe si primero no conmueve sus emociones... El corazón está primero que la mente.

uno primero debe tocar el corazón de la gente antes de pedirles una mano. Esa es la Ley de la Conexión. Todos los grandes comunicadores reconocen esta verdad y la llevan a la práctica casi de manera instintiva. Uno no puede hacer que la gente actúe si primero no conmueve sus emociones.

Frederick Douglass fue un orador sobresaliente y un líder afroamericano del siglo XIX. Se dice que tenía una habilidad extraordinaria para conectarse con las personas y conmover el corazón de estas cuando hablaba. El historiador Lerone Bennett dijo lo siguiente de Douglass: «Podía hacer *reír* a sus oyentes de un esclavista que predicaba los deberes de la obediencia cristiana; podía hacerlos *ver* la humillación de una sirvienta esclava negra violada por un esclavista brutal; podía hacerlos *escuchar* los sollozos de una madre que era separada de su hijo. Por medio de él, la gente podía llorar, maldecir, y *sentir*; por medio de él podían *vivir* la esclavitud».

EL GRAN CONECTOR

Los buenos líderes buscan conectarse con los demás todo el tiempo, sea de manera colectiva o individual. La conexión con la gente no es algo que sólo debe ocurrir cuando el líder se comunica con un grupo de personas. También debe haber conexión en el plano individual. Entre mejor sea la relación y la conexión entre los individuos, más probabilidades hay de que el seguidor quiera ayudar al líder.

> *Entre mejor sea la relación y la conexión entre los individuos, más probabilidades hay de que el seguidor quiera ayudar al líder.*

Mi personal se quejaba cada vez que yo decía: «A las personas no les interesa cuánto sabe usted hasta que sepan cuánto se preocupa por ellas», pero también sabía que esto era cierto. Usted adquiere credibilidad cuando se conecta con los individuos y les muestra su interés genuino en ayudarlos. Como resultado, ellos responden generalmente con amabilidad y quieren ayudarle. Ronald Reagan era un ejemplo perfecto de esto. Su capacidad de compenetración con el público se refleja en el sobrenombre que recibió como presidente: el Gran Comunicador. Pero también tenía la capacidad de tocar el corazón de los individuos cercanos a él. En verdad él pudo haber sido llamado el Gran Conector.

Peggy Noonan, antigua escritora de los discursos de Reagan, dijo que cuando el presidente regresaba a la Casa Blanca después de viajes prolongados, y el personal escuchaba que el helicóptero iba aterrizando en el césped, todos dejaban de trabajar, y Donna Elliott, una de las empleadas, decía: «¡Ya llegó papá!» Esto era una indicación del afecto que su gente le tenía. Algunas personas temen cuando su jefe se aparece. El personal de Reagan se sentía estimulado porque él sabía conectarse con ellos.

CONÉCTESE CON UNA PERSONA A LA VEZ

La clave para conectarse con los demás es reconocer que aun en un grupo, usted debe relacionarse con las personas como individuos. El general Norman Schwarzkopf comentó: «Hay líderes competentes que al pararse frente a un pelotón, todo lo que ven es un pelotón. Pero los grandes líderes se paran frente a un pelotón y ven a cuarenta y cuatro individuos, cada uno de los cuales tiene aspiraciones, quiere vivir, y hacer el bien».[3]

Durante mi desempeño profesional he tenido la oportunidad de hablar a algunos auditorios maravillosos. Los más grandes han sido en estadios donde había unos sesenta mil a setenta mil concurrentes. Algunos de mis colegas que también son oradores profesionales me han preguntado: «¿Cómo puedes hablar a tanta gente?» El secreto es sencillo. No trato de hablar a los miles. Me concentro en hablar a una sola persona. Esa es la única forma de conectarse con la gente. Lo mismo sucede cuando escribo un libro. No pienso en los millones de personas que han leído mis libros. Pienso en *usted*. Pienso que si puedo conectarme con usted individualmente, entonces lo que tengo que ofrecer puede ayudarle. Si no lo estoy haciendo, dejará de leer e irá a hacer otra cosa.

Para conectarse con la gente en un grupo, conéctese primero con ellos como individuos.

¿Cómo se conecta usted? Sea que esté hablando en frente de una gran audiencia o conversando en un pasillo con un individuo, las directrices son las mismas:

1. Conéctese con usted mismo

Debe saber quién es y tener confianza en usted mismo si desea conectarse con los demás. Las personas no escuchan el llamado de una trompeta incierta. Tenga confianza y sea usted mismo. Si no cree en sí mismo ni a dónde quiere ir, trabaje en eso antes de hacer cualquier otra cosa.

2. Comuníquese con apertura y sinceridad

Las personas pueden detectar la falsedad desde grandes distancias. El entrenador legendario de la NFL, Bill Walsh, dijo: «No hay nada más eficaz que un elogio sincero y no hay nada más feo que un elogio inventado». Los líderes auténticos saben conectarse.

3. Conozca su audiencia

Cuando trabaja con personas, conocer su audiencia significa aprenderse los nombres, conocer sus historias, preguntarles sus sueños. Cuando se comunica con una audiencia, usted aprende acerca de la organización y de sus metas. Debe hablar sobre lo que *ellos* aprecian, no sobre lo que usted aprecia.

4. Viva lo que predica

Quizás lo más importante que uno pueda hacer como líder y comunicador es practicar lo que se predica. De allí surge la credibilidad. Muchas personas están dispuestas a decir algo a una audiencia pero hacen lo contrario. Esa clase de personas no dura mucho.

5. Búsquelos

Como comunicador, me disgustan las barreras de la comunicación. No me gusta estar muy lejos de la audiencia, o muy alto en el escenario. Y definitivamente no me gusta ninguna barrera física entre las personas y yo. Pero el *método* de comunicación de una persona también puede ser una barrera. Sea que esté hablando en frente de un escenario o sentado junto a alguien en mi oficina. Intento utilizar el mismo idioma de la persona. Busco estar sincronizado con la cultura, el trasfondo, la educación etc. Me adapto a los demás. No espero que ellos se adapten a mí.

6. Enfóquese en ellos, no en usted mismo

Usted se subiera conmigo a un elevador y me preguntara cómo resumiría el secreto de una buena comunicación, le diría que es enfocarse en los demás y no en usted mismo. Es el problema número uno de los conferencistas sin experiencia, y también el problema número uno de los líderes ineficientes. Siempre podrá conectarse más rápido cuando su enfoque no esté en usted.

7. Crea en ellos

Una cosa es comunicarse con las personas porque usted cree que tiene algo de valor que decir. Otra cosa es comunicarse con las personas porque cree que ellos tienen valor. La opinión que las personas tienen de nosotros por lo que ven en nosotros no es tan importante con lo que podemos ayudarles a ver acerca de ellos mismos.

8. OFREZCA DIRECCIÓN Y ESPERANZA

Las personas esperan que los líderes les ayuden a llegar a dónde ellos quieren ir. Pero los buenos líderes hacen eso y más. El general francés Napoleón Bonaparte dijo: «Los líderes son repartidores de esperanza». Eso es muy cierto. Cuando usted le da esperanza a la gente, le está dando un futuro.

ES OBLIGACIÓN DEL LÍDER

Algunos líderes tienen problemas con la Ley de la Conexión porque creen que esta es deber de los seguidores. Esto se aplica especialmente a los líderes por posición. Estos piensan: *Yo soy el jefe, yo estoy a cargo. Ellos son mis empleados, que se acerquen ellos a mí.* Pero los líderes exitosos que obedecen la Ley de la Conexión son siempre los que inician. Dé el primer paso para acercarse a otros y luego haga un esfuerzo por continuar fortaleciendo la relación. Esto no siempre es fácil, pero es importante para el éxito de la organización. El líder debe hacerlo, independientemente de cuántos obstáculos haya.

Una cosa es comunicarse con las personas porque usted cree que tiene algo de valor que decir. Otra cosa es comunicarse con las personas porque cree que ellas tienen valor.

Aprendí esta lección en 1972, cuando tuve que enfrentar una situación muy difícil. Me iba a mudar a Lancaster, Ohio, donde asumiría el liderazgo de una iglesia. Antes de aceptar la posición, un amigo me dijo que la iglesia acababa de atravesar por una gran batalla relacionada con un proyecto de construcción. El dirigente de una de las facciones era la persona más influyente de la iglesia, un hombre llamado Jim Butz, el líder laico electo de la congregación. También escuché que Jim tenía reputación de ser negativo y un disidente. Le gustaba usar su influencia para mover a la gente en direcciones que no siempre ayudaban a la organización.

Como varias veces el pastor anterior había tenido encontronazos con Jim, yo sabía que para tener éxito en mi liderazgo debía conectarme con él, de lo contrario, siempre tendríamos un conflicto los dos. Si usted quiere que alguien esté de su lado, no trate de convencerlo, haga conexión con él. Eso era lo que yo estaba determinado a hacer. Lo primero que hice al llegar allí fue hacer una cita con Jim para verlo en mi oficina.

Tengo que admitir que no anhelaba conocer a Jim. Jim era un hombre grande. Tenía casi un metro noventa de estatura y pesaba un poco más de cien kilos. Era muy amedrentador, y tenía unos sesenta y cinco años. Yo, por otra parte, sólo tenía veinticinco. La cita tenía todo el potencial para que saliera mal.

Cuando él entró le dije: «Jim, sé que es la persona más influyente en esta iglesia, y quiero que sepa que he decidido hacer todo lo que esté a mi alcance para entablar una buena relación con usted. Me gustaría reunirme con usted todos los martes para almorzar en el Holiday Inn y hablar de las cosas. Mientras yo sea el líder aquí, nunca presentaré a las personas una decisión sin haberla discutido primero con usted. Realmente quiero que trabajemos juntos.

»También quiero que sepa que he oído decir que usted es una persona muy negativa», le dije, «y que le gusta entrar en contiendas. Si decide trabajar en contra mía, creo que tendremos que estar en lados opuestos. Y como tiene tanta influencia, sé que al principio ganará la mayor parte del tiempo, pero voy a entablar relaciones con las personas y a atraer a gente nueva a esta iglesia y, algún día, tendré mayor influencia que usted.

> *El trabajo del líder es iniciar el contacto con la gente.*

»Sin embargo, no deseo contender con usted», continué yo. «Tiene ahora sesenta y cinco años. Digamos que tiene por delante otros quince años de buena salud y productividad. Si lo desea, estos pueden ser sus mejores años, y hacer que su vida sea de provecho.

»Juntos podemos hacer cosas grandes en esta iglesia, pero la decisión es suya».

Cuando terminé de hablar, Jim no dijo una sola palabra. Se levantó de su asiento, caminó hacia el pasillo, y se detuvo a beber agua de la fuente. Lo seguí y esperé.

Después de un largo rato, se paró erguido y se volvió hacia mí. Cuando lo hizo, pude ver que lágrimas surcaban sus mejillas. Entonces me dio un abrazo de oso y me dijo: «Puede contar conmigo, estoy de su lado».

Y Jim estuvo de mi lado. Resultó que vivió unos diez años más, y como estuvo dispuesto a ayudarme, juntos realizamos algunas cosas positivas en esa iglesia. Pero esto nunca habría sucedido si yo no hubiera tenido el coraje de hacer una conexión con él ese primer día en mi oficina.

ENTRE MAYOR ES EL RETO, MEJOR ES LA CONEXIÓN

Nunca subestime el poder de entablar relaciones con la gente antes de pedirles que lo sigan. Si alguna vez ha estudiado la vida de grandes comandantes militares, es probable que haya notado que los mejores aplicaban la Ley de la Conexión. Una vez leí que durante la Primera Guerra Mundial en Francia, el general Douglas MacArthur dijo al comandante de un batallón antes de un ataque arriesgado: «Mayor, cuando se dé la señal de lanzarse al ataque, quiero que usted vaya primero, antes que sus hombres. Si lo hace, ellos lo seguirán». Entonces MacArthur quitó de su uniforme la cruz de servicio distinguido y la prendió en el uniforme del mayor. Lo había premiado por su heroísmo antes de pedirle que lo mostrara. El mayor dirigió a sus hombres, estos se lanzaron al ataque, y alcanzaron su objetivo.

No todos los ejemplos militares de la Ley de la Conexión son tan dramáticos. Por ejemplo, se dice que Napoleón acostumbraba aprenderse el nombre de cada uno de sus oficiales y recordar dónde vivían y qué batallas habían peleado con él. Se sabe que Robert E. Lee visitaba a sus hombres en sus campamentos la noche anterior a cualquier batalla importante. A menudo enfrentaba los retos del siguiente día sin haber dormido. También leí que Norman Schwarzkopf siempre encontraba la forma de conectarse con sus tropas. En la Navidad de 1990 durante la Guerra del Golfo Pérsico, pasó el día entre los hombres y mujeres que estaban tan lejos de sus familias. Dice en su autobiografía:

> Estreché las manos de todos los que estaban en la fila, fui detrás del mostrador a saludar a los cocineros y los ayudantes, pude atravesar el comedor, deteniéndome en cada mesa y deseando a todos Feliz Navidad. Luego fui a las otras dos instalaciones para comer e hice lo mismo. Entonces regresé a la primera instalación y repetí el ejercicio, porque a esa hora ya había todo un grupo de caras nuevas. Después me senté a cenar con algunas de las tropas. En el transcurso de 4 horas había estrechado cuatro mil manos.[4]

Schwarzkopf no tenía que hacer eso, pero lo hizo. Usó uno de los métodos más eficaces para conectarse con los demás, algo que yo llamo *caminar lentamente a través de la multitud.* Puede sonar trillado, pero es cierto: A las personas no les interesará cuánto sabe usted hasta que sepan cuánto se interesa por ellas. Como líder, encuentre momentos en que esté disponible para la gente. Aprenda sus

Puede sonar trillado, pero es cierto: A las personas no les interesará cuánto sabe usted hasta que sepan cuánto se interesa por ellas.

nombres. Dígales cuánto los aprecia. Sepa cómo les va. Y lo más importante, escuche. Los líderes que se relacionan con la gente y se conectan realmente, son líderes que la gente sigue hasta el fin de la tierra.

RESULTADO DE LA CONEXIÓN

Cuando el líder se ha esforzado por conectarse con su gente, uno puede percibirlo en la forma en que funciona la organización. Entre los empleados hay una lealtad increíble y una sólida ética laboral. La visión del líder se convierte en la aspiración de la gente. El impacto es increíble.

Una de las compañías que admiro es Southwest Airlines. La compañía ha sido exitosa y ha dado ganancias mientas que otras aerolíneas han declarado bancarrota. La persona responsable por el éxito inicial de la organización y la creación de su cultura es Herb Kelleher, el fundador de la compañía y actual presidente ejecutivo de la junta.

Me encanta lo que los empleados de Southwest hicieron en la celebración del día del jefe en 1994, cuando apareció un anuncio de toda una página en el diario *USA Today*. Fue escrito y pagado por los empleados de Southwest Airlines, e iba dirigido a Herb Kelleher, el jefe principal de la compañía:

Gracias, Herb
Por recordar a cada uno de nosotros por nuestro nombre.
Por apoyar el Hogar de Ronald McDonald.
Por ayudar a subir equipaje en el día de Acción de Gracias.
Por dar a todos un beso (a todos).
Por saber escuchar.
Por dirigir la única aerolínea principal rentable.
Por cantar en nuestra fiesta de fin de año.
Por cantar sólo una vez al año.

Por dejar que usemos pantalones cortos y zapatos deportivos para trabajar.

Por jugar al golf en el Clásico de LUV con un solo palo de golf.

Por hablar más que Sam Donaldson.

Por conducir su Harley Davidson a las oficinas centrales de Southwest.

Por ser un amigo, no sólo un jefe.

Feliz día del jefe de parte de cada uno de sus 16.000 empleados.[5]

Una muestra de afecto como esta sólo ocurre cuando un líder se ha esforzado mucho por conectarse con su gente.

Nunca subestime la importancia de construir puentes en las relaciones entre usted y la gente a quien dirige. Dice un antiguo refrán: Para dirigirse a usted mismo, use su cabeza; para dirigirse a los demás, use su corazón. Esa es la naturaleza de la Ley de la Conexión. Siempre toque el corazón de una persona antes de pedirle una mano.

Aplique
LA LEY DE LA CONEXIÓN
a su vida

1. ¿Qué significa realmente «conectarse con usted mismo»? Significa *conocer* y *apreciar* lo que es. Comience midiendo su nivel de conocimiento sobre sí mismo. Responda cada una de las siguientes preguntas:

- ¿Cómo describiría mi personalidad?
- ¿Cuál es el punto más fuerte de mi carácter?
- ¿Cuál es el punto más débil de mi carácter?
- ¿Cuál es mi mayor activo?
- ¿Cuál es mi mayor déficit?
- ¿Qué tan bien me relaciono con los demás (1-10)?
- ¿Qué tan bien me comunico con los demás (1-10)?
- ¿Qué tan agradable soy (1-10)?

Ahora pregúnteles a tres personas que conozca bien que respondan las mismas preguntas acerca de usted. Compare las respuestas. Si sus respuestas son significativamente diferentes de las suyas, usted tiene un punto flaco que necesita rectificar. Involucre a un mentor, un compañero de crecimiento y responsabilidad o un consejero para que le ayude a ser más consciente de sí mismo y le ayude a valorar sus fortalezas y resolver positivamente sus debilidades.

2. Aprenda a caminar lentamente entre la gente. Cuando esté con los empleados o los colegas, haga que el desarrollo de las relaciones y las conexiones sean una prioridad. Antes de hablar de cosas de trabajo, realice una conexión; con las personas que no conoce todavía, eso puede tomar un tiempo. Con las personas que usted conoce bien, dedique un

momento para conectarse de manera relacional. Eso hará que el lugar de trabajo sea un ambiente más positivo.

3. Los buenos líderes son buenos comunicadores. En una escala del 1 al 10, ¿cómo se calificaría usted como orador? Si se considera menos que un 8, necesita mejorar sus aptitudes. Lea libros sobre comunicación, tome algún curso, o sea parte de un club de preparación de oratoria. Afine sus habilidades practicando su enseñanza y su comunicación. Si no tiene oportunidades para hacerlo en el trabajo, busque hacerlo de manera voluntaria.

11

LA LEY DEL CÍRCULO
ÍNTIMO

*El potencial de un líder es determinado por quienes
están más cerca de él*

Cuando vemos a una persona increíblemente talentosa, nos sentimos tentados a creer que el talento por sí solo la hizo exitosa. Creer eso es creer en una mentira. Nadie hace nada grandioso por sí solo. Los líderes no llegan al triunfo por sí mismos. El potencial de un líder se determina por aquellos que están más cerca de él. Lo que marca la diferencia es el círculo íntimo de un líder.

TALENTO INCREÍBLE

Lance Armstrong es uno de los atletas más talentosos de este planeta. Debido a sus dotes físicas, ha sido llamado un fenómeno de la naturaleza. Su deporte, el ciclismo, es quizás el deporte más extenuante. El Tour de France, que ha ganado asombrosamente siete veces seguidas, ha sido comparado con veinte maratones en veinte días consecutivos. Los corredores recorren aproximadamente 2000 millas de terreno montañoso en un período de tres semanas. En los días más fuertes, consumen hasta 10,000 calorías para proveer la energía que necesitan.

Armstrong se ha convertido en una leyenda como conquistador del Tour de France. El escritor Michael Specter provee una perspectiva sobre la habilidad de Armstrong:

> Tres tipos de corredores triunfan en las carreras largas como la del Tour de France: aquellos que se destacan en los recorridos de montaña pero que apenas son atletas promedios en los recorridos de velocidad, donde los ciclistas corren contra el reloj; aquellos que pueden ganar recorridos de velocidad pero tienen dificultades en los recorridos de montaña; y los ciclistas que son moderadamente buenos en ambos casos. Pero existe un cuarto grupo: Armstrong. Se ha convertido en el mejor escalador del mundo… y no existe mejor ciclista en los recorridos de velocidad.[1]

Claramente, Armstrong se encuentra en una clase que pocos pueden alcanzar. Su determinación es incuestionable. Su régimen de entrenamiento es incomparable. Su talento es extraordinario. No obstante, sin un equipo él no podría ganar ningún título.

EQUIPO INCREÍBLE

El ciclismo realmente es un deporte de equipo, aunque no lo parezca para el observador casual. Durante sus carreras del Tour de France, Armstrong tuvo un equipo increíble. Su equipo era formado por Chriss Carmichael, su entrenador; y Johan Bruyneel, un ex ciclista que trabajaba como el director deportivo y pensador táctico del equipo. Ambos hombres eran indispensables, porque al principio cuando Armstrong intentaba seguir su propio régimen de entrenamiento e intentaba sus propias tácticas, perdía fácilmente. Pero una vez que esos dos miembros de su círculo íntimo estuvieron con él, Armstrong comenzó a utilizar su talento al máximo.

Llevando el enfoque del equipo aun más allá, los patrocinadores y los distribuidores de equipo de Armstrong, Trek, Nike, AMD, Bontrager, Shimano y Oakley se unieron como grupo en vez de contribuir individualmente sin saber lo que los demás estaban haciendo. Eso fue algo revolucionario en ese momento y ayudó a elevar al equipo completo a un nivel más alto. Actualmente es una práctica común en el ciclismo profesional.

Y también por supuesto, los otros ciclistas que iban con él cada año. En el año 2005, el último año de Armstrong, incluyeron a José Azevedo de Portugal, Manuel Beltrán, Benjamín Noval y José Luis Rubiera de España; Pavel Padmos de la República Checa, Yaroslav Popovych de Ucrania. Paolo Savoldelli de Italia y George Hincapie de Estados Unidos. «Yo quería un equipo experimentado para el último Tour de Lance y ese fue el factor determinante», explicó Bruyneel.[2] Cada persona contribuyó con habilidades singulares al equipo.

«Creo que hemos logrado el equipo más fuerte hasta la fecha con esta formación», dijo Armstrong. «Tiene muchos elementos consistentes de años pasados, como la armada española para las montañas, tipos fuertes como George, Pavel y Benjamín, el ganador de giro en Salvodelli además de un tipo como Popovych con un futuro brillante. Deseo dirigir este equipo e intento darle a la gente de Discovery la camiseta amarilla».

«Lance es el primero en decir que nunca hubiera ganado el Tour de France sin ayuda de sus compañeros de equipo», explica el sitio web del equipo Discovery. «Muchos corredores sacrifican la gloria individual de la carrera para poder trabajar con un corredor, Lance, lo que dice mucho considerando lo que está en juego. No obstante, cada año, Lance logra hacerlo gracias al trabajo de su equipo. Si el equipo se sacrificara y Lance no tuviera lo necesario para llegar al final, tendríamos que rediseñar el plan».[3]

Los líderes tienen que hacer su parte. No existe un sustituto para el desempeño. Pero sin un buen equipo, por lo general el líder no tiene oportunidad. Su potencial se determina por los que están cerca de ellos. Esa es la Ley del Círculo Íntimo.

POR QUÉ NECESITAMOS UN EQUIPO

En años recientes, personas en el mundo de los negocios han vuelto a descubrir el significado de los equipos. En los ochentas, la palabra mágica en los círculos de negocios era la administración. Luego en los noventas, el énfasis era en el liderazgo. Ahora en el siglo XXI el énfasis es en el liderazgo colectivo. ¿Por qué? Porque nadie puede hacerlo todo bien por sí mismo.

> *«Usted puede hacer lo que yo no puedo hacer. Yo puedo hacer lo que usted no puede hacer. Juntos podemos hacer grandes cosas».*
> —MADRE TERESA

Cuando empecé a enseñar las leyes de liderazgo hace varios años, supe que muchas personas se sentían intimidadas por las 21 leyes. Comprendía sus sentimientos. Creo en simplificar las cosas lo más que se pueda. Siempre he comprendido que un buen comunicador puede tomar algo que sea complicado y simplifi-carlo. Me hubiera encantado compilar menos de 21 leyes del liderazgo, pero cuando encuentro la esencia de liderazgo, todavía observo que hay veintiuna cosas que un líder debe hacer bien para poder dirigir eficaz-mente. Al mismo tiempo, también reconozco que un *solo líder* no pue-de hacer todas las veintiuna cosas bien. Es por eso que un líder necesita un equipo de personas. Tal como lo dijo la Madre Teresa: «Usted pue-de hacer lo que yo no puedo hacer. Yo puedo hacer lo que usted no pue-de hacer. Juntos podemos hacer grandes cosas». Ese es el poder de la Ley del Círculo Íntimo.

NINGÚN LÍDER ANDA SOLO

No todos reconocen que las personas más cercanas a usted pueden elevarlo o destruirlo. Todavía hay líderes que siguen aferrándose al modelo del liderazgo del Llanero Solitario.

He leído una de las mejores ilustraciones de lo ilusorio de este ideal de liderazgo en *American Spirit* [Espíritu del estadounidense], por Lawrence Miller:

> *No hay líderes al estilo del Llanero Solitario. Piense en esto: Si usted está solo, no está dirigiendo a nadie, ¿cierto?*

> Los problemas se solucionan siempre de la misma forma. El Llanero Solitario y su fiel compañero indio... llegan al pueblo en sus caballos. El Llanero Solitario, con su máscara e identidad, trasfondo, y estilo de vida misteriosos, jamás se relaciona íntimamente con aquellos a quienes ayuda. En parte, su poder se halla en su misterio. En diez minutos ha entendido el problema, ha identificado a los responsables, y se ha lanzado a atraparlos. Burla a los delincuentes con gran rapidez, saca su arma, y los encierra en la cárcel. Al final siempre aparecía aquella escena maravillosa de las víctimas indefensas frente a sus ranchos o en la plaza del pueblo, asombradas y maravilladas por haber sido salvadas».[4]

Esto es ilusorio. No hay líderes al estilo del Llanero Solitario.

Piense en esto: Si usted está solo, no está dirigiendo a nadie, ¿cierto?

Warren Bennis, un experto en el tema del liderazgo, tenía razón cuando afirmaba que «el líder encuentra grandeza en el grupo, y él ayuda a los miembros de este a encontrarla en sí mismos».[5] Piense en cualquier líder altamente eficaz, y podrá ver que este se ha rodeado de un fuerte círculo íntimo. Mi amigo José Fisher me recordó esto cuando habló del impacto causado por el evangelista Billy Graham. Su éxito es resultado de un fantástico círculo íntimo: Ruth Bell Graham, Grady Wilson, Cliff

Barrows, y George Beverly Shea. Ellos lo hicieron mejor de lo que lo hubiera sido él solo. Uno puede ver eso en los negocios, el ministerio, los deportes y hasta en las relaciones familiares. Las personas más cercanas a usted determinan su nivel de éxito.

A QUIÉN ESTÁ USTED TRAYENDO A SU CÍRCULO ÍNTIMO

La mayoría de la gente crea un círculo íntimo de personas a su alrededor. Sin embargo, al hacerlo no meditan mucho cómo hacerlo. Tendemos naturalmente a buscar personas que apreciamos o personas con las que nos sentimos cómodas. Son pocas las personas que analizan de qué manera esas personas impactarán su efectividad o su potencial de liderazgo. Uno puede observar este fenómeno todo el tiempo con atletas cuando son contratados en el ámbito profesional al igual que los artistas que logran el éxito a escala profesional. Algunos de ellos nunca logran su potencial y por lo general es a causa de la clase de gente con la que se rodean.

> *Si alcanza su potencial como líder su gente tiene una oportunidad de alcanzar su potencial.*

Para practicar la Ley del Círculo Íntimo, usted debe poner de su parte al crear relaciones. Debe pensar en el logro de su misión y en el éxito de las personas que le siguen. Solamente si alcanza su potencial como líder su gente tiene una oportunidad de alcanzar su potencial.

Al considerar las personas que deben estar en su círculo íntimo, hágase las siguientes preguntas. Si usted responde afirmativamente a ellas, entonces esas personas son candidatos excelentes para su círculo íntimo:

1. ¿Tienen una gran influencia con los demás?

Una de las claves del liderazgo exitoso es la capacidad de influir en las personas que influyen en otras. ¿Cómo lograrlo? Mediante el reclutamiento de personas de influencia a su círculo íntimo. Eso fue lo que hice con Jim en la iglesia de Lancaster, Ohio (hablé de él en el capítulo de la Ley de la Conexión). Jim era la persona más influyente de la organización cuando llegué. Al desarrollar una relación con Jim e involucrarlo en mi círculo íntimo, estaba haciendo dos cosas. Primero, comencé a ejercer mi influencia en él, compartí mis valores, la visión y la filosofía del liderazgo con él. Quería que él fuera un portador de la visión a otras personas en la organización. Segundo, comencé a averiguar qué pensaba. Si tenía preguntas u objeciones sobre lo que yo quería hacer. Pude conocerlo e inmediatamente empezar a trabajar con él. Y como él tenía muchos años de experiencia con las personas de la organización, con frecuencia me ayudó a navegar lejos de las explosiones potenciales que yo no conocía.

2. ¿Traen algo extra al grupo?

Debido a mi talento en el liderazgo, por naturaleza atraigo a otros líderes, y también me siento muy atraído a ellos. Se dice que los beisbolistas que saben pegarle bien a la pelota, cuando se reúnen con otros beisbolistas iguales a ellos, se la pasan hablando de béisbol. Lo mismo sucede con los buenos líderes. Cuando se juntan, comparten sus experiencias y sus dudas además de probar ideas. Pero una de las mejores cosas que he hecho en mi carrera de liderazgo es traer a mi círculo íntimo las personas claves que posean puntos fuertes que contrarresten mis puntos débiles.

Una de esas personas es Linda Eggers, mi asistente. Siempre les aconsejo a los ejecutivos jóvenes que la primera persona que deben emplear es su asistente. Yo tengo una gema en Linda. Ella ha trabajado para mí por veinte años. Tiene una capacidad mental increíble para los detalles, no se cansa y tiene la capacidad de anticipar lo que necesito antes de que yo me dé cuenta. Es más, ella me conoce tan bien que puede hablar con los demás en mi nombre, sabiendo cómo respondería a las preguntas el noventa por ciento del tiempo.

3. ¿TIENEN UNA POSICIÓN ESTRATÉGICA EN LA ORGANIZACIÓN?

Algunas personas pertenecen a su círculo íntimo debido a su importancia en la organización. Si usted y ellos no van al mismo paso, la organización completa está en problemas. John Hull ciertamente responde a esa descripción en mi vida. Las dos organizaciones no pueden funcionar sin su liderazgo. Algunas de las cosas más significativas que hago se realizan por medio de EQUIP. La organización ya ha capacitado a más de un millón de líderes alrededor del mundo y sigue capacitando más.

Si algo le sucediera a EQUIP que la llevara en la dirección equivocada, muchas cosas en mi vida se detendrían abruptamente. Crearía un caos personal. Por eso tengo a John, un líder sobresaliente, encabezando la organización y es por eso que él sigue siendo parte de mi círculo íntimo.

4. ¿ME AÑADEN VALOR A MÍ Y A MI ORGANIZACIÓN?

En el capítulo de la Ley de la Adición expliqué la forma en que las personas añaden, sustraen, multiplican o dividen en lo que respecta a los demás. Las personas de su círculo íntimo deben saber añadir y multiplicar su influencia en los demás. Deben tener un historial comprobado de activos en su organización. A continuación un antiguo poema de Ella Wheeler Wilcox que mi madre acostumbraba recitar para mí:

Hay dos tipos de personas en la tierra hoy,
Sólo dos tipos, no más, digo yo.
No son los buenos y los malos, pues se sabe bien
Que los buenos son mitad malos y los malos mitad buenos.
¡No! Los dos tipos de personas a los que me refiero

Son los que saben animar y los que se apoyan.
Hay dos tipos de personas en la tierra hoy,
Sólo dos tipos, no más, digo yo.
No son los pecadores y los santos, pues se sabe bien
Que los buenos son mitad malos y los malos mitad buenos...
¡No! Los dos tipos de personas a los que me refiero
Son los que saben animar y los que se apoyan.

Reúna únicamente personas que saben animar a los demás en su círculo íntimo.

Los miembros del círculo íntimo deben añadirle valor a usted también. Eso no es algo egoísta. Si ellos tienen un efecto negativo, eso obstaculizará su capacidad de dirigir correctamente y dañará su gente y su organización.

Un amigo me dijo una vez: «En la cima hay mucha soledad, de modo que mejor es que sepas por qué estás allí». Es cierto que los líderes llevan una carga muy pesada. Cuando usted está al frente, puede convertirse en un blanco fácil, pero no tiene que ir solo. Por eso yo digo: «En la cima hay mucha soledad, de modo que lleve con usted a alguien». ¿Quién resultaría mejor compañero que un hombre que lo anima, no un adulador, sino un sólido apoyo y un amigo? Salomón, del antiguo Israel, reconocía esta verdad: «Hierro con hierro se aguza; y así el hombre aguza el rostro de su amigo».[6] Busque para su círculo íntimo personas que lo ayuden a mejorar.

5. ¿Impactan ellos positivamente a los demás miembros del círculo íntimo?

Soy un gran creyente de la química del equipo. Si usted desea que su círculo íntimo vaya a trabajar unido y funcione como equipo, necesita comprender cómo interactúan entre ellos. Primero, desea que todos se acoplen. Al igual que un equipo de básquetbol de campeonato tiene habilidades complementarias y papeles compatibles, así cada miembro de su círculo íntimo tiene un lugar en su vida donde contribuyen sin pasarle por encima a los demás.

> En la cima hay mucha soledad, de modo que mejor es que sepas porqué estás allí.

Segundo, usted debe buscar que los miembros de su círculo íntimo se ayuden a mejorar mutuamente, que eleven el nivel de acción de todos en el grupo. A veces eso sucede porque ellos se animan los unos a los otros. A veces por medio de compartir mutuamente información y sabiduría. Y a veces se da por medio de la competencia amigable. Sin importar como ocurra, si ellos pueden mejorar la habilidad de los demás miembros, ellos mejorarán la habilidad de sus líderes.

IDENTIFICAR... CULTIVAR... RECLUTAR

Hay otra pregunta más que necesita hacerse sobre los miembros potenciales de su círculo íntimo. No la puse con las otras cinco preguntas porque responder afirmativamente a esta pregunta no significa que por eso debemos agregarlos a nuestro círculo íntimo. No obstante, contestarla negativamente definitivamente los excluiría del grupo. La pregunta es: ¿Muestran ellos excelencia, madurez y un buen carácter en todo lo que hacen?

Usted podrá responder a esa pregunta una vez que los haya llegado a conocer bien, lo cual significa que probablemente los estará seleccionando de su propia organización. De hecho, en la mayoría de los casos necesitará desarrollarlos antes de darles un lugar en su círculo íntimo. Mientras lo hace escuche el consejo del por mucho tiempo ejecutivo, ya retirado presidente ejecutivo y presidente de la junta directiva de Agilent Technologies, Ned Barnholt. Él cree que hay tres grupos de personas en una organización cuando se trata de ver su respuesta al liderazgo y al impacto que este causa: (1) los que lo entienden casi de inmediato y funcionan con él; (2) los escépticos que no están seguros de lo que deben hacer con él; y (3) los que comienzan negativos y esperan que este liderazgo desaparezca. «Yo acostumbraba pasar la mayor parte de mi tiempo con los más negativos», dice Barnholt, «tratando de convencerlos de que cambiaran. Ahora paso mi tiempo con las personas del primer grupo. Estoy invirtiendo en mis mejores posesiones».[7]

NUNCA DEJE DE MEJORAR A SU CÍRCULO ÍNTIMO

Tengo que admitir que me siento bendecido de tener un círculo íntimo increíble, formado por familiares, empleados de largo tiempo, colegas que admiro y mentores personales. Todos ellos le añaden valor a mi vida y me ayudan a tener un mayor impacto del que yo pudiera lograr solo. Siempre estoy atento buscando más personas como ellos en mi círculo íntimo, porque he aprendido desde que tenía cuarenta años que uno solo puede lograr ciertas cosas por sí mismo. Una vez que usted haya alcanzado el máximo de su energía y tiempo, la única forma de aumentar su impacto es por medio de los demás. Cada persona de mi círculo íntimo se desempeña con excelencia y extiende mi influencia más allá de mi alcance o me ayuda a ser un mejor líder.

Por supuesto, ningún líder comienza teniendo un círculo íntimo sólido. Cuando los líderes toman nuevas posiciones, con frecuencia deben empezar a reunir su círculo íntimo desde cero. Eso fue lo que me sucedió a mí en 1981 cuando acepté la oferta de dirigir la iglesia Skyline en San Diego, California. La iglesia tenía una gran historia. Había sido fundada en la década de los cincuenta por un hombre maravilloso llamado Orval Butcher, que estaba por jubilarse después de un servicio de veintisiete años. Bajo su liderazgo, el doctor Butcher había tocado la vida de miles de personas, y la iglesia tenía una reconocida, fuerte y buena reputación nacional. Era una buena iglesia, pero tenía un problema: no había crecido en años.

Cuando llegamos me reuní con cada miembro del personal para evaluar las capacidades individuales. Casi inmediatamente descubrí por qué la iglesia se había estancado. Los miembros del personal eran buenas personas, pero no eran líderes fuertes. Sin importar lo que yo hiciera con ellos, jamás iban a poder llevar la organización al lugar que deberíamos llegar. En una iglesia de ese tamaño, el personal es el círculo íntimo del líder. Vemos, entonces, que el potencial de cada líder está determinado por las personas más cercanas a él. Si estas son fuertes, el líder podrá causar un gran impacto. Pero si son débiles, el líder no podrá. En eso consiste la Ley del Círculo Íntimo.

El potencial de cada líder está determinado por las personas más cercanas a él.

Entendía claramente la tarea que tenía por delante. Debía cambiar los líderes débiles por líderes más eficaces. Esa era la única forma de transformar completamente la situación. Mentalmente dividí el personal en tres grupos, según su capacidad de dirigir y de obtener resultados. Primero quise ocuparme del tercer grupo, compuesto por los empleados cuyas contribuciones a la organización eran mínimas. Sabía que podía despedirlos inmediatamente, porque el impacto de su partida sería totalmente positivo. Los reemplacé por los mejores individuos que pude encontrar. Luego comencé a trabajar con el segundo grupo y después con el tercero. La organización comenzó a crecer de inmediato. Tres años después ya había limpiado la casa completamente, y sólo había dejado dos miembros del grupo original. Como el círculo íntimo había subido a un nuevo nivel, la organización también pudo avanzar a un nuevo nivel. Con los años triplicamos el tamaño de 1.000 a 3.300 asistentes semanales.

El crecimiento y el éxito que experimentamos en Skyline se debieron a la Ley del Círculo Íntimo. Cuando tuvimos el personal adecuado, el potencial se disparó hasta las nubes. Cuando me fui de esa iglesia en 1995, los líderes de distintas partes del país procuraron emplear a los miembros clave de mi personal en sus propias organizaciones. Sabían el poder de la Ley del Círculo Íntimo y quisieron emplear a los mejores líderes que pudiesen encontrar para aumentar el potencial de sus organizaciones.

Lee Iacocca dice que el éxito no procede de lo que usted sabe, sino de la gente que conoce y de cómo se presenta a usted mismo ante cada uno de esos individuos. Hay mucho de cierto en esta afirmación. Si desea aumentar su capacidad y utilizar al máximo su

Contrate el mejor personal que pueda encontrar, desarróllelo tanto como pueda y deléguele todo lo que pueda.

potencial como líder, su primer paso es ser el mejor líder que pueda. Luego rodearse de los mejores líderes que pueda encontrar. Nunca olvide que el potencial de cada líder está determinado por las personas más cercanas a él. Esa es la Ley del Círculo Íntimo. Esa es la única forma en que usted puede alcanzar el nivel más alto posible.

Aplique
LA LEY DEL CÍRCULO ÍNTIMO
a su vida

1. ¿Sabe usted cuáles son los miembros de su círculo íntimo? Esas son las personas a las que busca para obtener un consejo, a las que se vuelve para buscar apoyo y en las que confía para que le ayuden a realizar las cosas. Si se tiene un personal pequeño, todos los empleados son parte de su círculo íntimo.

Escriba los nombres de los miembros de su círculo íntimo. Junto a cada nombre escriba lo que esa persona contribuye. Si algunos no tienen un papel o función clara, escriba lo que cree que ellos tienen como *potencial*. Ponga atención a los baches y a las duplicidades. Luego comience a buscar personas que llenen esos baches y considere cómo puede eliminar las redundancias. Y esté preparado para desafiar a los miembros actuales que tienen potencial para que alcancen sus expectativas.

2. Los buenos círculos íntimos no se unen por accidente. Los líderes eficaces continuamente están desarrollando miembros actuales y futuros de su círculo íntimo. ¿Cómo lo hacen?

- Dedican más tiempo con ellos específicamente para guiarlos y desarrollar sus relaciones.
- Les dan una mayor responsabilidad y colocan mayores expectativas sobre ellos.
- Les dan aun más mérito cuando las cosas van bien y los responsabilizan cuando las cosas van mal.

Examine la lista de miembros de su círculo íntimo para determinar si está usted siguiendo esos pasos con ellos. Si no es así, empiece a realizar cambios. Además, asegúrese de utilizar esta estrategia de desarrollo con nuevos miembros potenciales de su círculo íntimo.

3. Si dirige un personal grande, entonces no todos los que trabajan para usted serán parte del círculo íntimo. ¿Cuándo se realiza la transición a un círculo íntimo más pequeño, algo así como un equipo dentro de un equipo?

- Cuando el número de su personal inmediato es mayor a siete personas
- Cuando no puede dirigir directamente a todas las personas
- En caso de grupos voluntarios, buscando personas además del personal pagado que puedan estar en su círculo íntimo

Si esto describe su situación, comience a pensar en términos de crear un círculo íntimo más pequeño utilizando la estrategia de desarrollo ya mencionada.

12

LA LEY DEL
OTORGAMIENTO
DE PODERES

Sólo los líderes seguros otorgan poder a otros

Casi todo el mundo ha oído hablar de Henry Ford. Fue el revolucionario que innovó la industria automovilística y una leyenda en la historia empresarial de Estados Unidos. En 1903 fundó la Ford Motor Company con la convicción de que el futuro del automóvil estribaba en ponerlo al alcance del norteamericano promedio. Ford dijo:

Fabricaré un carro para la multitud. Será lo suficientemente grande para la familia, pero suficientemente pequeño como para que un individuo pueda conducirlo y cuidarlo. Será fabricado con los mejores materiales, por los mejores hombres que se puedan contratar, según los diseños más sencillos que la ingeniería moderna pueda idear. Pero tendrá un precio tan bajo que todo hombre que reciba un buen salario podrá poseer uno, y disfrutar con su familia las bendiciones de las horas placenteras en los grandes espacios abiertos de Dios.

Henry Ford llevó a cabo esa visión con el Modelo T y así transformó la faz de la vida norteamericana del siglo XX. En 1914, Ford producía casi cincuenta por ciento de todos los automóviles en Estados Unidos. La Ford Motor Company parecía una historia de éxito norteamericana.

UN CAPÍTULO MENOS CONOCIDO DE LA HISTORIA

Sin embargo, no toda la historia de Ford es de consecuciones positivas; una de las razones fue que él no se adhirió a la Ley del Otorgamiento de Poderes. Henry Ford estaba tan enamorado de su Modelo T, que no tenía intenciones de cambiarlo ni de mejorarlo, ni quería que ninguna otra persona lo intentara. Una vez, cuando un grupo de sus diseñadores lo sorprendieron presentándole el prototipo de un modelo mejorado, Ford sacó las puertas de las bisagras y destruyó el auto con sus propias manos.

Por casi veinte años, la Ford Motor Company sólo ofreció un diseño, el Modelo T, que Ford personalmente había desarrollado. No fue sino hasta 1927 que finalmente, de mala gana, accedió a ofrecer al público un nuevo modelo. La compañía produjo el Modelo A, pero este era muy atrasado en comparación con sus competidores en lo referente a las innovaciones técnicas. A pesar de haber comenzado a la cabeza y de su increíble ventaja sobre sus competidores, el mercado de la Ford Motor Company se fue encogiendo. En 1931 había bajado a veintiocho por ciento, un poco más de la mitad de lo que había producido diecisiete años atrás.

Henry Ford era la antítesis del líder que sabe otorgar poderes. Siempre minaba a sus líderes y miraba a su gente por encima del hombro. Llegó al extremo de crear un departamento sociológico dentro de la Ford Motor Company para investigar a sus empleados y dirigir la vida privada de estos. Con el transcurso del tiempo, Ford se volvió más excéntrico. Una vez fue a su oficina de contabilidad y tiró a la calle los libros de su compañía diciendo: «Echen en un barril grande todo el dinero que ganamos y cuando llegue un cargamento de materiales vayan al barril y tomen el dinero necesario para pagar el cargamento».

Tal vez las relaciones más peculiares de Ford eran aquellas con sus ejecutivos, especialmente con su hijo Edsel. El joven Ford había trabajado en la compañía desde niño. Mientras Henry se volvía más excéntrico, Edsel trabajaba más duro para mantener la compañía en funcionamiento. Si no hubiese sido por él, probablemente la Ford Motor Company se hubiera ido a la quiebra en la década de los treintas. Henry llegó a conceder a Edsel la presidencia de la compañía y afirmó públicamente que bajo el liderazgo de su hijo, el futuro de la Ford Motor Company se veía muy prometedor. Sin embargo, al mismo tiempo lo minaba y apoyaba a otros líderes de la compañía. Cada vez que surgía un líder prometedor, Henry lo derribaba. Como consecuencia perdió a sus mejores ejecutivos. Los pocos que se quedaron lo hicieron por Edsel. Estos imaginaban que en algún momento el viejo Henry moriría, y que finalmente Edsel se encargaría de todo y arreglaría las cosas, pero eso no fue lo que ocurrió. En 1943, Edsel murió a la edad de cuarenta y nueve años.

OTRO HENRY FORD

El hijo mayor de Edsel, Henry Ford II, de veintiséis años de edad, inmediatamente dejó la marina para regresar a Dearborn, Michigan, y hacerse cargo de la compañía. Al principio enfrentó la oposición de los seguidores incondicionales de su abuelo, pero después de dos años obtuvo el apoyo de varias personas claves, recibió el respaldo de la junta directiva (su madre controlaba cuarenta y uno por ciento de las acciones de la Ford Motor Company), y convenció a su abuelo de que le cediera el puesto de presidente.

El joven Henry asumía la dirección de una compañía que no había registrado ganancias en quince años. En aquel tiempo estaba perdiendo

¡un millón de dólares *al día*! El joven presidente sabía que este cargo estaba por encima de su capacidad, de modo que comenzó a buscar líderes. Afortunadamente, un primer grupo se acercó a él. Era un equipo de diez hombres, dirigido por el coronel Charles «Tex» Thornton. Estos querían trabajar juntos, después de haber prestado servicios en el Departamento de Guerra en la Segunda Guerra Mundial. La contribución de estos hombres a la Ford Motor Company fue sustancial. En los años subsiguientes, el grupo produjo seis vicepresidentes y dos presidentes de la compañía.

La segunda afluencia de líderes se dio con la entrada de Ernie Breech, ejecutivo experimentado de la General Motors (GM), y antiguo presidente de Bendix Aviation. El joven Henry lo contrató como vicepresidente ejecutivo de la Ford. Aunque Breech ocupaba la segunda posición después de Henry Ford II, se esperaba que asumiera el mando y transformara completamente la compañía. Y Breech lo hizo. Al poco tiempo trajo a la Ford Motor Company más de ciento cincuenta ejecutivos sobresalientes de la General Motors, y en 1949 la compañía marchaba sobre ruedas nuevamente. Ese año vendió más de un millón de Fords, Mercurys, y Lincolns; las mejores ventas desde el Modelo A.

¿QUIÉN ES EL JEFE?

Si Henry Ford II hubiese cumplido la Ley del Otorgamiento de Poderes, la Ford Motor Company hubiera crecido notablemente y más tarde o más temprano habría sobrepasado a la General Motors para convertirse nuevamente en la compañía automovilística número uno. Sin embargo, sólo los líderes seguros pueden otorgar poder a otras personas. Henry se sintió amenazado. El éxito de Tex Thornton, Ernie Breech, y Lewis Crusoe, un legendario ejecutivo de la GM que Breech había empleado, hizo que Henry viera su puesto en peligro. Su posición no dependía de su influencia, sino de su nombre y del control de su familia de las acciones de la compañía.

Henry comenzó, pues, a poner a los altos ejecutivos unos contra otros. Invitaba a Thornton a su oficina y lo incitaba a criticar a su colega Crusoe. Después de un tiempo, Crusoe se cansó de la insubordinación de Thornton y exigió a Breech que lo despidiera, lo cual Breech hizo. Luego Ford comenzó a respaldar a Crusoe, que trabajaba para Breech. Peter Collier y David Horowitz, biógrafos de Ford, describieron el método del segundo Henry Ford de la siguiente manera:

> *«El mejor ejecutivo es aquel que tiene suficiente intuición para seleccionar buenos hombres que lleven a cabo lo que él desea que se haga, y que sabe refrenarse y evitar entrometerse mientras estos cumplen su deber».*
>
> —THEODORE ROOSEVELT

El instinto de supervivencia de Henry se manifestaba como astucia combinada con algo de debilidad. Había concedido a Crusoe el poder de hacer casi todo lo que este deseaba. Al quitar su favor a Breech y darlo al lugarteniente de este, Henry volvió en antagonistas a los dos hombres más importantes del éxito de la Ford. Aunque había perdido su confianza en Breech, lo había dejado oficialmente a cargo porque esto aumentaba su propia maniobrabilidad. Y como jefe oficial de Crusoe, Breech podía ser útil si Henry deseaba mantener a aquel bajo vigilancia.[1]

Esto llegó a ser un patrón en el liderazgo de Henry Ford II. Cada vez que un ejecutivo obtenía poder e influencia, Henry suprimía la autoridad del mismo cambiándolo a una posición de menos influencia, apoyando a los subordinados del ejecutivo, o humillándolo públicamente. Esto siguió así durante todo el tiempo que Henry II estuvo en la Ford. Como uno de los presidentes de la Ford, Lee Iacocca comentó después de haber dejado la compañía: «Henry Ford, como pude verlo de primera mano, tenía el mal hábito de deshacerse de los líderes fuertes».

Iacocca dijo que Henry Ford II le describió una vez su filosofía del liderazgo, años antes de que Iacocca mismo se convirtiera en el blanco de sus ataques. Ford decía: «No permitas que un hombre que trabaja para ti se sienta muy a gusto. No dejes que se acomode ni que establezca sus costumbres. Siempre haz lo opuesto a lo que él espera. Mantén a tu gente ansiosa y fuera de equilibrio».[2]

¿QUÉ SIGNIFICA DIRIGIR BIEN?

Ninguno de los dos Henry Ford obedeció la Ley del Otorgamiento de Poderes. En vez de encontrar líderes, formarlos, darles recursos, autoridad, y responsabilidad, y luego soltarlos para que cumplieran su trabajo, de manera alternada motivaban y minaban a su mejor gente debido a su propia inseguridad. Pero si usted quiere tener éxito como líder, es necesario que sepa otorgar poderes. Theodore Roosevelt reconocía que «el mejor ejecutivo es aquel que tiene suficiente intuición para seleccionar buenos hombres que lleven a cabo lo que él desea que se haga, y que sabe refrenarse y evitar entrometerse mientras estos cumplen su deber».

Para dirigir a otros correctamente, debemos ayudarles a alcanzar todo su potencial. Eso significa estar de su lado, animarlos, cederles poder y ayudarlos a triunfar. Eso no es lo que se nos enseña tradicionalmente en el liderazgo. ¿Recuerda aquellos dos juegos acerca del liderazgo que aprendimos cuando éramos niños? Rey de la colina y Seguir al líder. ¿Cuál es el objetivo de Rey de la colina? Hacer que los demás caigan para que uno pueda ser el líder. ¿Y el objetivo de Seguir al Líder? Hacer cosas que se *sabe* que los demás no pueden hacer de tal forma que uno se vea más poderoso. El problema que esos dos juegos tienen es que para ganar uno tiene que hacer que los demás pierdan. Los juegos están basados en la inseguridad y son lo opuesto a la forma de elevar líderes.

Cuando viajo a países en desarrollo, me doy cuenta qué difícil es ese concepto para los nuevos líderes. En culturas donde se tiene que luchar para progresar, generalmente la suposición es que uno tiene que pelear con los demás para mantenerse en el liderazgo. Pero eso refleja una mentalidad pobre. La realidad es que si otorgamos algo del poder que tenemos a otros, siempre queda mucho para seguir adelante.

Cuando enseño la Ley de Otorgamiento de Poderes en los países en desarrollo, por lo general pido un voluntario para mostrar visualmente lo que sucede cuando uno intenta mantener a los demás en el suelo en vez de elevarlos. Le pido al voluntario que se pare enfrente de mí, pongo mis manos en sus hombros y comienzo a empujarlo hacia abajo. Entre más bajo quiero empujarlo más tengo que agacharme. Entre más lo empujo, más bajo tengo que estar. Lo mismo sucede con el liderazgo, para hundir a otros, yo tengo que hundirme también y cuando uno hace eso, pierde el poder de elevar a las personas.

> *Dirigir correctamente no significa enriquecerse uno mismo, significa otorgarle poderes a los demás.*

BARRERAS PARA EL OTORGAMIENTO DE PODERES

Dirigir correctamente no significa enriquecerse uno mismo, significa otorgarle poderes a los demás. Los analistas del liderazgo Lynne McFarland, Larry Senn, y John Childress afirman que «el modelo de liderazgo que otorga poderes abandona su posición de poder y da a todas las personas funciones de líder a fin de que puedan emplear su capacidad al máximo».[3] Sólo las personas que han sido investidas con poder pueden explotar su potencial. Cuando un líder no puede, o simplemente no quiere otorgar poderes a otros, levanta en la organización barreras que nadie puede atravesar. Si las barreras permanecen por mucho tiempo, la gente se rinde o se van a otra organización donde puedan explotar al máximo su potencial.

Cuando los líderes no otorgan poderes a otros, por lo general se debe a tres razones:

LA BARRERA # 1 DEL OTORGAMIENTO DE PODERES:
DESEO DE SEGURIDAD EN EL TRABAJO

El enemigo número uno del otorgamiento de poderes es el temor a perder lo que tenemos. Un líder débil piensa que si ayuda a sus subordinados, más adelante se podrá prescindir de él. Pero la verdad es que la única forma de hacerse *indispensable* es llegar al punto en que se pueda *prescindir* de uno. En otras palabras, si de manera continua puede otorgar poderes a otros y ayudarlos a desarrollar esos poderes a fin de que sean capaces de hacer el trabajo que le corresponde a usted, llegará a ser tan valioso para la organización que lo considerará indispensable. Esta es la paradoja de la Ley del Otorgamiento de Poderes.

> *El enemigo número uno del otorgamiento de poderes es el temor a perder lo que tenemos.*

Se puede preguntar, *¿qué tal si me quedo sin trabajo por otorgarle poderes a los demás y mis superiores no reconocen mi contribución?* Eso puede suceder a corto plazo. Pero si usted sigue elevando líderes y otorgándoles poder, desarrollará un patrón de logros, excelencia y liderazgo que será reconocido y gratificado. Si los equipos que usted dirige siempre parecen triunfar, las personas averiguarán que usted haciendo un buen trabajo como líder.

LA BARRERA # 2 DEL OTORGAMIENTO DE PODERES:
RESISTENCIA AL CAMBIO

El autor John Steinbeck, ganador del Premio Nobel, afirmó: «La naturaleza del hombre cuando va madurando es protestar contra el cambio, particularmente el cambio hacia algo mejor». Por su naturaleza misma, el otorgamiento de poderes produce cambios constantes porque estimula a las personas a crecer y a hacer innovaciones. El cambio es el precio del progreso. No siempre es fácil aceptar eso.

A la mayoría de la gente no le gusta el cambio. Ese es un hecho. No obstante, una de las responsabilidades más importantes de los líderes es mejorar continuamente sus organizaciones. Como líder, usted debe entrenarse a sí mismo para aceptar el cambio, para desearlo y para abrirle camino. Los líderes eficaces no sólo están dispuestos a cambiar, sino que ellos mismos se convierten en agentes de cambio.

La barrera # 3 del otorgamiento de poderes:
Falta de autoestima

John Peers comentó: «Uno no puede dirigir el ataque de una caballería si cree que se ve gracioso montado en un caballo». Las personas acomplejadas raramente son buenos líderes. Se enfocan en sí mismas, se preocupan por su apariencia, por lo que los demás piensen, etc. Ellas no pueden otorgar poder a nadie porque creen que ellas mismas no tienen poder. Y no se puede dar lo que no se tiene.

Los mejores líderes tienen un sólido sentido de autoestima. Creen en sí mismos, en su misión y en su gente. Tal como lo dice el autor Buck Rogers: «Para los que tienen confianza en sí mismos, el cambio es un estímulo porque creen que una persona puede hacer la diferencia e influir sobre lo que sucede alrededor de ellas. Estos son los hacedores y motivadores».También son los que otorgan poderes.

Únicamente los líderes seguros pueden dar de sí mismos. Mark Twain comentó una vez que cosas grandes suceden cuando a uno no le importa quién se lleva el mérito. Pero puede dar un paso más adelante. Creo

> *«Los grandes líderes ganan autoridad cuando se desprenden de ella».*
> —James B. Stockdale

que las cosas más grandes *sólo* suceden cuando usted les da el mérito a otros. Esa es la Ley del Otorgamiento de Poderes en acción. El almirante James B. Stockdale, candidato a la presidencia una sola vez, declaró: «El liderazgo debe estar basado en la buena voluntad... Es un compromiso obvio e incondicional de ayudar a los seguidores... Necesitamos que nuestros líderes sean hombres de un corazón tan amable que, en efecto, no tomen en cuenta la necesidad de su trabajo. Pero líderes como esos nunca están sin trabajo, y nunca les faltan seguidores. Aunque suene extraño, los grandes líderes ganan autoridad cuando se desprenden de ella». Si usted aspira a ser un gran líder, debe practicar la Ley del Otorgamiento de Poderes.

EL PRESIDENTE DEL OTORGAMIENTO DE PODERES

Uno de los líderes más grandes de este país era verdaderamente dotado en lo que se refiere a otorgar a otros su poder y autoridad. Su nombre era Abraham Lincoln. Lo profundo de la seguridad de Lincoln como líder puede apreciarse en la selección de su gabinete. La mayoría de los presidentes eligen aliados de la misma mentalidad, pero eso no fue lo que hizo Lincoln. En un tiempo de desorden en el país, un tiempo en el que las voces dispares eran muchas, Lincoln reunió un grupo de líderes que unificaran su partido y causaran fuerza por medio de la diversidad y el reto mutuo. Un biógrafo de Lincoln dijo lo siguiente del método del presidente:

Ya había habido presidentes que habían seleccionado algún rival político para ocupar un puesto en el gabinete; pero el acto de rodearse deliberadamente de todos sus decepcionados antagonistas parecía que iba a terminar en desastre. Este fue el sello de sus intenciones sinceras. Lincoln quería el consejo de hombres tan fuertes como él o más fuertes que él. El hecho de que no tuviera temor a ser derribado o desautorizado por esos hombres revelaba una ingenuidad exagerada o una total confianza en sus poderes de liderazgo.[4]

El deseo de Lincoln de unir a su país era mucho más importante que su comodidad personal. Su seguridad y su fortaleza le permitían practicar la Ley del Otorgamiento de Poderes y traer líderes sólidos a su círculo.

ENCUENTRE LÍDERES FUERTES PARA OTORGARLES PODERES

La capacidad de Lincoln para otorgar poderes jugó un papel importante en su relación con sus generales durante la Guerra Civil. Al principio tuvo problemas para encontrar personas merecedoras de su confianza. Cuando los estados del sur se separaron, los mejores generales se fueron al sur a servir a los Estados Confederados. Pero Lincoln nunca perdió las esperanzas, ni tampoco olvidó dar poder y libertad a sus líderes, aunque esa estrategia había fallado con sus generales anteriores.

Por ejemplo, en junio de 1863, Lincoln dio el mando del ejército del Potomac al general George G. Meade. Lincoln esperaba que este hiciera un mejor trabajo que los generales que lo precedieron, Ambrose E. Burnside y Joseph Hooker. Después de unas horas de haberlo nombrado, Lincoln le envió un mensajero. El mensaje del presidente, en parte, decía:

> Considerando las circunstancias, nadie nunca ha recibido un mandato más importante; y no me cabe duda de que justificará completamente la confianza que el gobierno ha puesto en usted. No será estorbado por instrucciones de último minuto de estas oficinas centrales. Su ejército tiene la libertad de actuar según usted considere conveniente, conforme surjan las circunstancias… Todas las fuerzas dentro de la esfera de sus operaciones estarán sujetas a sus órdenes.[5]

Sucedió que el primer reto significativo que enfrentó Meade fue cuando dirigió a su ejército a una pequeña ciudad en Pennsylvania llamada Gettysburg. Esta fue una prueba que pasó con autoridad. Sin embargo, al final no fue Meade el general que hizo total uso del poder que Lincoln ofreció. Fue Ulysses S. Grant quien cambió totalmente la guerra. Pero Meade detuvo el ejército de Lee cuando fue necesario, y evitó que el general confederado avanzara a Washington.

> Para hacer caer a la gente, usted tiene que caer con ellos.

La aplicación de Lincoln de la Ley del Otorgamiento de Poderes fue tan constante como el hábito de Henry Ford de quebrantarla. Aun las veces que sus generales hicieron algo mal, Lincoln se hizo responsable. Donald T. Phillips, experto en Lincoln, dijo: «A lo largo de toda la guerra, Lincoln siguió aceptando públicamente la responsabilidad por las batallas perdidas y las oportunidades desaprovechadas».[6] Lincoln pudo pararse firme durante la guerra y continuamente otorgar poderes a otros porque su seguridad era sólida como una roca.

EL PODER DEL OTORGAMIENTO DE PODERES

Usted no tiene que ser un líder del calibre de Lincoln para otorgarles poderes a otros. La clave para otorgar poder a otras personas es tener una gran confianza en la gente. Si cree en los demás, ellos creerán en sí mismos.

Cuando recibo una nota de estímulo de alguien cercano, la guardo y aprecio mucho esas cosas. Tiempo atrás recibí una nota de la persona fuera de mi familia, a la que más he otorgado poderes. Su nombre es Dan Reiland. Era mi pastor ejecutivo cuando yo estaba en Skyline. Dan escribió lo siguiente:

John:

Se ha hecho realidad lo máximo que puedo alcanzar como mentor. Se me ha pedido que enseñe acerca del tema del otorgamiento de poderes. Puedo hacerlo solamente porque usted me otorgó poderes a mí primero. Recuerdo ese día como si fuera ayer, cuando usted corrió el riesgo de escogerme como su pastor ejecutivo. Me confió una responsabilidad importante, el liderazgo diario del personal y los ministerios de su iglesia. Me dio autoridad… Creyó en mí, tal vez más de lo que yo creía en mí mismo. Demostró su fe y confianza en mí en tal forma que yo podía aprovecharlas, pero al final yo mismo las adquirí…

Estoy muy agradecido por su impacto transformador sobre mi vida. Decir gracias apenas lo expresa vagamente. «Lo amo y lo aprecio» es mejor. Tal vez la mejor manera de mostrarle mi gratitud es pasar el don que usted me dio a otros líderes que encuentre en mi camino.

Dan

Doy gracias a Dan por todo lo que ha hecho por mí, y creo que él me ha dado mucho más de lo que yo le he dado a él. Y sinceramente disfruté el tiempo que dediqué a ayudarlo a crecer.

La verdad es que el otorgamiento de poderes es poderoso, no sólo para la persona que está en desarrollo, sino también para el mentor. Engrandecer a los demás lo engrandece a usted.

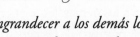

Engrandecer a los demás lo engrandece a usted.

Dan me ha hecho mejor de lo que era, no sólo porque me ayudó a alcanzar mucho más de lo que hubiera podido alcanzar yo solo, sino también porque el proceso completo me convirtió en un mejor líder. Este es el impacto de la Ley del Otorgamiento de Poderes.

Aplique
LA LEY DEL OTORGAMIENTO DE PODERES
a su vida

1. ¿Cómo se catalogaría usted en el área de la autoestima? ¿Tiene confianza en sí mismo? ¿Cree que tiene valor? ¿Funciona bajo la premisa que tiene cosas positivas que ofrecer a las personas y a la organización? ¿Está dispuesto a tomar riesgos?

Si se cataloga débilmente en el área de la seguridad, usted tendrá dificultad con la Ley del Otorgamiento de Poderes. Necesitará dar pasos positivos para añadirse valor o explorar el porqué su autoestima es tan baja.

2. ¿Es de los que cree en las personas? Haga una lista de las personas que trabajan para usted. Si la lista es muy grande, escriba los nombres de las personas más cercanas a usted. Ahora catalogue el potencial, no la habilidad actual de cada persona en una escala del uno al diez.

Si los números son bajos, quizás su concepto de ellos no es muy alto. Hasta que usted cambie eso, tendrá dificultad en otorgarles poderes a los demás. Comience a convivir con las características y las cualidades positivas de las personas. Busque las áreas más fuertes de las personas y visualice cómo puede apoyar esas áreas para lograr cosas significativas. Imagínese lo que los individuos pueden llegar a ser si utilizan al máximo sus talentos y oportunidades.

3. Si su inclinación natural es desarrollar y aferrarse a su poder, entonces debe hacer un cambio de paradigma para convertirse en un líder que otorga poderes. Comience seleccionando su mejor personal y prepárelos para el éxito. Capacítelos, provéales recursos y ayúdelos a lograr las metas que le ayuden a usted y a su organización. Luego déles la responsabilidad y la autoridad que necesitan. Si fracasan al principio,

ayúdeles a seguir intentando hasta que triunfen. Una vez que experimente el gozo y la efectividad organizativa de otorgarle poder a otras personas, tendrá dificultad para *no* otorgarlo.

13

LA LEY DE LA IMAGEN

Las personas hacen lo que ven

Hace varios años, el creador de películas Steven Spielberg y el actor Tom Hanks produjeron una serie de programas de televisión en HBO llamada *Band of Brothers* [Banda de hermanos], basada en el libro del mismo nombre escrito por el historiador Stephen Ambrose. Los diez episodios relataban la crónica de la historia de la compañía Easy, un grupo de patrulleros de la compañía 101 que peleó durante la Segunda Guerra Mundial. Los hombres de la compañía Easy eran los soldados más rudos que había y pelearon heroicamente en la invasión de Normandía al final de la guerra.

La historia de la compañía Easy es un gran estudio sobre el liderazgo, ya que varios de los sargentos, tenientes y capitanes que comandaron a los hombres mostraron muchos estilos de liderazgo, algunos buenos y algunos malos. Cuando el liderazgo era bueno, se notaba la diferencia, no sólo en la forma en que los soldados se desempeñaban sino también en el resultado de sus batallas y de la guerra.

UNA IMAGEN EQUIVOCADA

Desde el primer episodio de la serie de televisión, los estilos de liderazgo contrastantes eran claros. Herbert Sobel, el comandante oficial de la compañía Easy se muestra brutal y autocrático hasta el punto de ser sádico durante los entrenamientos. Él presionó a esos hombres más que cualquier otro comandante del ejército. De manera arbitraria les revocaba sus pases y los castigaba. Pero juzgando por la investigación de Ambrose, Sobel era aun peor que lo que se muestra en las series. Sobel presionó sin misericordia a sus hombres, lo cual era aceptable ya que los estaba preparando para la guerra. Pero no se presionaba a sí mismo de igual manera, apenas era capaz de pasar el examen físico que se requería a los patrulleros. Tampoco mostró el alto nivel de competencia que demandaba de los demás. Ambrose escribe acerca de un incidente que ocurrió durante uno de sus entrenamientos y que representa el liderazgo de Sobel:

> Durante una noche de ejercicios Sobel decidió enseñarles una lección a sus hombres. Él y el sargento Evans se escabulleron por en medio de los soldados robándose los rifles de aquellos soldados que se encontraban dormidos. La misión tuvo éxito y para la mañana siguiente Sobel y Evans tenían casi cincuenta rifles. Con grandes fanfarrias, Evans llamó a los soldados y Sobel empezó a decirles lo miserables que ellos eran.[1]

Lo que Sobel no vaticinó era que los hombres a los que él estaba regañando no eran los suyos. Él se había equivocado y robó los rifles de los soldados de la compañía Fox. Sobel no se había dado cuenta de su error hasta que el comandante de la compañía Fox se presentó con cuarenta y cinco de sus soldados.

Los hombres de Sobel se burlaron de él y lo despreciaron. Para el momento en que la compañía Easy se preparaba para la batalla de

Normandía, muchos hombres apostaban quien le dispararía a Sobel tan pronto entraran en combate. Afortunadamente, Sobel fue cambiado de su posición y asignado antes de entrar en combate.

OTRA MALA IMAGEN

Otro liderazgo sumamente incompetente de parte de un oficial fue representado en un episodio titulado: «Punto de quiebra». Relataba la batalla de Las Árdenas, cuando los soldados se preparaban para quitarles a los alemanes el pueblo de Foy. Ya para ese momento, los hombres de la compañía Easy eran veteranos experimentados y estaban enfrentando una de las dificultades más grandes de la guerra. Sufrieron un amargo frío y el bombardeo sin misericordia por parte de la artillería alemana.

Durante ese tiempo, la tropa fue comandada por el teniente Dike, un líder con conexiones políticas pero sin ninguna experiencia previa de combate. El método de liderazgo de Dike era evitar a sus hombres, rehusar tomar decisiones y desaparecer por largos periodos de tiempo con la excusa de ir a «caminar», incluyendo el momento en que lo necesitaban más. Ninguno de sus hombres lo respetaba. Y cuando Dike necesitó dirigirlos en el asalto al pueblo, fracasó miserablemente y fue sacado de su comandancia.

UNA CLASE DIFERENTE DE IMAGEN

Afortunadamente, la mayoría de los líderes de la compañía Easy eran excelentes y uno en particular recibió la medalla de la cruz por un servicio distinguido y fue considerado por los hombres el «mejor líder de combate en la Segunda Guerra Mundial».[2] Esa persona era Dick Winters. Comenzó como líder de la tropa en la compañía Easy durante su entrenamiento, luego fue promovido a comandante de la compañía después de la guerra de Normandía y después a oficial ejecutivo del batallón. Terminó su carrera militar con el rango de mayor.

Una y otra vez, Winters ayudó a sus hombres a desempeñarse en el nivel más alto. Y siempre los dirigió desde el frente, dando el ejemplo, arriesgándose junto con ellos. Ambrose describe la filosofía de liderazgo de Winters como «los oficiales van al frente de los demás».[3] Cada vez que sus tropas necesitaban atacar una posición enemiga, Winters se encontraba al frente dirigiendo el asalto.

Uno de los incidentes más notables que demuestra la forma de Winters de dirigir con el ejemplo ocurrió poco después del día D camino a Carentan, un pueblo que la compañía Easy necesitaba quitarle a los alemanes. Cuando los patrulleros estadounidenses bajo su mando se acercaban al pueblo, fueron recibidos por las ametralladoras alemanas. Todos se tiraron a las trincheras que estaban a los lados del camino y no querían moverse, pero si se quedaban allí los iban a matar. Winters intentó animarlos, convencerlos de que se movieran, hasta los pateaba. Saltaba de una trinchera a otra tratando de convencerlos. Pero finalmente, se levantó, se puso en medio del camino y les gritó a sus hombres que se movieran. Todos así lo hicieron y juntos conquistaron el pueblo.

Más de treinta y cinco años después, Floyd Talbert, quien era sargento en ese momento, le escribió a Winters acerca de ese incidente: «Nunca olvidaré verte a la mitad del camino. Te convertiste en toda mi inspiración. Y todos los que estaban conmigo sentían lo mismo».[4] En el año 2006, Winters resumió su enfoque de liderazgo diciendo: «Puede que no haya sido el mejor comandante de la guerra, pero siempre lo intenté. Mis hombres necesitaban que yo analizara cuidadosamente cada situación táctica, para aprovechar al máximo los recursos que tenía a mi disposición, para pensar en medio de la presión y para dirigirlos con el ejemplo personal».[5]

Cuando le preguntaron a Ambrose qué fue lo que hizo que la compañía Easy se distinguiera tanto durante la guerra y que sobresaliera de los demás, Ambrose respondió: «Ellos no eran necesariamente mejores que los otros patrulleros, soldados o que la infantería de marina. Ellos eran una de muchas unidades especiales en la guerra. Pero lo que los hizo especiales entre los demás era su liderazgo. No todas las unidades tenían la suerte de tener esos líderes, esa fue la diferencia».[6] ¿Qué fue lo que marcó tal diferencia? Sencillamente las personas hacen lo que ven. Esa es la Ley de la Imagen. Cuando los líderes muestran el ejemplo con las acciones correctas, sus seguidores los copiarán y triunfarán.

> *Los grandes líderes siempre personifican dos cualidades aparentemente contradictorias. Los líderes son visionarios y también muy prácticos.*

LA IMAGEN TOMA VIDA

Los grandes líderes siempre personifican dos cualidades aparentemente contradictorias. Los líderes son *visionarios* y también muy *prácticos*. Su visión les permite ver más allá. Pueden visualizar lo que se aproxima y lo que debe hacerse. Los líderes poseen una comprensión sobre cómo:

La misión provee un *propósito*, al responder a la pregunta *¿por qué?*
La visión provee una *imagen*, al responder a la pregunta *¿qué?*
La estrategia provee un *plan*, al responder a la pregunta *¿cómo?*

Tal como lo comentó el autor Hanz Finzel: «A los líderes se les paga por soñar. Entre más alto sea el liderazgo, más hay que analizar el futuro».

Al mismo tiempo, los líderes son lo suficientemente prácticos para saber que una visión sin acción no llega a ningún lado. Se responsabilizan de ayudar a sus seguidores a actuar. Esto puede ser difícil ya que los seguidores con frecuencia no pueden visualizar el futuro de la misma forma que lo hace el líder. No pueden ver qué es lo mejor para el equipo. No entienden cuál es la imagen completa. ¿Por qué? Porque la visión tiene la tendencia a filtrarse.

Los líderes son mayordomos de una visión. ¿Qué pueden hacer ellos para unir la visión que ellos tienen con la de sus seguidores? La tentación de muchos líderes es comunicar la visión. No lo tomé a mal: la comunicación realmente es importante. Los buenos líderes deben comunicar la visión de manera clara, creativa y continua. La *comunicación* de la visión de un líder hace que la imagen sea clara. Pero eso no es suficiente. El líder también debe vivir la visión. El *ejemplo* eficaz de la visión del líder ¡hace que la imagen tome vida!

El ejemplo *eficaz de la visión del líder ¡hace que la imagen tome vida!*

Los buenos líderes siempre están conscientes del hecho de que están dando un ejemplo y de que otros van a hacer lo que ellos hacen, para bien o para mal. En general entre mejores sean las acciones del líder, mejores serán las acciones de su gente.

Eso no quiere decir que los líderes tienen todas las respuestas. Cualquiera que haya dirigido sabe eso. Los líderes que causan mayor impacto son aquellos que con frecuencia dirigen bien en medio de la incertidumbre. Andy Stanley, un excelente líder y comunicador, habló de este tema. Hace unos años en una conferencia para líderes él dijo:

La incertidumbre no es indicación de un mal liderazgo. Más bien indica la necesidad del liderazgo. La naturaleza del liderazgo demanda que siempre haya un elemento de incertidumbre. La tentación es pensar, *si soy un buen líder, sabré exactamente qué hacer.* Una mayor responsabilidad significará lidiar con aspectos intangibles que crean una incertidumbre más compleja. Los líderes pueden ser inciertos, pero no pueden ser confusos. Las personas no seguirán un liderazgo confuso.

Cuando los momentos son difíciles, cuando la incertidumbre es alta y el caos amenaza con abrumar a todo el mundo, los seguidores necesitan más que nunca una imagen clara de parte de los líderes. Es allí que necesitan un líder que adopte la Ley de la Imagen. Una imagen vívida que puedan ver en el líder produce energía, pasión y motivación para seguir.

LÍDERES DANDO EL EJEMPLO

Si usted desea ser el mejor líder posible, no debe ignorar la Ley de la Imagen. Al esforzarse para mejorar como un ejemplo para sus seguidores, recuerde seguir estas cosas:

1. LOS SEGUIDORES SIEMPRE ESTÁN OBSERVANDO LO QUE USTED HACE

Si es padre de familia, seguramente se ha dado cuenta que sus hijos siempre le están observando. Nos guste o no, nuestros hijos aprenden más por lo que ven que por cualquier otra cosa. Como padres, Margaret y yo nos dimos cuenta de esto desde el principio. Sin importar lo que les enseñábamos, nuestros hijos insistían en comportarse como nosotros. El entrenador de básquetbol de UCLA, John Wooden cita un poema que lo explica adecuadamente:

No hay palabra escrita
      o ruego verbal
que le enseñe a nuestra juventud
      lo que debería ser.

Tampoco todos los libros
      en todos los estantes,
sino lo que los maestros
      son, eso es lo que la juventud aprende.[7]

Así como los niños observan a sus padres y copian su comportamiento, de la misma forma los empleados observan a sus jefes. Si los jefes llegan tarde, los empleados sienten que tienen el mismo privilegio. Si los jefes toman atajos, los empleados los tomarán. Las personas hacen lo que ven.

Los seguidores pueden dudar lo que sus líderes dicen pero por lo general creen en lo que ellos realizan. Y ellos lo imitan. El ex general del ejercito de Estados Unidos y secretario de estado, Colin Powell, comentó: «Uno puede enviar todos los mensajes y todos los discursos motivadores que desee, pero si el resto de las personas en la organización no lo ven dando el mejor esfuerzo cada día, tampoco lo harán ellos».

> *Los seguidores pueden dudar lo que sus líderes dicen pero por lo general creen en lo que ellos realizan.*

Whitley David afirmó: «Un buen supervisor es un catalizador, no un sargento de entrenamiento. Él crea una atmósfera donde las personas inteligentes están dispuestas a seguirle. Él no manda, él convence». No hay nada más convincente que vivir lo que se cree.

2. ES MÁS FÁCIL ENSEÑAR LO QUE ES CORRECTO QUE HACER LO QUE ES CORRECTO

El escritor Mark Twain dijo en broma: «Hacer lo que es correcto es maravilloso. Enseñar lo que es correcto es aun más maravilloso y mucho más fácil». ¿No es cierto? Esa es una de las razones por las cuales muchos padres (y jefes) dicen: «Hagan lo que yo digo, no lo que yo hago».

Uno de mis primeros desafíos como líder fue elevar mi estilo de vida al nivel de mi enseñanza. Todavía recuerdo el día en que decidí que no enseñaría más lo que no intentara practicar. Esa fue una decisión difícil, pero siendo un líder joven, estaba aprendiendo a aceptar la Ley de la Imagen. El autor Norman Vincent Peale declaró: «No hay nada más confuso que las personas que dan un buen consejo pero dan un mal ejemplo». También diría que el siguiente pensamiento es correcto: No hay nada más *convincente* que las personas que dan buen consejo y a la vez dan un buen ejemplo.

Recientemente, dos reporteros me llamaron el mismo día. Uno pertenecía al *Chicago Tribune* y el otro a *USA Today*. Me preguntaron acerca de la enseñanza de la ética en el área de los negocios. Ambos me hicieron preguntas similares, querían saber si la ética podía ser enseñada. Mi respuesta fue afirmativa.

«Pero muchas de las compañías que enseñan clases de ética tienen problemas de ética», me respondió uno de los reporteros.

«Eso sucede porque la ética puede ser inculcada a los demás sólo si es enseñada *y ejemplarizada* por los líderes», le dije. Muchos líderes, yo diría demasiados, son como los malos agentes de viajes. Envían a las personas a lugares donde nunca han estado. En vez de eso, deberían comportarse como guías de turistas, llevando a las personas a lugares que ellos han visitado y compartiendo la sabiduría de su propia experiencia.

John Wooden solía decirle a sus jugadores: «*Muéstrame* lo que puedes hacer; no me *digas* lo que puedes hacer». Yo creo que los seguidores tienen la misma actitud hacia sus líderes. Ellos quieren *ver* a sus líderes en acción, dando lo mejor de sí, mos-

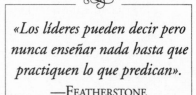

«Los líderes pueden decir pero nunca enseñar nada hasta que practiquen lo que predican».
—FEATHERSTONE

trando el camino y dando el ejemplo. Featherstone afirmó: «Los líderes pueden decir pero nunca enseñar nada hasta que practiquen lo que predican». Esa es la Ley de la Imagen.

3. Debemos esforzarnos en cambiarnos a nosotros mismos antes de intentar mejorar a los demás

Los líderes son responsables de la actuación de su gente. La responsabilidad es de ellos. Ellos pueden monitorear el progreso de su gente, darle dirección y responsabilizarla. Para mejorar la actuación de su equipo, los líderes deben actuar como agentes de cambio. Sin embargo, un gran peligro es la tentación de intentar cambiar a los demás sin primero hacer cambios en uno mismo.

Como líder, la primera persona que necesito dirigir es a mí mismo. La primera persona que debo intentar cambiar es a mí mismo. El parámetro de excelencia debe ser más alto para mí que para los demás. Para seguir siendo un líder creíble, debo ser siempre el que primero trabaja, el que se esfuerza más en cambiarse. Esto no es algo natural o fácil, pero es esencial. Honestamente, me parezco al personaje de Lucy en la caricatura de Snoopy que le dice a Charlie Brown que ella quiere cambiar al mundo. Cuando Charlie Brown, abrumado por lo que le dice Lucy le pregunta dónde comenzaría, ella le responde: «Empezaría contigo, Charlie Brown, contigo».

No hace mucho tiempo, estaba enseñando la idea sobre el líder de 360 grados. En otras palabras, un líder que ejerce su influencia no sólo con los que están en una posición inferior a él sino también con aquellos que están en una posición superior o similar a la de él. Durante una sesión de preguntas y respuestas, uno de los asistentes me preguntó: «¿Qué es más difícil: dirigir a las personas que están arriba o al lado de uno o a las personas que están debajo?»

«Ninguna de ellas» le respondí rápidamente, «dirigirme es lo más difícil».

Dirigir de cualquier otra forma que no sea por el ejemplo, hace que presentemos una imagen confusa del liderazgo a los demás. Si nos esforzamos en mejorarnos primero y hacemos que esto sea nuestra misión principal, mejorar a los demás probablemente será lo siguiente.

4. El regalo más valioso que un líder le puede dar a los demás es dar un buen ejemplo.

Una encuesta conducida por la corporación Opinion Research para la compañía Ajilon Finance le preguntó a los trabajadores estadounidenses que seleccionaran una característica que consideraban era la más importante en un líder. Los siguientes son los resultados:

Rango	Característica	Porcentaje
1	Dirigir con el ejemplo	26%
2	Una moral y ética sólida	19%
3	Conocimiento del negocio	17%
4	Justicia	14%
5	Inteligencia y capacidad en general	13%
6	Reconocimiento de los empleados	10%[8]

Más que cualquier otra cosa, los empleados quieren líderes cuyas creencias y acciones sean congruentes. Quieren buenos ejemplos que dirijan desde el frente.

El liderazgo es más algo que se capta en vez de algo que se enseña. ¿Cómo se puede «captar» el liderazgo? ¡Observando a los buenos líderes en acción! La mayoría de los líderes surgen debido al impacto hecho en ellos por otros líderes establecidos que ejemplarizaron el liderazgo y se convirtieron en sus mentores.

Cuando pienso en la jornada de mi liderazgo, siento que he sido afortunado de haber tenido excelentes ejemplos de liderazgo de quienes «capté» varios aspectos de liderazgo:

• Capté la perseverancia observando a mi padre enfrentar y vencer la adversidad.

• Capté la intensidad al observar el liderazgo apasionado de Bill Hybels

- Capté el estímulo mirando la forma en que Ken Blanchard valoraba a las personas.
- Capté la visión observando cómo Bill Bright convirtió su visión en realidad.

Continúo aprendiendo de buenos ejemplos y me esfuerzo para dar el ejemplo correcto a las personas que me siguen: mis hijos y mis nietos, los empleados de mis compañías y las personas que asisten a las conferencias y leen mis libros. Practicar lo que predico es lo más importante que puedo hacer como líder. El ganador del premio Nobel de la paz, Albert Schweitzer comentó: «El ejemplo es el liderazgo».

SIGA EL EJEMPLO DE SU LÍDER

Una historia que ilustra la Ley de la Imagen es la historia del rey David en el antiguo Israel. Casi todo el mundo ha escuchado un relato de David y Goliat. Cuando el ejército de los filisteos enfrentó al rey Saúl y al pueblo de Israel, Goliat, un poderoso guerrero gigante y profesional presentó un desafío. Él dijo que pelearía con el campeón más grande de Israel y el ganador se lo llevaría todo. ¿Quién aceptaría el desafío? Ni Saúl, el poderoso rey, ni ninguno de sus veteranos soldados. David, un pastor de ovejas fue quien lo enfrentó. Utilizando una honda, le lanzó una piedra a Goliat con tal fuerza que lo noqueó. Luego David le cortó la cabeza a Goliat con su propia espada.

Todos nos identificamos con un relato así porque a nosotros nos gusta vitorear al desvalido. Pero muchas personas no conocen el resto de la historia. David se convirtió en gran guerrero y luego en el rey. Durante ese periodo, desarrolló un grupo de guerreros que fueron llamados sus «hombres fuertes». Al menos cinco de ellos también se convirtieron en asesinos de gigantes, tal como su líder. El ejemplo dado por David le enseñó a sus seguidores cómo convertirse en grandes guerreros y hasta en asesinos de gigantes.

EL LIDERAZGO EN MEDIO DEL TERROR

Un liderazgo por medio del ejemplo siempre tiene un impacto poderoso en los seguidores. Uno de los líderes que admiro es Rudy Giuliani, ex alcalde de la ciudad de Nueva York. Durante su carrera, trabajando primero como abogado para el gobierno de Estados Unidos y luego como oficial elegido, Giuliani dirigía por medio del ejemplo. En su libro *Leadership* [Liderazgo] dice que está muy consciente de que lo que hace marca el paso para los que le siguen.[9] «Uno no le puede pedir a los que trabajan bajo su mando que hagan algo que no estaría dispuesto a hacer por sí mismo. Es nuestra decisión colocar un parámetro para el comportamiento».[10]

Algo vital en la filosofía de liderazgo de Giuliani es el concepto de la responsabilidad. Giuliani escribe:

Más que cualquier otra cosa, los líderes deben aceptar ser responsables. No hay nada que desarrolle más la confianza en un líder que su disposición a responsabilizarse por lo que sucede durante su mando. También podría añadir que no hay nada mejor para hacer que los empleados tengan un parámetro alto que ver que su jefe tiene un parámetro aun más alto. Eso es cierto en cualquier organización».[11]

La responsabilidad fue la base de una de las prácticas regulares de Giuliani: la reunión matutina que él tenía con su personal principal todos días a las ocho de la mañana. Desde 1981 él realizaba esa reunión. Eso hacía que él y su gente se mantuvieran al mismo ritmo. Ellos tenían que responderle a él y él estaba forzado a tomar decisiones rápidas. Nadie podía esconderse. Todos eran responsables.

Muchas personas reconocían la habilidad de Giuliani como alcalde. Bajo su mando, el crimen en la ciudad disminuyó dramáticamente, Nueva York volvió a recuperar su anterior gloria como destino turístico, los impuestos disminuyeron y los negocios progresaron. Pero el evento que realmente reveló la habilidad de liderazgo de Giuliani fue por supuesto, el 11 de septiembre; cuando ocurrió lo inimaginable y la ciudad estaba en caos, el alcalde se encontraba al frente, dirigiendo muy de cerca junto con los líderes federales y estatales y dirigiendo las varias fases del gobierno de la ciudad.

Y cuando lo peor de la crisis había pasado, Giuliani, seguía dirigiendo con el ejemplo. No solamente se comportó como un defensor de su ciudad, abriendo los cines, estimulando a las personas para que vivieran sus vidas lo más normal posible y pidiéndole a los visitantes que vinieran a Nueva York, sino que también sufrió con aquellas personas que habían perdido seres queridos. Él estima que tras los actos terroristas, había de seis a veinte funerales cada día. Se aseguraba de asistir al menos a seis de ellos cada día y de que un representante del gobierno de la ciudad asistiera a todos los demás servicios.

El ejemplo de liderazgo, la fortaleza y la perseverancia de Giuliani inspiraron a la nación. En muchas maneras, las personas en Estados Unidos aprendieron a conducirse en un mundo después del 11 de septiembre mirando el ejemplo de Rudolph Giuliani. Él no iba a permitir que los terroristas determinaran la forma en que él viviría. Y eso es lo que los buenos líderes siempre hacen: Ellos dan el ejemplo.

Giuliani resume su liderazgo de esta forma:

> Toda mi vida, he estado pensando cómo ser un líder, ya sea cuando dirigía a la unidad contra la corrupción de la oficina del fiscal de Estados Unidos en el distrito sur de Nueva York, luego en la unidad de narcóticos, o evitando la bancarrota de una compañía de carbón, observando a Ronald Reagan, al juez MacMahon y a otras personas. Me di cuenta

después que mucho de lo que estaba haciendo al estudiar esas personas era preparándome. Inconscientemente, estaba preparándome para dirigir.[12]

En otras palabras, sencillamente él ha hecho lo que ha visto hacer a sus líderes a través de toda su carrera. Él ha practicado la Ley de la Imagen.

Aplique
LA LEY DE LA IMAGEN
a su vida

1. Si usted ya está practicando la Ley del Proceso, entonces está esforzándose en afinar sus habilidades para aumentar su capacidad de liderazgo. (Si no lo está haciendo, comience ya). Pero el liderazgo requiere algo más que sólo habilidades técnicas. El carácter también es vital en el liderazgo y se comunica a través de la Ley de la Imagen. El ejemplo principal que uno da a los seguidores surge debido al área del carácter y ese es el área que necesita usted analizar primero antes de intentar cambiar a los demás.

Hágase una auditoria de su carácter. Primero, haga una lista de los valores principales, tales como la integridad, el esfuerzo, la honestidad etc. Luego piense en sus acciones del mes pasado. ¿Qué incidentes, si es que los hay, sobresalen de manera incoherente con respecto a esos valores? Haga una lista de las muchas cosas que usted recuerde. No pase por alto las cosas ni tampoco las racionalice. Esas cosas le mostrarán en que área necesita esforzarse más. Intente cambiar no sólo sus acciones, sino también su actitud.

2. Pídale a un colega confiable o amigo que lo observe por un largo período de tiempo (al *menos* una semana) para comparar lo que usted enseña con la forma en que se conduce. Pídale que registre cualquier incoherencia. Luego planee una reunión al final del periodo de observación para analizar los resultados. En esa reunión, puede hacer preguntas de clarificación, pero no puede defenderse. Planee cambiar cualquier acción o filosofía para que concuerden unas con otras.

3. Mencione tres o cinco cosas que usted desearía que su gente realizara mejor de lo que las realizan ahora. Escríbalas en una lista. Ahora,

califique *su actuación* en cada una de ellas. (Quizás desee pedirle a alguien que le califique para asegurarse que su percepción es correcta.) Si su puntuación es baja, entonces necesita cambiar su comportamiento. Si su puntuación es alta, entonces necesitará hacer que su ejemplo sea más visible delante de su gente. Haga cambios de manera acorde.

14

LA LEY DEL APOYO

La gente apoya al líder, luego a la visión

En el otoño de 1997, unos cuantos miembros de mi personal y yo tuvimos la oportunidad de viajar a la India y dictar cuatro conferencias acerca del liderazgo. La India es un país sorprendente, lleno de contradicciones. Es un lugar hermoso con gente afectuosa y generosa, aunque al mismo tiempo, millones y millones de sus habitantes viven en extrema pobreza. Fue allí donde recordé la Ley del Apoyo.

Nunca olvidaré cuando nuestro avión aterrizó en Delhi. Al salir del aeropuerto, me sentí como si hubiese sido transportado a otro planeta. Había multitudes por todas partes. Gente en bicicleta, en autos, en camellos, y en elefantes. Había gente en las calles, algunos que dormían en las aceras. Los animales vagaban libremente por todas partes. Todo estaba en movimiento. Mientras íbamos en el auto por la calle principal hacia el hotel, noté algo más. Letreros. Dondequiera que mirábamos, veíamos rótulos que celebraban los cincuenta años de libertad de la India, junto con enormes figuras de un hombre: Mahatma Gandhi.

COMIENZOS OSCUROS

Hoy, la gente da como un hecho que Gandhi fue un gran líder, pero la historia de su liderazgo es además un estudio maravilloso de la Ley del Apoyo. Mohandas K. Gandhi, llamado Mahatma (que significa «gran alma»), fue educado en Londres. Después de terminar su carrera en leyes, regresó a la India y luego se trasladó a Sudáfrica. Allí trabajó veinte años como abogado y activista político. En ese tiempo se formó como líder, peleando por los derechos de los indios y otras minorías oprimidas y discriminadas por el gobierno segregacionista de Sudáfrica.

Cuando regresó a la India en 1914, Gandhi ya era muy conocido y muy respetado por sus compatriotas. En los años siguientes, mientras dirigía protestas y huelgas en todo el país, mucha gente se le unía y lo buscaba cada vez más por su liderazgo. En 1920, apenas unos seis años después de haber regresado a la India, fue elegido presidente de la Liga de Gobierno Nacional de Toda la India.

> El líder encuentra un sueño, y luego a la gente.
> La gente encuentra al líder, y luego al sueño.

Lo más extraordinario de Gandhi no fue el hecho de haberse convertido en el líder de su gente, sino el haber podido cambiar la visión del pueblo para alcanzar la libertad. Antes de comenzar a dirigirlos, la gente usaba la violencia como un esfuerzo por alcanzar sus objetivos. Por años, las protestas contra las fuerzas británicas habían sido comunes. Pero la visión de Gandhi del cambio en la India se basaba en la desobediencia civil pacífica. Una vez dijo: «La no-violencia es la fuerza más grande a disposición de la humanidad. Es más poderosa que el arma de destrucción más poderosa diseñada por el ingenio humano».

UN NUEVO ENFOQUE

Gandhi desafió al pueblo a enfrentar la opresión con desobediencia y falta de cooperación pacíficas. Aun cuando los militares británicos masacraron a más de mil personas en Amritsar en 1919, Gandhi exhortó al pueblo a permanecer firme, sin contraatacar. Pero como su gente ya lo consideraba su líder, adoptó su visión, y lo siguieron fielmente. Les pidió que no pelearan, y llegó el momento en que dejaron de hacerlo. Cuando exhortó a todos a quemar la ropa hecha en el exterior y usar solamente ropa de materiales hechos en casa, millones de personas comenzaron a hacerlo. Cuando decidió que una marcha al mar para protestar contra la Ley de la Sal sería su punto de reunión para una desobediencia civil contra los británicos, los líderes de la nación lo siguieron doscientas millas a la ciudad de Dandi, donde fueron arrestados por representantes del gobierno.

La lucha de este pueblo por la independencia fue lenta y dolorosa, pero el liderazgo de Gandhi tenía la fuerza suficiente para cumplir la promesa de su visión. En 1947, India obtuvo su gobierno nacional. Como la gente había decidido apoyar a Gandhi, aceptaron su visión. Y una vez que la adoptaron, pudieron llevarla a cabo. Así es como funciona la Ley del Apoyo. El líder encuentra un sueño, y luego a la gente. La gente encuentra al líder, y luego al sueño.

Al principio la gente no sigue causas dignas. Siguen a líderes meritorios que promueven causas loables.

NO LO VEA AL REVÉS

Cuando doy seminarios acerca del liderazgo, contesto muchas preguntas relacionadas con la visión. Siempre alguien se me acerca durante uno de los descansos, me describe una visión en etapa de desarrollo, y me pregunta: «¿Cree usted que la gente apoyará mi visión?»

Mi respuesta siempre es la misma: «Dígame primero, ¿su gente lo apoya a usted?»

Muchos ven el aspecto de la visión en el liderazgo totalmente al revés. Creen que si la causa es lo suficientemente buena, los demás los apoyarán y seguirán, pero el liderazgo no funciona así en realidad. Al principio la gente no sigue causas dignas. Siguen a líderes meritorios que promueven causas loables. Primero apoyan al líder, y luego a la visión del líder. Cuando comprenda esto, sin duda cambiará su método de dirigir a las personas.

Para la persona que asiste a una de mis conferencias y pregunta si su gente lo seguirá, la verdadera pregunta es: «¿He dado a mi gente razones para apoyarme?» Si la respuesta es sí, ellos apoyarán con gusto su visión, pero si no se ha ganado la credibilidad de su gente, no importará cuan grande sea la visión que tenga.

Cada mensaje que la gente recibe es filtrado a través del mensajero que lo lleva.

Una vez estaba leyendo un artículo en *Business Week* que describía a empresarios que se asocian con capitalistas inversionistas en la industria de los computadores. Silicon Valley en California evidentemente está lleno de personas que trabajan por un tiempo en la industria del computador y luego tratan de iniciar sus propias compañías. Cada día, cientos de estos individuos andan buscando de aquí para allá tratando de encontrar inversionistas que los ayuden a hacer factibles sus ideas y empresas. Muchos no tienen éxito, pero si un empresario lo obtiene una vez, la siguiente le es mucho más fácil encontrar el dinero. Muchas veces, los inversionistas no están interesados en saber cuál es la visión del empresario. Si la persona los impresiona, aceptan las ideas con facilidad.

Por ejemplo, la empresaria de software Judy Estrim y su socio han fundado dos compañías durante los años. Ella decía que la fundación de la primera le tomó seis meses e innumerables presentaciones, a pesar de que su idea era factible y creía en ella cien por ciento. Pero el inicio de su segunda compañía sucedió casi de la noche a la mañana. Sólo le tomó dos llamadas telefónicas de unos cuantos minutos para obtener un respaldo de cinco millones de dólares.

Cuando se corrió la voz de que ella iba a iniciar una segunda compañía, alguna gente estaba ansiosa por darle aun más dinero. Ella dijo: «Hay unos capitalistas arriesgados que nos están llamando para rogarnos que aceptemos su dinero».[1]

¿Por qué cambiaron tan drásticamente las cosas para ella? Por la Ley del Apoyo. Había convencido a la gente y obtenido su apoyo, de modo que todos estaban listos para apoyar cualquier visión que ella tuviera, sin haber visto nada.

USTED ES EL MENSAJE

Cada mensaje que la gente recibe es filtrado a través del mensajero que lo lleva. Si el mensajero es digno de confianza, el mensaje tiene valor. Esa es una de las razones de que los actores y los atletas sean contratados para promover productos. La gente compra los zapatos deportivos «Nike» porque confían en Michael Jordán, no necesariamente por la calidad de los mismos.

Lo mismo se aplica a los actores que promueven causas. ¿Son los actores contratados, expertos de la noche a la mañana en la causa que promueven? Por lo general no, pero eso no tiene importancia. La gente quiere escucharlos porque creen en ellos como personas o porque tienen credibilidad como artistas. Cuando los

> *La gente quiere andar con individuos con quienes se lleva bien.*

individuos deciden apoyar a alguien, darán oportunidad a su visión. La gente quiere andar con individuos con quienes se lleva bien.

NO ES UNA PROPOSICIÓN ELECTIVA

No se puede separar al líder de la causa que promueve. Es imposible, por mucho esfuerzo que se haga. No es una proposición electiva, los dos van juntos siempre. Observe el siguiente gráfico. Muestra cómo reacciona la gente ante un líder y su visión en diferentes circunstancias:

LÍDER	+ VISIÓN	= RESULTADO
No consigue apoyo	No consigue apoyo	Buscar otro líder
No consigue apoyo	Consigue apoyo	Buscar otro líder
Consigue apoyo	No consigue apoyo	Buscar otra visión
Consigue apoyo	Consigue apoyo	Apoyar al líder

CUANDO LOS SEGUIDORES NO SIENTEN AGRADO HACIA EL LÍDER O LA VISIÓN, BUSCAN OTRO LÍDER

La única vez cuando la gente sigue a un líder que no les gusta con una visión en la cual ellos no creen es cuando el líder tiene alguna clase de influencia. Puede ser tan siniestro como la amenaza de violencia física o tan simple como la habilidad de retener un cheque de pago. Si los seguidores pudieran decidir ellos no le seguirían. Y aun cuando no tienen mucho que escoger, comienzan a buscar otro líder. Es una situación imposible.

CUANDO A LOS SEGUIDORES NO LES GUSTA EL LÍDER PERO LES GUSTA LA VISIÓN, TAMBIÉN BUSCAN OTRO LÍDER

Lo siguiente puede causarle sorpresa. La gente puede pensar que una causa es buena, pero si no les gusta el líder, saldrán a buscar otro. Esa es una de las razones por las que en el deporte profesional, los entrenadores cambian de equipo con tanta frecuencia. La visión de cualquier equipo siempre es la misma: todos quieren ganar el campeonato. Pero no siempre los jugadores creen en su líder. ¿Y qué sucede cuando no creen en él? Los dueños del equipo no despiden a todos los jugadores. Despiden al líder y buscan a alguien que los jugadores apoyen. El nivel de talento de los entrenadores más profesionales es similar. La efectividad de sus sistemas no es muy diferente. Lo que los destaca es su liderazgo y su nivel de credibilidad con los jugadores.

Cuando a los seguidores les gusta el líder pero no la visión, cambian la visión

Cuando los seguidores no están de acuerdo con la visión de su líder, reaccionan de muchas formas. A veces procuran convencer a su líder de que cambie su visión. A veces dejan a un lado su punto de vista y adoptan el de aquel. Otras veces encuentran un término medio, pero mientras apoyen al líder no lo rechazarán totalmente. Continuarán siguiéndolo.

Un excelente ejemplo ocurrió en Gran Bretaña. Tony Blair ejerció por mucho tiempo su puesto como primer ministro. Era un líder popular, reelegido tres veces. Pero al mismo tiempo, la mayoría de las personas en Gran Bretaña estaban en contra de la política de Blair de involucrar a la nación en la guerra con Irak. ¿Cómo pudo Blair mantenerse en su puesto por tanto tiempo? Fue debido a que la gente lo apoyaba como líder. Como resultado, estaban dispuestos a vivir aun con una diferencia filosófica.

Cuando a los seguidores les gusta el líder y la visión, seguirán a ambos

Los individuos seguirán a su líder sin importarles cuán malas sean las condiciones o cuántas desventajas haya. Por eso el pueblo hindú, en días de Gandhi, se negó a contraatacar mientras los soldados lo aplastaban. Eso fue lo que inspiró al programa espacial de Estados Unidos a cumplir la visión de John F. Kennedy y enviar un hombre a la luna. Esa fue la razón por la cual la gente siguió teniendo esperanza y manteniendo vivo el sueño de Martin Luther King Jr., aun después del asesinato de este. Es eso lo que sigue inspirando a los seguidores a continuar en la carrera, aunque sientan que ya no les queda energía y que han dado todo lo que tenían.

El tener una gran visión y una causa noble no será suficiente para que la gente siga a un líder. Primero debe progresar como líder; hacer que la gente lo apoye a él. Ese es el precio que debe pagarse si quiere que su visión tenga la oportunidad de convertirse en realidad. Usted no puede ignorar la Ley del apoyo y seguir siendo un líder exitoso.

ESPERAR UN TIEMPO PARA QUE LA GENTE LO APOYE

Si en el pasado usted intentó que la gente actuara basándose en su visión pero no pudo obtenerlo, probablemente colisionó de frente con la Ley del Apoyo, quizá sin saberlo. La primera vez que reconocí la importancia de la Ley del Apoyo fue en 1972 cuando acepté mi segunda posición de liderazgo. En el capítulo de la Ley de la Navegación mencioné que después de haber estado en la iglesia varios años, llevé a los feligreses a través de un programa de construcción multimillonario para que tuviésemos un nuevo auditorio. Sin embargo, cuando yo llegué a esa iglesia, no era esa la dirección que ellos querían tomar. La semana anterior a mi llegada, más de sesenta y cinco por ciento de los miembros habían votado a favor de la construcción de un nuevo centro de actividades.

Ahora bien, yo había investigado algunas cosas de la iglesia y sabía bien que el crecimiento futuro y el éxito de la misma no dependían de un nuevo centro de actividades, sino de un nuevo auditorio. Mi visión del futuro era totalmente clara para mí, pero no podía llegar y decir: «Olvídense de la decisión que acaban de tomar y de la angustia que pasaron mientras la tomaban. Mejor es que me sigan». Necesitaba esperar un tiempo para ganarme la credibilidad de la gente. Así que desarrollé una estrategia. Hice arreglos para que un comité hiciera un estudio completo de todos los asuntos envueltos en el proyecto del centro de actividades. Dije a los miembros del comité: «Si hemos de invertir este tiempo y dinero, debemos estar seguros de lo que estamos haciendo. Necesito toda la información posible en cada asunto relacionado con el proyecto». Esto les pareció bien a todos, y el comité comenzó a trabajar.

Durante todo el año siguiente, el comité se reunió conmigo cada mes y me daba un reporte de toda la información recabada. Todas las veces que nos reuníamos, yo elogiaba el trabajo que los miembros habían realizado y les hacía varias preguntas que los obligaban a investigar más.

EL APOYO NO TIENE QUE VER CON EL LÍDER

Como líder, yo tenía la responsabilidad de asegurarme que la organización no cometiera un error costoso que le dañara en el futuro. Retrasar la decisión me ayudó a tener el suficiente tiempo para que ellos me apoyaran. Mientras tanto, yo hacía un gran esfuerzo por ganarme la credibilidad de la congregación. Hice relaciones con los líderes de la iglesia. Respondí las preguntas de todos a fin de que pudieran entenderme y conocer mi perspectiva como líder. Compartí mis ideas, esperanzas, y sueños relacionados con la obra que estábamos llevando a cabo. Comencé a fomentar el crecimiento en la organización. Es más, aquello fue lo que le dio a la gente confianza en mí y en mi capacidad.

El éxito se mide por su capacidad de llevar a la gente a la meta que debe alcanzar, pero no podrá realizarlo si primero no apoyan su liderazgo.

Después de unos seis meses, la gente comenzó a ver que la iglesia estaba cambiando y tomando un nuevo rumbo. En un año, los miembros del comité de construcción decidieron que el centro de actividades no era lo más beneficioso para la iglesia, y recomendaron que no lo construyéramos. Pasado otro año, se había llegado a un consenso: La clave del futuro era la construcción de un nuevo auditorio. Y cuando llegó el tiempo, noventa y ocho por ciento de la gente dijo sí al nuevo plan. Entonces comenzamos.

Al llegar a aquella iglesia, yo pude haber tratado de imponer mi visión y mi plan a la gente. Estaba tan seguro de lo que había que hacer en 1972, como lo estaba dos años después, cuando se implementó el nuevo plan. Pero si hubiese actuado así, no hubiera podido ayudar a esas personas a alcanzar lo que realmente necesitaban. Y en el proceso habría perjudicado mi capacidad para dirigirlas.

Como líder, uno no gana puntos por fracasar en una causa noble. No se recibe mérito por «tener razón». El éxito se mide por su capacidad de llevar a la gente a la meta que debe alcanzar, pero no podrá realizarlo si primero no apoyan su liderazgo. Esa es la realidad de la Ley del Apoyo.

Aplique
LA LEY DEL APOYO
a su vida

1. ¿Tiene usted una visión para su liderazgo y el de su organización? ¿Por qué dirige? ¿Qué está tratando de lograr? Escriba sus pensamientos en una declaración de la visión ¿Es esa visión digna de su tiempo y esfuerzo? ¿Es algo en lo que está dispuesto a donar una porción significativa de su vida? (Si no es así vuelva a analizar lo que está haciendo y cuál es la razón.)

2. ¿Cuál es el nivel de compromiso de las personas que usted dirige? Si su equipo es pequeño, haga una lista de todos sus miembros. Si es un grupo grande, haga una lista de las personas claves que influyen en el equipo. Ahora califique el apoyo de cada persona en una escala del 1 al 10 (1 significa que ellos ni siquiera le seguirán en áreas que tengan que ver con su descripción de trabajo. Un 10 significa que le seguirán hasta la muerte). Si las personas no le apoyan, no le ayudarán a ejecutar su visión, aunque esa visión les encante. Ellos buscarán a otro líder.

3. Piense en las formas en que puede usted ganarse la credibilidad de *cada persona*. Existen muchas formas de hacerlo:

- Desarrollando una buena relación
- Siendo honesto, auténtico y desarrollando la confianza
- Midiéndose por parámetros altos y dando un buen ejemplo
- Proveyendo los instrumentos para hacer un mejor trabajo
- Ayudando a que cada persona logre sus objetivos personales
- Desarrollando a cada persona para que sea un líder

Desarrollando una estrategia para cada persona. Si su prioridad es añadirle valor a cada persona de su equipo, su factor de credibilidad se elevará rápidamente.

15

❧

LA LEY DE LA VICTORIA

*Los líderes encuentran la forma de que
el equipo gane*

¿Alguna vez ha pensado en aquello que diferencia a los triunfado-res de los que sufren la derrota? ¿Qué se necesita para ser un ven-cedor? Es difícil distinguir la cualidad que diferencia a un ganador de un perdedor. Cada situación de liderazgo es distinta. Cada crisis trae sus pro-pios retos. Sin embargo, creo que los líderes victoriosos tienen en común la incapacidad de aceptar la derrota. Para ellos es totalmente inaceptable cualquier otra cosa que no sea ganar; por eso averiguan lo que debe hacer-se para lograr la victoria, y van tras ella con todo lo que esté a su alcance.

ESTOS LÍDERES PERSEGUÍAN LA VICTORIA

Las crisis parecen sacar a flote lo mejor, y lo peor, de los líderes ya que en esos momentos la presión es intensa y lo que está en juego vale mucho. Podemos ver claramente esta verdad durante la Segunda Guerra Mun-dial cuando Adolfo Hitler amenazaba con destruir Europa y reconstruir-la de acuerdo con su visión. Pero en ese momento, un líder se levantó en contra del poder de Hitler y de su ejército nazi. Un líder que había

211

determinado ganar, un practicante de la Ley de la Victoria: El primer ministro británico Winston Churchill. Él inspiró al pueblo británico a ofrecer resistencia a Hitler y ganar la guerra al final.

> *Los líderes victoriosos tienen en común la incapacidad de aceptar la derrota. Para ellos es totalmente inaceptable cualquier otra cosa que no sea ganar.*

Mucho antes de convertirse en el primer ministro en 1940, Churchill se pronunció contra los nazis. En 1932 parecía un crítico solitario cuando dijo: «No se engañen... no crean que todo lo que Alemania está pidiendo es un estado de igualdad... Los alemanes están buscando armas, y cuando las tengan, créanme que pedirán la devolución de los territorios y las colonias que han perdido». Como líder, Churchill podía ver lo que iba a suceder, y estaba tratando de preparar al pueblo de Inglaterra para lo que él consideró que sería una pelea inevitable.

Churchill siguió pronunciándose contra los nazis. Y cuando Hitler anexó a Austria en 1938, Churchill dijo a los miembros de la Cámara de los Comunes:

> Por cinco años he hablado a la Cámara acerca de estos asuntos con muy poco éxito. He visto que esta isla ha ido descendiendo incontinentemente e irreflexivamente la escalera que lleva a un pozo muy oscuro... Ahora es tiempo de despertar a la nación. Tal vez esta sea la última vez que podremos despertarla y tener la oportunidad de evitar la guerra, o la oportunidad de alcanzar la victoria si fracasa nuestro esfuerzo por evitar la guerra.[1]

Desgraciadamente, el primer ministro Neville Chamberlain y los otros líderes de Gran Bretaña no opusieron resistencia a Hitler. Y casi toda Europa cayó bajo el poder de los nazis.

A mediados de la década de los cuarenta, la mayor parte de Europa estaba bajo el dominio de Alemania. Pero entonces sucedió algo que pudo haber cambiado la historia del mundo libre. Winston Churchill asumió el liderazgo de Inglaterra. Se negó a doblegarse ante las amenazas de los nazis. Por más de un año, Gran Bretaña fue la única que se atrevió a hacer frente a la amenaza de la invasión alemana. Cuando Hitler indicó que quería hacer un pacto con Inglaterra, Churchill lo desafió. Cuando Alemania comenzó a bombardear a Inglaterra, los británicos permanecieron firmes. Mientras tanto, Churchill buscaba la manera de obtener la victoria.

CHURCHILL NO IBA A ACEPTAR NADA MENOS

Una y otra vez, Churchill reunía al pueblo británico. Comenzó con su primer discurso después de convertirse en primer ministro:

> Tenemos ante nosotros una situación muy difícil, bastante vergonzosa. Ante nosotros hay muchos, muchos meses de lucha y sufrimiento. ¿Quieren saber cuál es nuestra política? Yo les diré: Es hacer guerra por mar, tierra y aire, con toda nuestra fuerza y con todo el poder que Dios pueda darnos: Hacer guerra contra un tirano monstruoso, nunca eclipsado en la oscuridad, muestra lamentable del crimen humano. Esa es nuestra política. ¿Quieren saber cuál es nuestra meta? Respondo con una sola palabra: La victoria, victoria a toda costa, victoria a pesar de todo el terror, victoria, aunque el camino sea largo y duro; porque sin victoria no hay supervivencia.[2]

Mientras tanto, Churchill hizo todo lo que estuvo a su alcance para prevalecer. Desplegó tropas contra las fuerzas de Mussolini en el Mediterráneo. Aunque aborrecía el comunismo, se alió con Stalin y los soviéticos y les envió ayuda, aun cuando las provisiones de Gran Bretaña eran amenazadas y su supervivencia pendía de un hilo. Entonces entabló relaciones personales con Franklin Roosevelt. Aunque el presidente de Estados Unidos se negaba a entrar en la guerra, Churchill siguió su relación con él con la esperanza de transformarla de una amistad y respeto mutuo, a una alianza de guerra de pleno derecho. Con el tiempo sus esfuerzos dieron resultado. Un día los japoneses bombardearon Pearl Harbor, lo cual empujó a Estados Unidos a la guerra, y Churchill se dijo a sí mismo: «De modo que hemos ganado después de todo».

> *«¿Quieren saber cuál es nuestra meta? Respondo con una sola palabra: La victoria, victoria a toda costa, victoria a pesar de todo el terror, victoria, aunque el camino sea largo y duro; porque sin victoria no hay supervivencia».*
> —WINSTON CHURCHILL

OTRO LÍDER DEDICADO A LA VICTORIA

Antes de diciembre de 1941, Franklin Roosevelt había estado aplicando la Ley de la Victoria durante décadas. De hecho, este fue el sello de toda su vida. Había encontrado la forma de alcanzar la victoria política mientras le ganaba a la poliomielitis. Cuando fue elegido presidente y se hizo responsable de sacar al pueblo norteamericano de la Gran Depresión, esta era otra situación imposible que aprendió a atacar. Y luchó. Durante los años treinta, el país se recuperaba lentamente, debido en gran parte a su liderazgo.

Cuando los nazis estaban batallando en Europa, el peligro era grande. El historiador Arthur Schlesinger Jr., ganador del Premio Pulitzer, comentó: «Durante la Segunda Guerra Mundial, la democracia estaba combatiendo por su vida. En 1941, sólo quedaba más o menos una docena de estados democráticos en la tierra. Pero un gran liderazgo surgió a tiempo para recobrar la causa democrática». El equipo de Roosevelt y Churchill proveyó el liderazgo necesario, como un puñetazo directo.

Así como el primer ministro había convocado a Inglaterra, el presidente reunió al pueblo estadounidense y lo unió en una causa común como hasta entonces nadie lo había hecho, ni lo ha hecho hasta ahora.

Para esos dos líderes, la victoria era la única opción. Si hubieran aceptado otra cosa, el mundo sería hoy un lugar muy diferente. Schlesinger dice: «Observe nuestro mundo de hoy. Es manifiesto que no es el mundo de Adolfo Hitler; su Reich de mil años tuvo una duración breve y sangrienta de doce años. Es manifiesto que tampoco es el mundo de Joseph Stalin; ese mundo espantoso se autodestruyó ante nuestros ojos. Tampoco es el mundo de Winston Churchill... El mundo en que vivimos es el mundo de Franklin Roosevelt».[3] Sin Churchill e Inglaterra, toda Europa hubiera caído. Sin Roosevelt y Estados Unidos, tal vez nunca se habría recuperado la libertad. Pero ni siquiera Adolfo Hitler y su ejército del Tercer Reich pudieron permanecer contra dos líderes dedicados a la Ley de la Victoria.

LOS GRANDES LÍDERES ENCUENTRAN LA FORMA DE GANAR

En momentos de presión, los grandes líderes dan lo mejor de sí.

Lo que hay dentro de ellos sale a flote y funciona a favor o en contra de ellos. En 1994, Nelson Mandela fue elegido presidente de Sudáfrica. Fue una victoria grandiosa para el pueblo de ese país, pero esta tomó largo tiempo.

El camino a esa victoria fue empedrado con veintisiete años de la propia vida de Mandela, quien fue puesto en prisión. Mientras tanto, hacía todo lo necesario para dar un paso más hacia la victoria. Se unió al Congreso Nacional Africano, el cual fue declarado una organización ilegal. Organizó protestas pacíficas. En secreto viajó al exterior para tratar de

En momentos de presión, los grandes líderes dan lo mejor de sí. Lo que hay dentro de ellos sale a flote.

obtener apoyo. Cuando fue necesario, fue a juicio, y aceptó con dignidad y valentía la sentencia de prisión. Cuando llegó el momento apropiado, negoció cambios en el gobierno con F. W. de Klerk. Mandela se ha esforzado por alcanzar una victoria duradera que cause sanidad al país. Se describe a sí mismo como «un hombre sencillo que se ha convertido en líder debido a circunstancias extraordinarias».[4] Yo digo que es un líder que llegó a ser extraordinario por la fuerza de su carácter y su dedicación a la victoria a causa de su pueblo. Mandela encontró una manera de ganar y eso es lo que los líderes hacen por su gente.

PUEDE VERLA TODOS LOS DÍAS

Los mejores líderes se siente impulsados a enfrentar un desafío y a hacer todo lo que puedan para lograr la victoria de su gente. Desde su perspectiva:

El liderazgo es responsabilidad.

Perder es inaceptable.

La pasión es insaciable.

La creatividad es esencial.

Renunciar es impensable.

El compromiso es indudable.

La victoria es inevitable.

Con esta mentalidad, ellos adoptan la visión y enfrentan los retos con la pasión de llevar a su gente a la victoria.

Fácilmente se puede ver la Ley de la Victoria en acción en las gestas deportivas. En otras áreas de la vida, los líderes hacen tras bastidores la mayor parte de su trabajo, y usted nunca llega a verlo. Pero en un juego de pelota se puede ver al líder mientras trabaja para alcanzar la victoria. Cuando suena el silbato final o se registra el último «fuera», se sabe bien quién ganó y por qué. Los juegos tienen resultados inmediatos que pueden medirse.

Cuando de la Ley de la Victoria se trata, uno de los mayores líderes deportivos en el baloncesto es Michael Jordan. Este es un atleta extraordinario, pero también es un líder excepcional. Vive y respira cada día la Ley de la Victoria. Cuando el juego está en peligro, Jordan encuentra la forma de que su equipo gane. Su biógrafo, Mitchell Krugel, dice que la tenacidad y la pasión de Jordan por la victoria son evidentes en todos los aspectos de su vida. La aplica aun en las prácticas de los Bulls. Krugel explica:

En las prácticas de los Bulls, los iniciadores eran conocidos como el equipo blanco. Los otros cinco usaban uniforme rojo. Desde el primer día, Loughery [antiguo entrenador de los Bulls] ponía a Jordan a jugar con el equipo blanco. Con Jordan y [su compañero de equipo] Woolridge, el equipo blanco fácilmente iba a la cabeza con puntuaciones de 8-1 ó 7-4 en juegos de 11 puntos. El perdedor de estos juegos tenía que correr «sprints» [carreras alrededor de la cancha] extra después de la práctica. Más o menos en ese momento de la práctica, Loughery cambiaba a Jordan al equipo rojo. Y con frecuencia el equipo rojo terminaba ganando.[5]

Jordan mostró la misma clase de tenacidad cada vez que entró en la cancha. Al principio de su desempeño como jugador profesional, Jordan dependía mucho de su talento y esfuerzo personales para ganar los juegos. Pero conforme maduraba, fue prestando más atención a ser un líder y ayudar a todo el equipo a jugar mejor. Jordan piensa que mucha gente ha pasado esto por alto. Una vez dijo: «Eso es lo que todo el mundo mira cuando yo no participo en uno de los juegos. ¿Podrán ganar sin mí?... ¿Por qué nadie pregunta por qué, o qué contribución hago yo que hace la diferencia? Apuesto que nadie diría que al equipo le hizo falta mi liderazgo o mi capacidad de mejorar a mis compañeros». Sin embargo, eso es exactamente lo que hace Jordan. Los líderes siempre encuentran una forma de que el equipo gane.

Encontrar la forma de ayudar a su equipo a ganar ha sido el distintivo de muchos jugadores de básquetbol sobresalientes del pasado. Por ejemplo, un jugador como Bill Russell, centro de Boston, medía su juego por la ayuda que daba a todo el equipo para que este jugara mejor. Y el resultado fue la cantidad extraordinaria de once títulos de la NBA [National Basketball Association: Asociación Nacional de Baloncesto]. El guarda de los Lakers, Magic Johnson, que fue escogido tres veces como el jugador más valioso de la NBA y ganó cinco campeonatos, era un anotador sobresaliente, pero su contribución principal fue su capacidad de dirigir el equipo y poner la bola en manos de sus compañeros. Larry Bird, quien hacía que las cosas sucedieran en los Celtics de Boston en el decenio de los ochenta, es extraordinario porque fue ejemplo de la Ley de la Victoria, no sólo como jugador, sino también posteriormente como entrenador de los Pacers de Indiana. Cuando estaba jugando en Boston, fue nombrado el novato del año, fue elegido tres veces jugador más valioso, y llevó a su equipo a tres campeonatos de la NBA. En su primer año con los Pacers, fue nombrado entrenador del año después de dirigir a su equipo para lograr un récord de 58-24, el mejor porcentaje de juegos ganados en la historia de la franquicia.

Los buenos líderes encuentran la forma de que sus equipos ganen. Esa es la Ley de la Victoria. El deporte en sí no es lo importante. Michael Jordan, Magic Johnson, y Larry Bird lo hicieron en la NBA. John Elway lo hizo en el fútbol americano, llevando a su equipo a más victorias en el último cuarto del juego que ningún otro mariscal de campo en la historia de la NFL. Pelé lo hizo en el balompié, ganando un número sin precedentes de tres Copas Mundiales para Brasil. Los líderes encuentran la forma de que sus equipos tengan éxito.

TRES COMPONENTES DE LA VICTORIA

Sea que observe un equipo deportivo, un ejército, una empresa, o una organización no lucrativa, la victoria es posible siempre que tenga los siguientes tres componentes.

1. UNIDAD DE VISIÓN

Los equipos sólo alcanzan éxito cuando los jugadores tienen una visión unificada, independientemente de cuánto talento o potencial haya. Un equipo no gana el campeonato si los jugadores tienen planes diferentes. Esto se aplica al deporte profesional; es cierto en los negocios y en las organizaciones sin fines de lucro.

Aprendí esta lección en la escuela de bachillerato cuando cursaba el penúltimo año y formaba parte del equipo de baloncesto. Teníamos un grupo de jóvenes muy talentosos y habíamos sido seleccionados para jugar en el campeonato estatal, pero teníamos un problema. Los estudiantes del último año y los del penúltimo se negaban a jugar juntos. La situación se volvió tan difícil, que al final el entrenador tuvo que dividirnos en dos equipos diferentes para los juegos: un equipo de los del último año y otro de los del penúltimo año. El equipo obtuvo pésimos resultados. ¿Por qué? No compartíamos una misma visión.

Un equipo no gana el campeonato si los jugadores tienen planes diferentes.

2. DIVERSIDAD DE DESTREZAS

Casi no hay ni que decir que el equipo necesita diversidad de destrezas. ¿Puede imaginar un equipo de hockey formado únicamente de goleadores? ¿O un equipo de fútbol americano integrado sólo por mariscales de campo? ¿Y qué tal un negocio donde todos los empleados sean vendedores o todos contadores? ¿Qué tal una organización sin fines de lucro donde todos son recaudadores de fondo? ¿O sólo estrategas? No tiene sentido. En la misma forma, para tener éxito, las organizaciones necesitan diversos talentos, en los que cada jugador cumple con su parte. Algunos líderes sufren problemas en esta área. De hecho, yo solía ser uno de ellos. Me avergüenza decir que hubo un tiempo en mi vida cuando yo pensé que si las personas fueran más como yo era, tendrían éxito. Ahora soy más sabio y comprendo que cada persona tiene algo que contribuir. Somos similares a las partes del cuerpo humano. Si deseamos que ese cuerpo realice su mejor trabajo, necesitamos que *todas* sus partes, hagan su función.

Reconozco que cada persona de mi equipo contribuye utilizando sus propios talentos únicos y yo expreso mi aprecio por ellos. Entre más nuevo sea su rango de liderazgo y más fuerte su habilidad para ello, más probabilidades tendrá de pasar por alto la importancia de los demás en su equipo. No caiga en esa trampa.

3. UN LÍDER DEDICADO A LA VICTORIA Y A EXPLOTAR EL POTENCIAL DE LOS JUGADORES

Es cierto que es importante tener jugadores con diversas destrezas. Como dice Lou Holtz, antiguo entrenador del equipo de fútbol norteamericano de Notre Dame: «Usted debe tener grandes atletas para ganar, no importa quién sea el entrenador. No se puede ganar sin buenos atletas, pero se puede perder con ellos. Es allí donde el entrenador marca la diferencia». En otras palabras, también se necesita del liderazgo para obtener la victoria.

La unidad en la visión no sucede espontáneamente. Los jugadores indicados con la adecuada diversidad de talentos no llegan por cuenta propia. Se necesita que un líder haga estas cosas, se necesita que un líder imparta la motivación, otorgue los poderes, y la dirección necesaria para ganar.

LA LEY DE LA VICTORIA ES SU NEGOCIO

Una de las historias de gran éxito más notables que he escuchado es la de Southwest Airlines y Herb Kelleher, a quien mencioné en el capítulo de la Ley de la Conexión. Su historia es un ejemplo admirable de la Ley de la Victoria en acción. Hoy Southwest se ve como una fuente de energía con todo a su favor.

Domina el mercado de las rutas en las que vuela. La compañía se halla en una curva de crecimiento estable, y sus acciones se desenvuelven muy bien. De hecho, es la única línea de servicio aéreo que ha obtenido ganancias todos los años desde 1973, y la única que ha prosperado tras los acontecimientos del 11 de septiembre.·

A los empleados les encanta trabajar allí. La rotación de los mismos es muy baja, y se considera que la compañía tiene la fuerza laboral más productiva en la industria. Es sumamente popular entre los clientes; consecuentemente Southwest tiene una posición superior en lo que respecta al servicio al cliente. Ha mantenido el índice más bajo de quejas por servicio al cliente en total en la industria desde 1987. [6]

> *«Usted debe tener grandes atletas para ganar, no importa quién sea el entrenador. No se puede ganar sin buenos atletas, pero se puede perder con ellos. Es allí donde el entrenador marca la diferencia».*
> —Lou Holtz

Al ver la posición actual de Southwest, usted no sospecharía que su inicio no fue nada fácil. El hecho de que la compañía exista hoy es un testimonio de la Ley de la Victoria. La aerolínea fue iniciada en 1967 por Rolling King, propietario de un servicio de transporte aéreo en Texas; John Parker, un banquero; y Herb Kelleher, un abogado. Pero les tomó cuatro años despegar su primer avión. Apenas la compañía obtuvo la personalidad jurídica, Braniff, Trans Texas, y Continental Airlines trataron de sacarla del mercado. Por poco lo hacen. Hubo varios litigios, y un hombre, más que ningún otro, libró esta batalla personalmente: Herb Kelleher. Cuando el capital inicial se agotó, y parecía que habían sido derrotados, la junta directiva quiso rendirse. Sin embargo, Kelleher dijo: «Luchemos con ellos un asalto más. Yo seguiré representando a la compañía en el tribunal, pospondré todos los honorarios legales y pagaré de mi propio bolsillo hasta el último centavo de los costos legales». Cuando el caso llegó al Tribunal Supremo de Justicia de Texas, estos hombres ganaron y pudieron poner a volar su primer avión.

Cuando las cosas comenzaron a marchar, la Southwest contrató al experimentado líder de aerolíneas Lamar Muse como su nuevo jefe principal. Él, a su vez, empleó a los mejores ejecutivos que pudo encontrar. Otras aerolíneas seguían tratando de sacarlos del mercado, pero Kelleher y Muse siguieron peleando en el tribunal y en el mercado. Cuando tuvieron problemas para que sus aviones pudieran volar desde Houston, y hacia Houston, la Southwest comenzó a volar al Aeropuerto Hobby de Houston, que era mucho más accesible a los pasajeros debido a su cercanía al centro de la ciudad. Cuando todas las aerolíneas principales se mudaron al nuevo aeropuerto Dallas-Fort Worth, Southwest siguió volando al conveniente Love Field. Cuando la compañía tuvo que vender uno de sus cuatro aviones para sobrevivir, los ejecutivos idearon la forma de que sus aviones no permanecieran en tierra por más de diez minutos entre los vuelos. Así la Southwest podía mantener sus rutas y sus horarios. Y cuando no pudieron idear ninguna otra forma de llenar sus aviones, fueron los primeros en ofrecer precios de temporada alta y temporada baja, lo cual ofrecía a los viajeros que iban en viaje de placer un enorme alivio en el costo de pasajes aéreos.

A través de todo esto, Kelleher siguió peleando y ayudó a mantener con vida a Southwest. En 1978, siete años después de haber ayudado a la compañía a poner en el aire su primera pequeña flota, se convirtió en el presidente de la junta directiva y jefe principal. Hoy sigue luchando y encuentra formas de que la compañía triunfe. Y observe el gran éxito de la misma:

Southwest Airlines ayer y hoy

	1971[7]	2006[8]
Tamaño de la flota	4	468
Empleados al final del año	195	30,000+
Clientes transportados	108,000	88.4 millones
Ciudades servidas	3	51
Promedio de vuelos diarios	17	3,100+
Capital de los accionistas	$3.3 millones	$6.68 billones[9]
Total de bienes disponibles	$22 millones	$14.2 billones

La vicepresidenta administrativa de Southwest, Colleen Barrett, lo resume así: «La mentalidad de guerreros, la lucha misma por sobrevivir, es lo que verdaderamente creó nuestra cultura».[10] Kelleher y Southwest no sólo tienen el deseo de sobrevivir, sino también de ganar. Los líderes que aplican la Ley de la Victoria creen que cualquier cosa que no sea el éxito es inaceptable. No tienen un plan B, o segundo plan. Eso los mantiene luchando y es por eso que ¡siguen ganado!·

¿Cuál es su nivel de expectativa en lo referente al éxito de su organización? ¿Cuánta dedicación tiene para ganar su «juego»? ¿Tendrá en su esquina la Ley de la Victoria mientras pelea, o cuando esta se vuelva difícil va a tirar la toalla?

> *Los líderes que aplican la Ley de la Victoria no tienen un plan B. Eso los mantiene luchando.*

Su respuesta a esta pregunta puede determinar si tendrá éxito o si fracasará como líder, y si su equipo gana o pierde.

Aplique
LA LEY DE LA VICTORIA
a su vida

---

1. El primer paso para practicar la Ley de la Victoria es responsabilizarse del éxito de su equipo, departamento u organización. Debe convertirse en algo personal. Su compromiso debe ser mayor que el de los miembros de su equipo, su pasión debe ser muy grande y su dedicación debe ser incuestionable.

¿Demuestra usted actualmente esa clase de compromiso? Si no es así, necesita examinarse y determinar si ese compromiso se encuentra en usted. Si en su búsqueda personal no puede convencerse de dar esa clase de compromiso, probablemente una de las siguientes tres cosas es cierta:

- Está buscando la visión equivocada.
- Se encuentra en la organización equivocada.
- No es el líder de ese trabajo.

Tendrá que realizar ajustes adecuadamente.

2. Si usted desea dirigir su equipo a la victoria, podrá lograrlo solamente si tiene el personal adecuado en su equipo. Piense cuáles son las cualidades necesarias para lograr sus metas. Escríbalas en un papel. Ahora compare esa lista con los nombres del personal de su equipo. Si encuentra que existen funciones que nadie de su equipo realiza, necesita añadirle miembros o capacitar a los que ya tiene.

3. El otro componente crucial para dirigir su equipo a la victoria es la unidad de la visión. Realice una pequeña investigación de lo que realmente les importa a los miembros de su equipo. Pregúnteles a ellos

lo que quieren alcanzar personalmente y pídales que escriban el propósito o la misión del equipo, departamento u organización. Si obtiene una diversidad de respuestas, usted necesita esforzarse en comunicar una visión clara, creativa y continua hasta que todos caminen al mismo ritmo. Además debe trabajar con cada miembro del equipo para mostrarle cómo las metas personales pueden alinearse con las metas generales del equipo.

16

~~~

LA LEY DEL
GRAN IMPULSO

El impulso es el mejor amigo de un líder

Si usted tiene toda la pasión, los instrumentos y las personas que necesita para lograr una gran visión, pero aun asi no puede hacer que su organización se mueva y vaya en la dirección correcta, su liderazgo en este momento está muerto. Si usted no puede hacer que las cosas caminen, no tendrá éxito. ¿Qué necesita hacer en tales circunstancias? Necesita observar la Ley del Gran Impulso y aferrarse al poder del mejor amigo de líder: el impulso.

COMIENCE DESDE CERO

Si alguna vez ha existido una persona con talento y visión, esta persona era Ed Catmull. Cuando era niño, Catmull creció deseando ser un animador y realizador de películas. Pero cuando fue a la universidad, se dio cuenta de algo: él no era lo suficientemente bueno. Rápidamente cambió su enfoque hacia la física y la ciencia de la informática, obteniendo su título en cada una de esas ramas. Después de trabajar unos cuantos años para Boeing, decidió volver a estudiar y se inscribió en un nuevo campo dentro de la ciencia de la informática: la computación gráfica. Allí descubrió que él podía dibujar con la ayuda de una computadora. Eso hizo que su sueño de realizar películas reviviera. Antes de obtener su doctorado en 1974, Catmull comenzó a desarrollar programas computacionales innovadores y buscaba oportunidades para realizar películas generadas por computadora.

En 1979, George Lucas contrató a Catmull para que se encargara de la división de computación gráfica de Lucasfilm Ltd. Durante los siguientes siete años, Catmull contrató unos de los mejores técnicos del país tales como John Lasseter, que había trabajado anteriormente para Disney. El grupo de Catmull entró en un nuevo terreno, tecnológicamente hablando y produjo obras increíbles, tales como la secuencia «Génesis» en la película *Star Trek II: La ira de Khan*. Sin embargo, el departamento resultó ser muy costoso para mantenerlo. Catmull intentó convencer a Lucas de hacer películas generadas por computadora, pero la tecnología todavía estaba en las primeras etapas y era demasiado caro. Lucas decidió vender ese departamento. En 1986, Steve Jobs lo compró, pagando cinco millones de dólares por la compañía y otros cinco millones que invirtió en ella. El nombre de la compañía es Pixar.

PASOS DE BEBÉ

Aun cuando fue difícil para esa compañía crear ganancias, Pixar comenzó realizando pequeñas películas para demostrar el poder de su tecnología. La primera se llamó: *Luxo Jr.* Mostraba dos lámparas de escritorio animadas interactuando como lo harían un padre y un hijo. Normalmente durante esa época, después de mostrar una película de animación computarizada, los directores contestaban preguntas hechas por expertos en la industria que vieron la película, acerca de algoritmos o del programa de computación utilizado. Catmull y Lasseter supieron que habían dado un paso significativo cuando una de las primeras preguntas que recibieron fue si la lámpara «padre» era la madre o el padre. Fue allí que se dieron cuenta que habían logrado una conexión con su audiencia y que tuvieron éxito al contar una historia, no sólo en demostrar su nueva tecnología. Lasseter dice:

No teníamos dinero, computadoras, personal ni tiempo para hacer esos movimientos de cámara veloces y extravagantes, los trazos ostentosos y otras cosas que se realizaban en ese tiempo. Sencillamente no teníamos tiempo. La cámara no se movió y no tuvimos un fondo en la pantalla pero hizo que la audiencia se enfocara en lo que realmente era importante, la historia y los personajes. Así que por primera vez, una película estaba entreteniendo a las personas porque estaba hecha con animación computarizada.[1]

Luxo Jr. fue tan buena que fue nominada para recibir un premio de la academia. Sin embargo, Catmull y su equipo necesitaban mucho más tiempo para lograr su sueño de crear una película de larga duración. El desafío más grande de la compañía en ese momento era sobrevivir. Pixar continuaba desarrollando tecnología. La compañía siguió obteniendo reconocimientos y recibiendo premios, incluyendo su primer Oscar en 1989. Para poder pagar las cuentas, el equipo comenzó a realizar comerciales animados de computación. (Quizás haya visto aquel comercial de una botella de Listerine boxeando. Ese comercial fue un trabajo de Pixar.) Pero le era difícil a Pixar obtener ese impulso significativo. La compañía seguía caminando pero a paso lento.

FINALMENTE, ALGO DE CREDIBILIDAD

Entonces en 1991, debido a la credibilidad que Pixar se había ganado, recibió una oportunidad significativa. Los líderes pensaron que la compañía estaba preparada para el siguiente paso, crear un programa de televisión de una hora. Lasseter fue a Disney, la compañía donde trabajaba antes, a venderles la idea. La respuesta lo sorprendió. Disney le ofreció un contrato para crear tres películas de larga duración utilizando animación computarizada. Disney daría los fondos y distribuiría los proyectos. Pixar los crearía y recibiría un porcentaje de las ganancias.

Pixar tuvo la oportunidad de cumplir la visión de Catmull, pero la compañía todavía estaba a una gran distancia de realizarla. La compañía comenzó a trabajar en lo que luego sería: *Toy Story*, pero el equipo tuvo dificultades con los personajes y la trama. Disney presionó a Lasseter para que hiciera personajes más realistas, pero eso hacía que no fueran atractivos. Después de dos años de trabajo, el jefe del departamento de animación de Disney les dijo: «no importa cuánto traten de arreglarla, no está funcionando»[2]. Lasseter rogó que Disney no terminara el contrato y les diera otra oportunidad de resolver el problema. «Todo el grupo se reunió, no dormíamos pero logramos hacer la primera parte de la trama de *Toy Story* en dos semanas», recuerda Lassetter. «Cuando la enseñamos a Disney, quedaron asombrados».[3]

Toy Story continuaba avanzando. Pixar necesitó cuatro años para realizar la película. Mientras tanto, otros estudios estaban utilizando la tecnología que Catmull y su equipo habían desarrollado y estaban produciendo películas como *Jurasic Park* y *Terminator 2*. «Era frustrante para nosotros», dice Catmull, «porque estábamos ocupados realizando esta película para Disney y los demás estaban recibiendo el mérito de esas otras películas. ¡Aunque nosotros habíamos diseñado el software que ellos utilizaban!»[4]

Pese a que el resto del mundo no le estaba viendo todavía, Pixar estaba comenzando a desarrollar impulso. Cuando la película *Toy Story* salió en noviembre de 1995 la realidad era obvia. Cuatro años atrás cuando se hizo el contrato con Disney, el ejecutivo de Pixar, Steve Jobs estimó que si la primera película de esta clase lograba obtener $75 millones en ganancias, al menos quedarían sin deudas. Si lograba obtener 100 millones, ambas compañías obtendrían dinero. Pero si se convertía en éxito y ganaba más de 200 millones de dólares, ambas compañías ganarían muchísimo dinero».[5] Muy pocas personas hubieran predicho que esa película obtendría ganancias de 192 millones de dólares en Estados Unidos y 362 millones alrededor del mundo.[6]

Desde ese momento, el impulso de Pixar ha sido fuerte y sigue creciendo. La organización ha ganado diecisiete premios Oscar además de cuarenta y dos patentes.[7] y desde que salió *Toy Story*, la compañía ha producido grandes éxitos: *A Bug's Life, Toy Story 2, Monsters Inc, Finding Nemo, The Incredibles* y *Cars*. Estas películas a nivel mundial han obtenido una ganancia mayor a los 3,670 millones de dólares.[8]

UN GIRO

Irónicamente, mientras que Pixar estaba obteniendo impulso, Disney, la compañía que le ayudó a obtenerlo, estaba perdiéndolo. El departamento de animación de Disney estaba pasando por momentos difíciles. Su última película significativa fue *Lilo y Stitch* en el año 2002. Y había producido tres películas muy caras, *Atlantis, Treasure Planet* y *Home on the Range*. ¿Cómo podría Disney volver a ganar impulso? Bob Iger, quien se convirtiera en el presidente y director ejecutivo de Disney en octubre de 2005, sabía cómo hacerlo. Él compró Pixar. Las personas que Disney había ayudado, ahora le ayudaban a Disney. Catmull se convirtió en el presidente del departamento de animación de Disney y Lasseter en el jefe del departamento de creatividad. «Disney ha tenido dos momentos de apogeo», dice Catmull. «Vamos a lograr un tercero».[9]

¿Y qué hay de Pixar? Continuará funcionando bajo el cuidado de Catmull y Lasseter. Cuando uno llega a tener un gran ímpetu, desea que nada se entrometa. Después de todo, el impulso es el mejor amigo del líder.

VERDADES ACERCA DEL IMPULSO

¿Por qué digo que el impulso es el mejor amigo del líder? Porque muchas veces es la única diferencia entre ganar y perder. Cuando no hay impulso, aun las labores más sencillas parecen problemas insuperables. La moral disminuye. El futuro se ve oscuro. Una organización sin impulso es como un tren sin vías. No se puede seguir adelante.

> *¿Por qué digo que el impulso es el mejor amigo del líder? Porque muchas veces es la única diferencia entre ganar y perder.*

Por otro lado, si usted tiene el impulso de su lado, el futuro se ve prometedor, los obstáculos parecen pequeños, y el problema se percibe como algo temporal. Una organización con impulso es como un tren que se mueve a sesenta millas por hora. Aunque se construyera una pared de concreto reforzada con acero en las vías del tren, el tren la despedazaría.

Si usted desea que su organización, su departamento, o equipo triunfen, debe aprender la Ley del Impulso y aprovecharla al máximo en su organización. Las siguientes son algunas cosas acerca del impulso que necesita saber:

1. EL IMPULSO ES LA MEJOR PALANCA DE EXAGERACIÓN

La Ley del Impulso se ve fácilmente en los deportes porque los cambios ocurren en pocas horas ante nuestros ojos. Cuando un equipo logra obtener impulso, todas las jugadas parecen funcionar, todos los lanzamientos parecen anotar, todos los equipos parecen hacer las cosas bien. Lo opuesto también es cierto. Cuando un equipo está estancado, no importa que tanto se esfuercen, o cuántas soluciones intenten, nada parece funcionar. El impulso es como una lupa. Hace que las cosas se vean más grandes de lo que son. Por eso yo le llamo la mejor palanca de exageración. Y esa es una de las razones por la cual los líderes se esfuerzan tanto en controlar el impulso.

Ya que el impulso tiene un gran impacto, los líderes intentan controlarlo. Por ejemplo, en los juegos de básquetbol, cuando el equipo contrario comienza a anotar puntos y a

El impulso es como una lupa. Hace que las cosas se vean más grandes de lo que son.

desarrollar el impulso, un buen entrenador pide tiempo. ¿Por qué? Está intentando detener el impulso del otro equipo antes de que sea demasiado tarde. Si no lo hace, su equipo probablemente perderá el juego.

¿Cuándo fue la última vez que usted escuchó a un equipo que estaba en la cúspide del triunfo de un campeonato quejarse de las lesiones? ¿O analizar la habilidad del equipo? ¿O volver a pensar en una nueva estrategia? Eso no sucede. ¿Es porque ninguno está lesionado o todo va bien? No. Sucede porque el triunfo se exagera con el impulso. Cuando uno tiene el impulso, no se preocupa por los pequeños problemas y muchos de los problemas grandes parecen resolverse por sí solos.

2. EL IMPULSO HACE QUE LOS LÍDERES SE VEAN MEJOR DE LO QUE SON

Cuando los líderes tienen el impulso de su lado, la gente piensa que son genios. Pasan por alto las deficiencias. Se olvidan de los errores que los líderes han cometido. El impulso cambia la perspectiva desde la cual la gente ve a los líderes. A las personas les gusta asociarse con los ganadores.

Los líderes jóvenes con frecuencia no reciben tanto mérito como merecen. Por lo general, estimulo a los líderes jóvenes para que no se desanimen. Cuando los líderes son nuevos en sus carreras, no tienen ningún impulso todavía y por lo general no reciben ningún mérito. Los líderes experimentados piensan que los jóvenes no saben nada al respecto. Una de las razones por las cuales John Lasseter fue sacado de Disney era porque tenía muchas ideas y los ejecutivos de Disney, quienes habían sido animadores anteriormente, no querían que él fuera tan rápido. Lasseter recuerda que uno de los ejecutivos le dijo: «Cállate y haz tu trabajo por los próximos veinte años y entonces quizás te escucharemos». Lasseter sabía más que ellos.

Una vez que un líder crea triunfo para su organización y desarrolla impulso en su carrera, entonces las personas le dan más mérito del que merece. ¿Por qué? Debido a la Ley del Impulso. El impulso exagera el éxito de un líder y lo hace verse mejor de lo que realmente es. Puede que no parezca justo, pero así es.

Por muchos años he intentado añadirles valor a las personas. Después de escribir cincuenta libros y cien elecciones sobre liderazgo y el éxito, he obtenido mucho impulso. Todo lo que hago para darles valor a las personas parece incrementarse de manera positiva. Por lo general, digo que cuando comencé mi carrera, no era tan malo como las personas pensaban. Actualmente, no soy tan bueno como las personas me lo acreditan. ¿Cuál es de diferencia? ¡El impulso!

3. El impulso ayuda a los seguidores a desempeñarse mejor de lo que son

Cuando el liderazgo es fuerte y hay impulso en una organización, la gente es motivada e inspirada a desempeñarse en niveles más altos. Llegan a ser más eficaces de lo que esperaban. Si recuerda el equipo olímpico de hockey de Estados Unidos de 1980, sabe de lo que hablo. El equipo era bueno, pero no lo suficiente como para ganar la medalla de oro. Pero la ganó. ¿Por qué? Porque mientras se encaminaba hacia el juego por el campeonato, ganó juego tras juego contra equipos invencibles. El equipo obtuvo tanto impulso, que se desempeñó por encima de sus capacidades.

Hasta las personas promedio pueden desempeñarse mucho más allá de la norma en una organización que tiene un gran impulso.

Después de ganar a los rusos, nada le pudo impedir regresar a casa con la medalla de oro.

Lo mismo sucede en los negocios y en las organizaciones de voluntarios. Cuando una organización tiene un gran impulso, todos los participantes son más exitosos. Si usted ve líderes (especialmente líderes en los niveles medios) que han tenido un gran éxito en una organización con impulso y luego se van de la organización para darse cuenta que su actuación se convierte en algo normal, sabe que la Ley del Impulso estaba funcionando. Hasta las personas promedio pueden desempeñarse mucho más allá de la norma en una organización que tiene un gran impulso.

4. Es más fácil conducir el impulso que iniciarlo

¿Ha practicado alguna vez el esquí acuático? Si lo ha practicado, sabe que es más difícil levantarse sobre el agua que maniobrar una vez que se ha levantado. Recuerde la primera vez que esquió. Antes de levantarse, el bote lo iba arrastrando, y es posible que haya pensado que sus brazos no iban a aguantar mientras el agua le inundaba el pecho y la cara. Tal vez creyó por un momento que ya no podría sostener más la cuerda, pero entonces la fuerza del agua sacó sus esquís a la superficie, y así comenzó a esquiar. En ese punto pudo girar con un cambio ligero de peso de un pie al otro. Así funciona el impulso del liderazgo. Comenzar es una lucha, pero una vez que está en movimiento, realmente puede empezar a hacer algunas cosas sorprendentes.

5. El impulso es el agente de cambio más poderoso

La historia de Pixar es un gran ejemplo del poder del impulso. Hizo que la organización pasara de ser una compañía sin fondos y sin personal a una compañía de entretenimiento poderosa. Durante sus primeros días antes de tener impulso, la compañía consideraba convertirse en una proveedora de productos de soporte físico para las compañías médicas donde ellas pudieran acceder y almacenar imágenes de resonancia magnética (MRI) por medio de las computadoras. De haber sucedido esto, la organización habría perdido a su gente más talentosa y productiva. En lugar de eso, se transformó en una organización que le está enseñando a Disney, el padre de las películas animadas, cómo volver a obtener su antigua gloria.

> Se necesita un líder para crear impulso.

Si se le da el suficiente impulso, casi cualquier clase de cambio es posible en una organización. Las personas desean estar en el vagón de los ganadores. Los seguidores confían en líderes que tienen un historial comprobado y aceptan los desafíos de las personas que los han dirigido a la victoria antes. El impulso hace que la victoria sea algo alcanzable.

6. El impulso es la responsabilidad del líder

Se necesita un líder para crear impulso. Los seguidores pueden captarlo. Los buenos administradores pueden usarlo para su propio provecho una vez que ha comenzado. Todos pueden disfrutar los beneficios que el impulso trae. Pero *crear* impulso requiere de una persona que tenga visión, que pueda reunir a un buen equipo y que pueda motivar a los demás. Si el líder está buscando que alguien lo motive, entonces la organización tiene dificultades. Si el líder está esperando que la organización desarrolle impulso por sí sola, la organización está en dificultades. Es la responsabilidad del líder crear impulso y mantenerlo. El presidente de Estados Unidos, Harry Truman dijo una vez: «Si usted no puede aguantar el calor, sálgase de la cocina». Para los líderes la declaración debería ser: «Si usted no puede *hacer* calor, sálgase de la cocina».

7. El impulso comienza dentro del líder

El impulso comienza dentro del líder. Comienza con la visión, la pasión y el entusiasmo. Comienza con la energía. La escritora motivadora

Eleanor Doan comentó: «No se puede encender un fuego en otro corazón si el suyo no está ardiendo».

Si usted no cree en la visión ni la busca de manera entusiasta, haciendo lo que pueda para realizarla, entonces no podrá obtener las pequeñas ganancias que se necesitan para hacer que la pelota empiece a rodar. Sin embargo,

> *«No se puede encender un fuego en otro corazón hasta que el suyo no se encuentre ardiendo».*
> —Eleanor Doan

si ejemplifica el entusiasmo a su personal día tras día, si atrae personas como usted a su equipo, departamento u organización y las motiva para alcanzar la victoria, podrá ver progreso. Una vez que lo haga, comenzará a generar impulso. Si usted es sabio valorará el impulso por lo que es: el mejor amigo del hombre. Una vez que lo tiene, uno puede hacer casi cualquier cosa. Ese es el poder del impulso.

MUEVA LO INMOVIBLE

De todos los líderes que conozco, los que más se frustran son aquellos que quieren progresar y desarrollar impulso en las organizaciones burocráticas. En esas organizaciones, las personas con frecuencia se limitan a un horario. Se han rendido y no quieren cambiar o no creen que sea posible.

Hace varios años vi una película titulada: *Con ganas de triunfar*. Tal vez usted la vio también. Es la historia verídica de un maestro llamado Jaime Escalante que trabajaba en la escuela de bachillerato Garfield, situada en el Este de Los Ángeles, California. La película se concentraba en la capacidad de Escalante como maestro, pero la historia en realidad es un estudio de la Ley del Gran Impulso.

La enseñanza, la motivación, y el liderazgo corrían en la sangre de Escalante aun desde su juventud, en su país natal Bolivia. Comenzó a ayudar a otros niños cuando estaba en la escuela primaria, y a desempeñarse profesionalmente como profesor de física antes de recibir su licenciatura. Poco tiempo después era conocido como el mejor maestro de la ciudad. Cuando tenía unos treinta años, Escalante y su familia emigraron a Estados Unidos. Trabajó varios años en un restaurante y luego en Russell Electronics. Aunque pudo seguir una profesión prometedora en Russell, regresó a la escuela y obtuvo una segunda licenciatura para poder enseñar en Estados Unidos. El deseo ardiente de Escalante era hacer una diferencia en la vida de la gente.

A la edad de cuarenta y tres años, la escuela de bachillerato Garfield lo empleó para enseñar ciencias de la informática, pero el primer día de clases se dio cuenta de que no había fondos para obtener computadoras. Como su título era en matemáticas, enseñaría matemáticas básicas. Decepcionado, fue en busca de su primer grupo, con la esperanza de que su sueño de hacer una diferencia no se le estuviese escapando entre los dedos.

COMBATA A LA MAREJADA DE IMPULSO NEGATIVO

El cambio de computación a matemáticas fue el menor de los problemas de Escalante. La escuela, que había estado tranquila durante su entrevista en el verano, ahora era un caos. No había disciplina, continuamente surgían peleas, y por todas partes había basura y graffiti. Los estudiantes vagaban por todo el edificio durante todo el día. Escalante descubrió que Alex Avilez, el liberal director de la escuela, en realidad fomentaba el reconocimiento de las pandillas dentro de las instalaciones. Avilez había decidido que los estudiantes miembros de pandillas debían recibir validación y más oportunidades de identificarse con la escuela. Motivó a dieciocho pandillas a colocar sus placas (letreros con el símbolo de la pandilla) en varios lugares de la escuela para que estos fueran sus lugares de reunión. Era la peor pesadilla de un maestro. ¿Cómo iba Escalante a poder hacer una diferencia en estas condiciones?

Casi todos los días pensaba en renunciar, pero su pasión por la enseñanza y su dedicación a mejorar la vida de sus estudiantes no le permitían darse por vencido. Sin embargo, al mismo tiempo reconocía que los estudiantes estaban condenados al fracaso si la escuela no cambiaba. Todos retrocedían rápidamente, y necesitaban algo que los hiciera avanzar. Cuando trajeron un nuevo director, las cosas comenzaron a cambiar para bien. Pero Escalante quería aun más. Él creía que la forma de mejorar la escuela era desafiar a los estudiantes mejores y más inteligentes por medio de una clase de cálculo que los prepararía para recibir una clase de nivel avanzado que les ayudara a obtener unidades de crédito universitarias. Algunos exámenes de nivel avanzado se habían hecho en español en la escuela. De vez en cuando, algún estudiante intentaba hacer un examen de física o historia. Pero el problema era que la escuela no tenía un líder con visión que retomara la causa. Fue allí donde Escalante surgió.

PEQUEÑOS COMIENZOS

En el otoño de 1978, Escalante organizó la primera clase de cálculo. Reuniendo a todos los candidatos que tal vez podrían responder a un curso de cálculo, de una población estudiantil de 3.500, sólo pudo encontrar catorce estudiantes. En las primeras clases les explicó lo que tendrían que hacer para prepararse con el propósito de tomar el examen a fin de año.

Al final de la segunda semana de clases, ya había perdido siete estudiantes, la mitad del grupo. Aun los que se quedaron no estaban bien preparados para comenzar a estudiar cálculo. Al final de la primavera, el grupo se había reducido a cinco estudiantes. Todos tomaron el examen en mayo, pero sólo dos aprobaron.

Escalante estaba decepcionado, pero se negó a darse por vencido, especialmente porque ya había obtenido cierto progreso. Sabía que si daba a los estudiantes unas cuantas victorias, crearía en ellos confianza, les daría esperanza, y podría ayudarlos a seguir adelante. Si necesitaban motivación, les ponía tareas extra, o retaba a uno de los atletas de la escuela a un partido de balonmano. (¡Escalante nunca perdía!) Si necesitaban ánimo, los llevaba al McDonald's como recompensa. Si se volvían perezosos, los inspiraba, los sorprendía, los divertía, y hasta los intimidaba. Y durante todo ese tiempo les daba el ejemplo de duro trabajo, dedicación a la excelencia, y lo que él llamaba *ganas*, deseo.

> *Los líderes siempre encuentran la forma de que sucedan las cosas.*

TODO COMIENZA CON UN PEQUEÑO PROGRESO

En el otoño, Escalante creó otra clase de cálculo, esta vez con nueve estudiantes. Al final del año, ocho tomaron el examen y seis aprobaron. Estaba progresando un poco más. Se regó la voz del éxito, y en el otoño de 1980, su grupo de cálculo era de quince estudiantes. Cuando estos tomaron el examen a fin de año, catorce aprobaron. Los pasos hacia adelante no eran muy grandes, pero Escalante podía ver que el programa estaba creando impulso.

El siguiente grupo de estudiantes, el cual sumaba dieciocho, fue el tema de la película *Con ganas de triunfar*. Al igual que sus predecesores, se esforzaron mucho para aprender cálculo; muchos llegaban a la escuela a las 7:00 A.M. todos los días, hora y media antes del inicio de clases. A menudo se quedaban hasta las 5:00, 6:00, o 7:00 P.M. Y aunque el servicio de exámenes educacionales (ETS) dudó la validez del primer examen, los estudiantes aceptaron volver a tomarlo; el porcentaje de estudiantes de Escalante aprobados fue cien por ciento.

Después de eso, el programa de matemáticas estalló. En 1983, el número de estudiantes que aprobaron el examen casi se duplicó, de dieciocho a treinta y uno. El año siguiente se volvió a duplicar, llegando a sesenta y tres. Y siguió creciendo. En 1987, ciento veintinueve estudiantes tomaron el examen, y ochenta y cinco por ciento recibió créditos universitarios. La escuela de bachillerato Garfield ubicada en el Este de Los Ángeles, que una vez había sido considerada el abismo del distrito, produjo veintisiete por ciento de los exámenes avanzados de cálculo, aprobados por estudiantes méxicoamericanos de todo Estados Unidos.

LA EXPLOSIÓN DEL IMPULSO

Todos los estudiantes de la escuela de bachillerato Garfield sintieron los beneficios de la Ley del Gran Impulso. La escuela comenzó a preparar a los estudiantes para otros exámenes avanzados. Con el tiempo, se comenzaron a dictar cursos avanzados de español, cálculo, historia, historia de Europa, biología, física, francés, gobierno, y ciencias de la informática.

En 1987, nueve años después de que Escalante encabezara el programa, los estudiantes de Garfield tomaron más de 325 exámenes avanzados. Y lo más increíble de todo es que Garfield tenía una lista de espera de más de cuatrocientos estudiantes, de áreas que estaban fuera de sus límites y que deseaban inscribirse. La escuela que una vez había sido el objeto de burla del distrito y que por poco perdió su reconocimiento oficial, se había convertido en una de las tres mejores escuelas localizadas en el centro de la ciudad, en todo el país.[10] Ese es el poder de la Ley del Gran Impulso.

Aplique
LA LEY DEL GRAN IMPULSO
a su vida

1. El impulso comienza dentro del líder y se distribuye desde allí. ¿Se ha responsabilizado por el impulso en su área de liderazgo? ¿Le apasiona su visión? ¿Muestra entusiasmo todo el tiempo? ¿Se esfuerza en motivar a los demás aun cuando usted no se siente así? Debe ejemplificar la actitud y la ética de trabajo que le gustaría que los demás tuvieran. Eso generalmente requiere lo que yo llamo *carácter de liderazgo*.

2. La motivación es el factor clave en desarrollar el impulso. El primer paso para desarrollar la motivación es remover aquellos elementos desmotivadores dentro de una organización. ¿Qué cosa dentro de su área de responsabilidad está causando que las personas pierdan su pasión y entusiasmo? ¿Cómo puede remover o al menos disminuir esos factores? Una vez que haya hecho eso, usted puede dar el siguiente paso, el cual es identificar y poner en funcionamiento elementos específicos que motiven a sus seguidores.

3. Para estimular el impulso, necesita ayudarle a su gente a celebrar sus logros. Desarrolle la práctica de honrar a la gente que hace que «la pelota se ponga en movimiento». Busqué elogiar el esfuerzo continuamente pero *gratifique* los logros. Entre más gratifique el éxito, su gente se esforzará más.

17

LA LEY DE LAS
PRIORIDADES

*Los líderes entienden que la actividad
no es necesariamente logro*

U n líder jamás crecerá hasta un punto en el que no necesite trazar
sus prioridades. Determinar prioridades es algo que los buenos
líderes siguen haciendo, sea que dirijan un grupo pequeño, pastoreen
una iglesia, dirijan una pequeña empresa, o una corporación de miles de
millones de dólares. Pienso que los buenos líderes intuitivamente saben
que eso es cierto. Sin embargo, no todos los líderes practican la disciplina de poner prioridades. ¿Por qué? Creo que hay varias razones.

Primero, cuando estamos ocupados, naturalmente creemos que
estamos yendo a algún lugar. Pero una ocupación no equivale a tener
productividad. La actividad no es necesariamente logro. Segundo, dar
prioridades requiere que los líderes continuamente piensen con anticipación, que sepan lo que es importante, lo que sigue, que puedan ver cómo
las cosas se relacionan con la visión general. Eso es algo difícil. Tercero,
dar prioridades nos hace hacer cosas que por lo menos son incómodas y
de vez en cuando sumamente dolorosas.

HORA DE REVALUAR LAS PRIORIDADES

Entiendo muy bien el dolor de revaluar prioridades por experiencia personal. En 1996, vivía en San Diego, que es uno de mis lugares favoritos del planeta. San Diego es una ciudad preciosa con uno de los mejores climas del mundo. Queda a diez minutos de la playa y a dos horas de las montañas de esquí. Tiene cultura, equipos deportivos profesionales, y muy buenos restaurantes. Y yo podía jugar al golf todo el año. ¿Por qué querría mudarme? Esperaba vivir allí el resto de mi vida. Era muy cómodo. Pero el liderazgo no se trata de comodidad, se trata del progreso.

Sin embargo, un día me senté a revaluar mis prioridades. En ese tiempo viajaba mucho en avión debido a mis compromisos como orador y a mi trabajo de consultoría. Me puse a pensar que por vivir en San Diego, me pasaba gran parte del tiempo viajando haciendo conexiones innecesarias. De modo que le pedí a Linda, mi ayudante, que calculara cuánto tiempo exactamente estaba consumiendo en esto, y lo que descubrí me dejó pasmado. En 1996, pasé veintisiete días viajando una y otra vez entre San Diego y Dallas sólo por las conexiones entre los vuelos. Esto me hizo darme cuenta que necesitaba sentarme y revaluar mis prioridades.·

Si iba a vivir en forma coherente con las prioridades que yo me había establecido, iba a tener que mudarme y a mi compañía a una de las ciudades centrales. Fue entonces cuando decidí considerar el traslado de mis compañías a una ciudad donde quedara la central de una aerolínea. Stephen Covey comentó: «Un líder es el que escala el árbol más alto, estudia toda la situación, y grita: "¡Selva equivocada!"» Me sentí igual cuando medité en lo que estábamos a punto de hacer.

> «*Un líder es el que escala el árbol más alto, estudia toda la situación, y grita: "¡Selva equivocada!"*».
> —STEPHEN COVEY

Finalmente nos establecimos en Atlanta, pues nos pareció la ubicación ideal. En primer lugar, en Atlanta se encuentran las centrales de varias aerolíneas importantes. Desde allí podríamos llegar al ochenta por ciento de Estados Unidos en un viaje de dos horas. Esto me daría tiempo extra en los años subsiguientes. En segundo lugar, el sitio es hermoso y ofrece excelentes oportunidades culturales, recreativas, y de entretenimiento. Sabía que la gente podría gozar de un buen nivel de vida. No sería algo sencillo, pero era algo necesario.

Han pasado diez años desde que nos mudamos. Si usted me preguntara sí valió la pena, le respondería con un enfático sí. Atlanta es un área buena para los negocios. El costo de vida es muy razonable comparado con otras ciudades grandes. Y lo más importante para mí y para los asesores que trabajan en mi compañía, los viajes se han vuelto más sencillos. La mayoría del tiempo puedo viajar, dar conferencias y regresar el mismo día. Como resultado, mi productividad ha aumentado enormemente. ¿Se imagina volver a tener veintisiete días de su vida cada año? En estos diez años, he calculado una ganancia de 270 días. Un año de trabajo normal para la mayoría de personas es de 250 días. Es como tener un año completo añadido al tiempo más productivo de mi vida. Y no hay nada como estar en casa con mi esposa al final del día en vez del cuarto de un hotel.

LAS TRES «R» (ERRES)

Los líderes no pueden arriesgarse a pensar dentro de un molde. A veces tienen que reinventar el molde o deshacerse de él. El autor y gran ejecutivo Max Depree dice: «La responsabilidad principal de un líder es definir la realidad». Eso requiere de la Ley de las Prioridades. Cuando usted es el líder, la responsabilidad es suya.

Cada año dedicó dos semanas en diciembre a revaluar mis prioridades. Analizo el horario del año anterior. Miro mis compromisos futuros.

Evalúo mi vida familiar. Pienso en mis objetivos. Miro el cuadro completo de lo que estoy haciendo para asegurarme que la forma en que estoy viviendo se alinea con mis valores y prioridades.

Uno de las pautas que utilizó durante este proceso es el Principio de Pareto. A través de los años he enseñado mucho este principio en conferencias sobre el liderazgo, y también lo explico en mi libro: *Desarrolle el líder que está en usted*. Esta es la idea: Si concentra su atención en las actividades que están en el veinte por ciento principal, recibirá un retorno del ochenta por ciento de su esfuerzo. Por ejemplo, si tiene diez empleados, debe dedicar el ochenta por ciento de su tiempo y atención a los dos mejores. Si tiene cien clientes, sus mejores veinte clientes lo proveerán del ochenta por ciento de su negocio. Si su lista de pendientes tiene diez elementos, los más importantes le darán un retorno del ochenta por ciento de su tiempo. Si no ha observado este fenómeno antes, compruébelo y verá que realmente funciona. Un año, conforme atravesaba por este proceso, me di cuenta que tenía que volver a enfocarme totalmente y reestructurar una de mis organizaciones.

> *«Muchas cosas atraen mi mirada, pero sólo unas cuantas atraen mi corazón».*
>
> —Tim Redmond

Otra pauta que deseo exponer es la pauta de las tres «R». Estas tres «R» corresponden a *requisito, retorno* y *recompensa*. Para ser eficaces, los líderes deben ordenar su vida sobre la base de las tres preguntas siguientes:

1. ¿Cuál es el requisito?

Todos somos responsables ante alguien: un jefe, una junta directiva, accionistas, u otras personas. También tenemos que ser responsables ante las personas importantes de nuestras vidas, tales como el cónyuge, los hijos y los padres. Por eso, su lista de prioridades debe comenzar siempre por lo que se requiere de usted.

La pregunta qué debo hacerme es: *¿Qué debo hacer que nadie puede o debe hacer por mí?* Entre más viejo me hago, la lista se ha vuelto más corta. Si estoy haciendo algo que no es necesario, debo eliminarlo. Si estoy haciendo algo que es necesario pero que no requiere mi participación personal, necesito delegarlo.

> *Los líderes deben salirse de su zona de comodidad para quedarse en su zona de fortaleza.*

2. ¿QUÉ DA LOS MAYORES RETORNOS?

Como líder, usted debe pasar la mayor parte del tiempo trabajando en sus áreas más fuertes. Marcus Buckingham y Donald O. Clifton han hecho una investigación sobre este asunto, que puede leer en su libro: *Ahora, descubra sus fortalezas.* La gente es más productiva y está más contenta cuando su trabajo se encuentra dentro de sus dones naturales y áreas fuertes. Idealmente, los líderes deben salirse de su zona de comodidad para quedarse en su zona de fortaleza.

¿Cuál es la aplicación de esto? Esta es la regla general. Si otra persona de su organización puede realizar una labor en un ochenta por ciento, delegue esta labor. Si una responsabilidad pudiese *potencialmente* alcanzar ese nivel establecido, entonces prepare a una persona que se encargue de ella. Sólo porque usted *puede* hacer algo no significa que *debe* hacerlo. Recuerde, los líderes comprenden que la actividad no es necesariamente logro. Esa es la Ley de las Prioridades.

3. ¿QUÉ PRODUCE LA RECOMPENSA MÁS GRANDE?

La última pregunta se relaciona con la satisfacción personal. Tim Redmond, presidente del Instituto Redmond de liderazgo admitió: «Muchas cosas atraen mi mirada, pero sólo unas cuantas atraen mi corazón».

La vida es muy corta para dejar de hacer las cosas que uno disfruta. Me encanta enseñar acerca del liderazgo. Me encanta escribir y hablar. Me encanta pasar el tiempo con mi esposa, mis hijos y mis nietos. Me encanta jugar golf. Sin importar que otra cosa haga, sacaré el tiempo para hacer esas cosas. Son las cosas que le dan energía a mi vida. Me apasionan y me llenan de vida. La pasión provee el combustible en la vida de una persona para que siga adelante.

ORDENE NUEVAMENTE LAS PRIORIDADES

Hace unos años cuando pasé por este proceso de revaluación de prioridades, volví a analizar la forma en que estaba utilizando mi tiempo. En ese entonces cuando escribí la primera edición de este libro, determiné ocupar mi tiempo de acuerdo con la siguiente directriz:

AREA	TIEMPO ASIGNADO
1. Liderazgo	19%
2. Comunicación	38%
3. Creación	31%
4. Trabajo en red	12%

Estas cuatro áreas representan mis mayores fortalezas. Son los aspectos más gratificantes de mi carrera. Y por muchos años también mis responsabilidades hacia mis compañías estaban alineadas con ellos. Sin embargo, recientemente mientras estaba revisando estas áreas, me di cuenta que no estaba manteniendo el balance que deseaba. Estaba ocupando demasiado tiempo en la capacitación práctica del liderazgo de una de mis compañías y estaba afectando otras prioridades. Una vez más, tuve que reconocer que la actividad no es necesariamente logro. Sabía que tenía que tomar otra decisión difícil de negocios. Si deseaba seguir siendo efectivo y cumplir mi visión, tendría que cambiar y trabajar de acuerdo con la Ley de las Prioridades. Tomé la decisión de vender una mis compañías. No fue fácil, pero era lo correcto.

UN ENFOQUE A LA ESCALA MUNDIAL

Es la responsabilidad de los líderes tomar decisiones difíciles basadas en las prioridades. A veces eso los puede hacer perder la popularidad. En el año 1981 cuando Jack Welch se convirtió en el presidente y director ejecutivo de General Electric, la compañía era un buen negocio. Tenía un historial de noventa años, sus acciones tenían un valor de $4 cada una, valía en total unos $12.000 millones, y ocupaba el décimo primer lugar entre las mejores en la bolsa de valores. Era una compañía diversa y enorme que contaba con trescientos cincuenta negocios estratégicos; pero Welch creía que podía ser mejor. ¿Cuál fue su estrategia? Aplicó la Ley de las Prioridades.

Después de unos cuantos meses de asumir la dirección de la compañía, comenzó lo que llamó *la revolución del hardware*. Cambió todo su perfil y enfoque. Welch dijo:

Aplicamos un criterio único con los cientos de negocios y las líneas de productos: ¿Están capacitados para llegar a ser el número 1 o el número 2 en su función en el mercado mundial? De los trescientos cuarenta y ocho negocios o líneas de productos que no podían alcanzar las dos posiciones más altas, cerramos algunos y quitamos otros. La venta de estos últimos produjo casi $10.000 millones. Invertimos $18.000 millones en los que quedaron y los reforzamos con un valor en adquisiciones de $17.000 millones.

Lo que quedó [en 1989], aparte de unas cuantas operaciones de apoyo relativamente pequeñas, son catorce negocios de categoría mundial... todos ocupando una buena posición en la década de los noventas... cada uno posee el primer o segundo lugar en el mercado mundial en el que participa.[1]

Sé que Welch no es muy popular en algunos círculos y recientemente, sus métodos han sido criticados. Pero su liderazgo fue el correcto en ese momento y situación. Él volvió a renovar las prioridades de
General Electric, y su liderazgo sólido junto con su enfoque han pagado dividendos increíbles. Desde que él se hizo cargo, las acciones de
GE se han repartido dos a uno en cuatro ocasiones. Y mientras escribía
este libro, cada acción tenía un valor de más de $80. En la actualidad,
según la revista Fortune la compañía es considerada la más admirada de
la nación, ya que se ha convertido en la más valiosa del mundo. Eso se
debió a la capacidad de Jack Welch de aplicar a su liderazgo la Ley de
las Prioridades. Él nunca confundió la actividad con el logro. Sabía que
el mejor éxito sólo se obtiene cuando usted puede hacer que su gente se
enfoque en lo que realmente es importante.

EL NOMBRE DEL JUEGO ERA «PRIORIDADES»

Estudie la vida de cualquier gran líder, y lo verá enfocándose en sus prioridades. Cada vez que Norman Schwarzkopf asumía un nuevo mando,
no se apoyaba solamente en su liderazgo; también examinaba las prioridades de la unidad. Lance Armstrong pudo ganar siete campeonatos del
Tour de France ya que sus prioridades guiaron su régimen de entrenamiento. Cuando el explorador Roald Amundsen llevó y trajo de vuelta
exitosamente a su equipo al Polo Sur, en parte se debió a su capacidad de
determinar las prioridades correctas.

Los líderes de éxito viven según la Ley de las Prioridades. Reconocen que una actividad no necesariamente significa logro. Pero los mejores líderes pueden poner a funcionar la Ley de las Prioridades a su favor
y satisfacer muchas prioridades con cada actividad. Esto en realidad les
permite aumentar su enfoque y disminuir sus acciones.

Un líder experto en la Ley de las Prioridades era uno de mis ído-
los: John Wooden, ex entrenador del equipo de baloncesto los Bruins de

UCLA. Es llamado el Mago de Westwood por las sorprendentes hazañas que realizó en el mundo del deporte universitario.

La evidencia de la capacidad de Wooden para hacer que la Ley de las Prioridades funcionara se apreciaba en la forma en que organizaba la práctica del baloncesto. Wooden decía que había aprendido algunos de sus métodos observando a Frank Leahy, el gran entrenador del equipo de fútbol americano de Notre Dame. Dijo lo siguiente: «A menudo iba a sus prácticas [las de Leahy] y observaba que las dividía en períodos. Yo me iba a casa y analizaba por qué él había hecho las cosas en cierta forma. Como jugador me di cuenta de que se desperdiciaba mucho tiempo. Los conceptos de Leahy reforzaron mis ideas y contribuyeron en el desarrollo final de lo que hago ahora».

BASÁNDOSE EN LAS PRIORIDADES TODO TENÍA SU PROPÓSITO

Las personas que han estado en la milicia dicen que por lo general tenían que apresurarse y esperar. Esta también parece ser la forma en que trabajan algunos entrenadores de equipo. Piden a sus jugadores que por un minuto practiquen con todas sus fuerzas, y que el próximo minuto se queden por allí sin hacer nada. Wooden no trabajaba así, sino que orquestaba cada momento de la práctica y planeaba cada actividad con propósitos específicos. Él empleaba la economía del movimiento. Funcionaba de la siguiente manera:

Cada año, Wooden determinaba una lista de todas las prioridades para el equipo, basándose en observaciones de la temporada anterior. La lista podía incluir objetivos como: «Crear confianza en Drollinger e Irgovich», o «practicar ejercicios de continuidad tres jugadores con dos, por lo menos tres veces a la semana». Generalmente tenía más o menos una docena de cosas en las que quería trabajar a lo largo de la temporada. Pero Wooden revisaba también todos los días el plan para sus equipos.

Cada mañana, él y su ayudante planeaban meticulosamente la práctica del día. Casi siempre se pasaban dos horas desarrollando las estrategias para una práctica que tal vez no iba a durar esa misma cantidad de tiempo. Sacaba ideas de notas que había escrito en fichas que llevaba con él siempre. Planeaba cada serie de ejercicios, minuto por minuto, y antes de la práctica anotaba la información en una libreta. Wooden una vez hizo alarde de que si uno le preguntaba qué estaba haciendo su equipo en una fecha específica a las tres de la tarde en 1963, él podía decirle exactamente qué ejercicio estaban practicando. Como todos los buenos líderes, Wooden realizó el trabajo de ser previsor y planear por su equipo.

Wooden siempre se mantuvo enfocado y encontró formas en que sus jugadores hicieran lo mismo. Su talento especial era encargarse de varias áreas prioritarias al mismo tiempo. Por ejemplo, para ayudar a los jugadores a mejorar sus tiros libres algo que muchos de ellos encuentran tedioso, Wooden instituyó una política de tiros libres durante los juegos libres que los motivaría a concentrarse, en vez de simplemente matar el tiempo. Entre más rápido un jugador en la banca completaba un número de tiros, más pronto podía entrar nuevamente en acción. Y Wooden cambiaba continuamente el número de tiros que debían hacer los defensas, los delanteros, y los centrales, para que los miembros del equipo rotaran a diferentes ritmos. De esta manera, todos, independientemente de su posición o estado inicial, adquirían experiencia en el juego, una prioridad vital para el desarrollo del trabajo en equipo, según Wooden.

El aspecto más extraordinario de John Wooden, y lo que más habla de su capacidad para concentrarse en sus prioridades, es que nunca observaba a los equipos contrarios, sino que se concentraba en obligar a sus jugadores a alcanzar *su* potencial mediante práctica e interacción personal con ellos. Su meta no era ganar campeonatos ni ganarle al equipo contrario. Deseaba que cada persona jugara según *su* potencial y procuraba llevar a la cancha el mejor equipo posible. Y por supuesto, los resultados del sistema de Wooden fueron asombrosos. En más de cuarenta años como entrenador, sólo perdió *una* temporada, la primera. Y sus equipos de UCLA permanecieron invictos durante cuatro temporadas obteniendo un récord de diez campeonatos en la NCAA [National Collegiate Athletic Association: Asociación Atlética Universitaria Nacional].[2] Ningún otro equipo universitario ha podido romper ese récord. Wooden es un gran líder. Es, quizás, el entrenador más asombroso que ha habido. ¿Por qué? Porque vivía cada día según la Ley de las Prioridades. Nosotros debemos esforzarnos en hacer lo mismo.

Aplique
LA LEY DE LAS PRIORIDADES
a su vida

1. ¿Está usted preparado para sacudir su vida y salirse de su zona de comodidad y para poder vivir y trabajar de acuerdo con sus prioridades? ¿Existe algo en su vida que está funcionando tan mal que le muestra que necesita una mayor revisión de *cómo* hacer las cosas? ¿De qué se trata? Describa *por qué* no está funcionando. ¿Puede pensar más allá del molde (o crear un nuevo molde) para resolver el asunto y volver a alinear sus prioridades? Ignorar un gran problema de alineación en sus prioridades es como alinear su palo de golf de manera incorrecta. Entre más fuerte le pegue a la pelota, más lejos del hoyo se encontrará. Entre más se aleje de su alineación, mayores probabilidades tendrá de errar su visión.

2. Si usted nunca ha hecho eso antes, ocupe tiempo escribiendo las respuestas a las siguientes tres preguntas (Asegúrese de incluir a su familia y otras responsabilidades, no sólo su carrera.):

¿Cuál es el *requisito*?
¿Qué da los mayores *retornos*?
¿Qué produce la *recompensa* más grande?

Una vez que haya respondido a esas tres preguntas, haga una lista de las cosas que está haciendo que no corresponden con ninguna de esas tres preguntas. Usted necesita delegar o eliminar esas cosas.

3. Las personas exitosas viven según la Ley de las Prioridades. Las personas exitosas ayudan a su organización, departamento o equipo para que vivan según la Ley de las Prioridades. Como líder ¿está marcando

prioridades y pensando con anticipación sobre su área de responsabilidad? ¿Dedica usted tiempo específico de manera regular para revaluar sus prioridades en esa área? Si no es así, necesita comenzar a hacerlo inmediatamente. Como líder, no es suficiente el hecho de que sea exitoso. Necesita ayudar a su gente a ser exitosa.

18

LA LEY DEL SACRIFICIO

Un líder debe ceder para subir

¿Por qué un individuo se levanta para dirigir a otras personas? Las respuestas son diferentes. Algunos lo hacen para sobrevivir. Otros lo hacen por dinero. Muchos desean formar un negocio o una organización. Otros lo hacen porque quieren cambiar al mundo. Esa fue la razón de Martin Luther King, Jr.

SEMILLAS DE GRANDEZA

La habilidad de liderazgo de King comenzó a surgir cuando estaba en la universidad. Siempre había sido un buen estudiante. En el bachillerato se saltó su noveno grado y cuando tomó el examen para entrar a la universidad, sus notas fueron tan altas que automáticamente pasó al último año, inscribiéndose en la universidad Morehouse de Atlanta. A los dieciocho años, recibió su certificado ministerial. A los diecinueve había sido ordenado y recibió su título en sociología.

King continuó su educación en el seminario Crozer de Pennsylvania. Mientras estaba allí, pasaron dos cosas significativas. Escuchó un mensaje acerca de la vida y de las enseñanzas de Mahatma Gandhi que marcó su vida para siempre e hizo que estudiara seriamente al líder hindú. Además surgió como líder entre sus compañeros y fue electo presidente de la clase. Después fue a la Universidad de Boston para sacar su doctorado. Fue durante esa época que se casó con Coretta Scott.

SEMILLAS DE SACRIFICIO

King aceptó su primer pastorado en Montgomery, Alabama, en la iglesia Bautista de la avenida Dexter en 1954 y tuvo su primer hijo en noviembre del año siguiente. Pero esa paz no duró mucho tiempo. Menos de un mes después, Rosa Parks rehusó ceder su asiento en autobús a un pasajero de tez blanca y por ello fue arrestada. Los líderes afroamericanos locales acordaron realizar un boicot de un día en el sistema de transporte para protestar por ese arresto y por la política de segregación de la ciudad. Como tuvo éxito, decidieron crear la asociación del progreso de Montgomery (MIA, por sus siglas en inglés) para continuar el boicot. Como ya era reconocido en la comunidad, King fue elegido unánimemente como presidente de esa organización.

Durante el siguiente año, King dirigió a la comunidad afroamericana con el objetivo de cambiar el sistema. MIA negoció con los líderes de la ciudad y demandó un trato cortés por parte de los chóferes de autobús hacia los afroamericanos, una política sin preferencias de raza con respecto a los asientos de autobús y empleo de afroamericanos como chóferes. Mientras se realizaba el boicot, los líderes de la comunidad organizaron transportes colectivos, recolectaron fondos para apoyar financieramente el boicot, reunieron y movilizaron a la comunidad con sermones y coordinaron defensas legales por medio de la NAACP. Finalmente en noviembre de 1956, la Suprema Corte de Justicia de Estados Unidos abrogó las leyes de segregación de los asientos en los autobuses.[1] King y los demás líderes triunfaron. Su mundo comenzaba a cambiar.

El boicot de los autobuses en Montgomery fue un paso brillante en el movimiento de los derechos civiles estadounidenses, y es fácil ver lo que se obtuvo con ello. Pero King comenzó a pagar un costo personal debido a ello. Poco después de que comenzara el boicot, King fue arrestado por una infracción menor de tráfico, le lanzaron una bomba a su pórtico y fue acusado de ser parte de una conspiración para obstaculizar y prevenir la operación de un negocio sin «causa legal o justa».[2] King estaba surgiendo como líder, pero estaba pagando el precio por ello.

EL PRECIO SIGUE AUMENTANDO

Cada vez que King escalaba más alto y avanzaba en su liderazgo por los derechos civiles, mayor era el costo que tenía que pagar. Coretta Scott King, comentó lo siguiente en *Mi vida con Martin Luther King:* «Nuestro teléfono sonaba de día y de noche, y a veces nos lanzaban una retahíla de epítetos obscenos… Con frecuencia las llamadas terminaban con una amenaza de matarnos si no nos íbamos de la ciudad. Sin embargo, a pesar del peligro y el caos de nuestra vida privada, yo me sentía inspirada, casi al grado de la euforia».

King hizo grandes cosas como líder. Se reunió con presidentes. Dio grandes discursos que son considerados como algunos de los mejores ejemplos en oratoria en la historia norteamericana. Él encabezó a 250.000 personas en una marcha pacífica en Washington, D.C. Recibió el premio Nobel de la Paz, creó cambios en este país. Pero la Ley del Sacrificio demanda que cuanto más grande el líder, mayor el sacrificio. Durante este mismo periodo King fue arrestado y encarcelado muchas veces. Fue apedreado, acuchillado, y atacado físicamente. Alguien puso una bomba en su casa y la estalló; pero su visión, y su influencia, siguieron en aumento. Finalmente sacrificó todo lo que tenía. En su último discurso, el cual dio la noche antes de su asesinato en Memphis, dijo:

No sé lo que ha de sucederme ahora. Nos esperan días difíciles, pero ya no me importa porque he estado en la cima de la montaña. No haré caso. Como todo el mundo, quisiera vivir una larga vida. La longevidad es buena, pero eso no me preocupa ahora. Sólo deseo hacer la voluntad de Dios, y Él me ha permitido subir la montaña. He mirado y he visto la Tierra Prometida. Tal vez no llegue allí con ustedes, pero quiero que esta noche sepan que nosotros, como un pueblo, llegaremos a la Tierra Prometida. De modo que estoy feliz esta noche... no temo a ningún hombre. «Mis ojos han visto la gloria de la venida del Señor».[3]

Al día siguiente pagó el máximo precio del sacrificio.

El impacto causado por King fue profundo. Influyó en millones de personas para que se mantuvieran firme y pacíficamente, contra un sistema y una sociedad que luchaba por excluirlas. Estados Unidos ha cambiado y mejorado gracias a su liderazgo.

EL SACRIFICIO ES EL CORAZÓN DEL LIDERAZGO

Hay una mala percepción muy común entre las personas que no son líderes de que el liderazgo tiene que ver con la posición, los beneficios y el poder que surgen al escalar en una organización. Muchas personas actualmente desean escalar la escalera corporativa porque creen que esa libertad, poder y riqueza son los premios que los están esperando en la cima. La vida de un líder puede parecer glamorosa para las personas externas. Pero la realidad es que el liderazgo requiere de sacrificio. Un líder debe ceder para subir. En años recientes hemos observado una gran

El corazón de un buen liderazgo es sacrificio.

cantidad de líderes que utilizaron y abusaron de sus organizaciones para beneficio personal y lo que obtuvieron como consecuencia fueron escándalos corporativos debido a su ambición y egoísmo. El corazón de un buen liderazgo es sacrificio.

Si usted desea convertirse en el mejor líder que hay, necesita estar dispuesto a hacer sacrificios para poder dirigir bien. Si ese es su deseo, entonces las siguientes son algunas cosas que necesita saber acerca de la Ley del Sacrificio:

1. No existe el éxito sin el sacrificio

Toda persona que ha logrado el éxito en la vida ha tenido que sacrificarse para hacerlo. Muchas personas trabajadoras dedican cuatro o más años y pagan miles de dólares para asistir a la universidad y así obtener los instrumentos que necesitan para iniciarse en sus carreras. Los atletas sacrifican incontables horas en el gimnasio y el campo de práctica preparándose para desempeñarse a un alto nivel. Los padres ceden mucho de su tiempo libre y sacrifican sus recursos para poder criar bien a sus hijos. El poeta filósofo Ralph Waldo Emerson ofreció esta opción: «Por cada cosa que usted ha perdido, ha ganado algo más; y por cada cosa que gana, siempre se pierde algo». La vida es una serie de intercambios, se cambia una cosa por otra.

Los líderes ceden para subir. Esto se aplica a todo líder, independientemente de su profesión. Hable con cualquier líder, y descubrirá que este ha hecho sacrificios en varias ocasiones. Por lo general, cuanto más alto ha escalado el líder, tanto mayores han sido sus sacrificios. Los líderes eficaces sacrifican muchas cosas buenas para dedicarse a lo mejor. Así funciona la Ley del Sacrificio.

2. Por lo general los líderes tienen que dar más que los demás

El corazón del liderazgo es buscar el interés de los demás antes que el suyo propio. Es hacer lo mejor por el equipo. Por esa razón yo creo que los líderes tienen que ceder sus derechos. Como dice mi amigo Gerald

Brooks: «Cuando usted se convierte en un líder, pierde el derecho de pensar en sí mismo». Se puede ver en la siguiente ilustración:

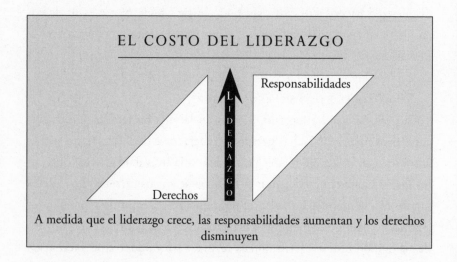

EL COSTO DEL LIDERAZGO

A medida que el liderazgo crece, las responsabilidades aumentan y los derechos disminuyen

Cuando usted no tiene responsabilidades, puede hacer casi todo lo que quiera. Una vez que tiene una responsabilidad, comienza a tener limitaciones en lo que puede hacer. Entre mayor responsabilidad acepte, menores opciones tiene.

Robert Palmer, presidente y ejecutivo principal de Digital dijo en una entrevista: «En mi modelo administrativo, hay muy poca oportunidad para la negociación. Si usted desea un trabajo administrativo, debe aceptar la responsabilidad correspondiente».[4] En realidad se está refiriendo al costo del liderazgo. Los líderes deben estar dispuestos a ceder más que las personas que ellos dirigen.

Para cada persona, la naturaleza del sacrificio puede ser diferente. Toda persona que dirige cede otras oportunidades. Algunas personas tienen que ceder sus entretenimientos favoritos. Muchos ceden aspectos de sus vidas personales. Algunos como King ceden sus propias vidas. Las circunstancias son diferentes de persona a persona pero el principio no cambia. El liderazgo significa sacrificio.

3. Usted debe ceder para permanecer arriba

La mayoría de las personas están dispuestas a reconocer que los sacrificios son necesarios al principio de una carrera de liderazgo para poder progresar. Aceptarán ir a un territorio indeseable para crear reputación. Se mudarán a una ciudad menos deseable para aceptar una mejor posición. Aceptarán un recorte temporal de salario para obtener mayores oportunidades. El problema de los líderes surge cuando ellos piensan que se han ganado el derecho de dejar de hacer sacrificios. En el liderazgo, el sacrificio es un proceso continuo, no temporal.

Si los líderes deben ceder para subir, tendrán que ceder aun más para permanecer arriba. ¿Se ha fijado con cuán poca frecuencia los equipos ganan temporadas de campeonato seguidas? La razón es sencilla: Si un líder puede llevar un equipo a un juego por el campeonato y ganarlo, a menudo supone que puede obtener los mismos resultados el año siguiente sin hacer cambios. Se niega a hacer otros sacrificios fuera de la temporada. Pero lo que lleva a un equipo a la cumbre no es lo que lo mantiene allí. La única forma de permanecer arriba es cediendo aun más. El éxito en el liderazgo exige un cambio, exige mejoramiento, y un sacrificio continuo.

> *En el liderazgo, el sacrificio es un proceso continuo, no temporal.*

Cuando miro atrás y observo mi carrera, me doy cuenta que siempre el avance ha tenido algún costo. Esto se ha aplicado a mí en el aspecto de las finanzas con todos los cambios profesionales que he hecho, excepto uno. Cuando acepté mi primer trabajo, nuestro ingreso familiar disminuyó porque mi salario era bajo y mi esposa Margaret tuvo que renunciar a su empleo como maestra escolar para que yo pudiera aceptarlo.

Cuando acepté el trabajo de director en las oficinas centrales de la denominación en Marion, Indiana, otra vez acepté un salario inferior. Después de ser entrevistado para mi tercer puesto pastoral, acepté el trabajo sin que la junta directiva me dijera cuál sería mi salario. (Era inferior.) Cuando algunos miembros de la junta expresaron su sorpresa, les dije que si yo hacía mi trabajo bien, el salario se ocuparía de sí mismo. En 1995 cuando finalmente dejé la iglesia después de veintiséis años de desempeño ministerial para poder dedicarme a tiempo completo a enseñar acerca del liderazgo, renuncié a un salario. Cada vez que esté seguro de que está dando un buen paso, no titubee en hacer un sacrificio.

> *Si los líderes deben ceder para subir, tendrán que ceder aun más para permanecer arriba.*

4. ENTRE MAYOR SEA EL NIVEL DE LIDERAZGO, MAYOR ES EL SACRIFICIO

¿Alguna vez ha sido parte de una subasta? Es una experiencia emocionante. Presentan un artículo y las personas en el salón se emocionan. Comienzan las ofertas, muchas personas participan, pero el precio aumenta cada vez más. ¿Qué sucede? Cada vez menos personas ofrecen dinero. Cuando el precio es bajo, todos hacen una oferta. Al final, sólo una persona está dispuesta a pagar el precio de ese costoso artículo. Lo mismo sucede en el liderazgo: entre más alto vaya, más va a costarle. Sin importar qué clase de liderazgo sea, usted tendrá que hacer sacrificios. Tendrá que ceder para subir.

¿Cuál es la posición más alta a la que una persona en liderazgo puede llegar? En Estados Unidos, es a la presidencia. Algunas personas dicen que el presidente es el líder más poderoso del mundo. Sus acciones y palabras, más que las de ninguna otra persona, causan impacto sobre la gente, no sólo en Estados Unidos, sino en todo el mundo.

Piense en lo que él debe ceder para alcanzar el puesto de presidente. Primero, debe aprender a dirigir. Luego, tiene que sacrificarse, por lo general años o hasta décadas en posiciones de liderazgo más bajas. Personas como Ulises S. Grant y Dwight D. Eisenhower, ocuparon mucho tiempo en el ejército antes de buscar el puesto de la presidencia, cada aspecto de su vida pasa por el microscopio. No hay privacidad.

Cuando ellos son elegidos presidentes su tiempo ya no les pertenece. Toda declaración que hacen es examinada constantemente y su familia está bajo una tremenda presión. Y como algo normal deben tomar decisiones que pueden costar la vida de miles de personas. Aun después de dejar su cargo, deberá pasar el resto de su vida en compañía de agentes del Servicio Secreto y bajo su protección. Ese es el precio que muchas personas no están dispuestas a pagar.

APÓYESE EN LOS HOMBROS DE OTROS

No puede haber éxito sin sacrificio. Cada vez que usted vea el éxito, puede estar seguro que alguien hizo un sacrificio para hacerlo posible. Y como líder, si se sacrifica, aunque piense que no ve ningún sacrificio puede estar seguro que alguien en el futuro se beneficiará de lo que usted ha cedido.

Ciertamente, así lo fue para Martín Luther King Jr. Él no vivió para ver la mayoría de los beneficios de su sacrificio, pero muchos más los han disfrutado. Una de esas personas era una niña afroamericana segregada de Birminghan, Alabama en 1974. Una niña precoz que seguía las noticias sobre las luchas de los derechos civiles. Un vecino de ella recuerda que ella «siempre estuvo interesada en la política porque desde niña solía hablarme y decirme cosas como: «¿Viste lo que Bill Connor (un comisionado racista de la ciudad) hizo hoy? Era sólo una pequeña niña y todo el tiempo se la pasaba hablando de ello. Tenía que ver el periódico con esmero porque no sabía de que me iba a hablar ese día».[5]

Aunque tenía un interés en los asuntos actuales, su pasión era la música. Quizá su atracción por la música fue inevitable. Su madre y su abuela tocaban el piano. Comenzó a tomar lecciones de piano de su abuela a los tres años y era considerada una niña prodigio. La música consumía sus años mozos. Hasta su nombre fue inspirado por la música. Sus padres la llamaron Condoleezza, por la pieza musical *con dolcessa*, que significa «con dulzura».

Condoleezza Rice es producto de varias generaciones de sacrificio. Su abuelo, John Wesley Rice Jr., hijo de esclavos, decidió tener una educación y según Condoleezza Rice, «pagó su matrícula con algodón» y asistió a la universidad Stillman en Tuscaloosa, Alabama. Después de graduarse, se convirtió en un ministro presbiteriano. Eso no fue un logro sencillo para un hombre negro en el sur de Estados Unidos en la década de los veintes. Él dispuso el curso de la familia, quienes determinaron ser lo mejor que podían en cualquier cosa que hicieran.

El abuelo Rice le heredó su amor por la educación a su hijo, que también se llamaba John, y por consiguiente a Condoleezza. El lado materno de la familia era igualmente ingenioso y enfocado en la educación. Coit Blacker, un profesor de Stanford y amigo de Rice comentó: «No conozco muchas familias estadounidenses que puedan decir que no sólo sus padres estudiaron en la universidad, sino también sus abuelos, sus primos, sus tíos y sus tías».[6]

SACRIFICARSE PARA SER LA MEJOR

Rice recibió una educación amplia en la escuela y en su hogar. Ella leía extensamente. Estudió francés. Tomó clases de ballet. Aprendió lo intricado del fútbol y el básquetbol que su padre le enseñó, quien a su vez era pastor, consejero en el bachillerato y entrenador de medio tiempo. Durante los veranos cuando la familia iba a Denver para que sus padres tomaran cursos educativos, ella practicaba el patinaje artístico. Pero su corazón se encontraba en la música. Mientras los otros niños estaban jugando, ella estudiaba y practicaba el piano.

Su horario era extenuante. Después que su familia se mudara a Denver cuando tenía trece años, ella se esforzó y se sacrificó más, era muy disciplinada. Para poder competir en el patinaje artístico y en las competencias de piano, se levantaba a las 4:30 de la mañana cada día. Uno de sus maestros comentó: «Había algo en ella que revelaba lo que quería y lo que estaba dispuesta a hacer. Pienso que ella no pensaba que eran sacrificios, sino cosas que tenía que hacer para obtener sus metas».[7] Y sus padres la apoyaban totalmente sacrificándose también para que ella triunfara. Para ayudarle con su meta de ser pianista, dieron un prestamo de $13.000 (en 1969) para comprarle un piano usado Steinway.

Rice se graduó del bachillerato y fue a la universidad de Denver con la intención de obtener un título en música y convertirse en una pianista profesional. Era algo por lo que ella se había sacrificado toda su vida. Pero después de su primer año, asistió al festival de música de Aspen y se dio cuenta de algo. Con todo su esfuerzo ella no lograría estar entre los mejores. Ella dijo: «Conocí niños de once años que podían tocar música de memoria que a mí me había tomado todo el año aprender y pensé que tal vez terminaría tocando el piano en un restaurante o en una tienda de departamentos, pero difícilmente tocaría en el Carniege Hall».[8]

CEDER PARA SUBIR

Rice sabía que si quería lograr su potencial, no sería en la música. Así que realizó un sacrificio que pocas personas en su posición estarían dispuestas a hacer. Dejó su carrera de música. Su identidad había sido envuelta completamente en la música, pero ella estaba dispuesta a seguir una nueva dirección. Comenzó a buscar un nuevo campo de estudio.

Lo encontró en la política internacional. Fue atraída como un imán a la cultura rusa y el gobierno soviético. Durante las siguientes dos décadas, se sumergió en sus estudios, leyó extensamente y aprendió el lenguaje ruso. Había encontrado su lugar. Estaba dispuesta a pagar el precio para subir a un nivel más alto. Después de graduarse, fue a la universidad de Notre Dame para obtener su maestría. Luego regresó a la Universidad de Denver para obtener el doctorado a la edad de 26 años. Cuando recibió una oferta de parte de la Universidad de Stanford, la tomó rápidamente. Unos meses después, fue reclutada como miembro de la facultad de la universidad. Había llegado a su destino.

La mayoría de las personas estarían felices si el resto de la historia fuera de la siguiente manera: Publicó unos artículos, luego un par de libros, obtuvo la titularidad y eventualmente vivió una vida cómoda dentro de la comunidad académica. Pero no Rice. Es cierto que logró obtener un lugar en Stanford, a ella le encantaba ese ambiente. Disfrutó del estímulo intelectual. Era fanática de los equipos deportivos universitarios. Recibía premio tras premio. Trabajó un año en el Pentágono en una posición de consejería con la jefatura del personal. Ella le llamaba a eso una prueba de realidad, experiencia práctica que le informaba sobre su enseñanza y escritura. Rápidamente se convirtió en una profesora asociada. Escribe la biógrafa de Rice, Antonia Felix:

> Condi encontró sus pasiones en los estudios sobre la Unión Soviética y en la enseñanza, y su vida en Stanford fue próspera en muchos niveles. Ella hacía malabarismos con las clases, la consejería, la investigación, la escritura, tocar el piano, levantar pesas, ejercicio, citas y pegarse a la televisión por doce horas para ver partidos de fútbol.[9]

Rice estaba viviendo una vida ideal. Estaba disfrutando al máximo su talento, tenía una gran influencia y estaba ayudando a formar la próxima generación de líderes y pensadores. Pero en 1989, la Casa Blanca la llamó. Ella fue invitada a aceptar una posición del Consejo de Seguridad Nacional como directora de relaciones soviéticas y de la Europa

Oriental. Pidió un permiso en Stanford, que resultó ser una maravillosa decisión. Ella se convirtió en la consejera principal del presidente George H. W. Bush para la Unión Soviética cuando ese gobierno se desintegraba. Y ella ayudó a crear una política para la unificación de Alemania. Esto hizo que se convirtiera en una de las expertas en el tema.

Regresó a Stanford después de dos años en Washington. «No fue una decisión fácil», dijo Rice, «sentí que era difícil mantener intacta una carrera académica si uno no regresaba en dos años... pero me consideraba primeramente una persona académica. O sea que uno quiere mantener algo de coherencia e integridad en la carrera».[10]

De regreso a Stanford, ahora poseía una influencia aun mayor. En dos años llegó a convertirse en profesora a la edad de 38 años. Un mes después, se le pidió que fuera rectora, una posición que ningún afroamericano, ninguna mujer, y ninguna persona tan joven había tenido antes. Todos sus predecesores habían sido al menos veinticinco años mayores que ella cuando aceptaron esa posición y con buenas razones. La rectoría no es sólo la posición principal académica de la universidad, sino también la posición responsable por su presupuesto de 1,5 millones de dólares.

Y a Rice le pidieron que manejara un presupuesto que tenía un déficit de 20 millones de dólares. Aunque eso significaba mantener un horario extenuante y ceder más de su vida personal, aceptó el desafío. Ella tuvo éxito, logrando al final una reserva de 14,5 millones de dólares mientras seguía enseñando como profesora de ciencias políticas.

EN LA CIMA

Como la segunda al mando de una de las universidades más importantes del mundo, Rice lo había logrado. Había probado ser una ejecutiva. Se encontraba ya en muchas juntas corporativas. Y estaba en posición de convertirse en presidente de cualquier universidad de la nación. Es por eso que algunas personas pudieron haberse sorprendido cuando ella renunció a la rectoría y comenzó a asesorar a George W. Bush, quien era entonces gobernador de Texas, sobre la política extranjera. Pero ese era un sacrificio que ella estaba dispuesta a hacer, uno que la llevó a convertirse en consejera de seguridad nacional y luego en secretaria de estado de Estados Unidos.

Al momento de escribir estas palabras, Rice continúa sirviendo en esa función. Lo que una vez parecía un sacrificio la ha hecho más influyente que nunca. Cuando complete su término, ella puede regresar a la enseñanza con gran prestigio. No existe ninguna universidad en el mundo que no quisiera tenerla como parte de su facultad de ciencias políticas. Ella podría convertirse en presidente de alguna de las universidades más importantes. Podría presentar su candidatura para el senado. Podría presentar su candidatura para la presidencia de Estados Unidos. Ella ha sido consecuente en ceder para subir y no hay duda de que hará cualquier sacrificio necesario para subir al siguiente nivel. Eso es lo que sucede cuando un líder comprende y vive la Ley del Sacrificio.

∽❦∽

Aplique
LA LEY DEL SACRIFICIO
a su vida

---

1. Para convertirse en un líder más influyente ¿está dispuesto a hacer un sacrificio? ¿Está dispuesto a ceder sus derechos por amor a las personas que dirige? Piénselo. Y luego haga dos listas: (1) Las cosas que usted está dispuesto a ceder para poder subir y (2) las cosas que *no* está dispuesto a sacrificar para avanzar. Asegúrese de considerar cual lista contendrá cosas como su salud, matrimonio, relación con sus hijos, finanzas etc.

2. Vivir la Ley del Sacrificio por lo general significa estar dispuesto a intercambiar algo de valor que usted posee para ganar algo de más valor que no tiene. King cedió muchas de sus libertades personales para obtener la libertad de los demás. Rice cedió el prestigio y la influencia de Stanford para obtener mayor influencia e impacto alrededor del mundo. Para poder lograr tales intercambios de sacrificio, un individuo debe tener algo de valor que intercambiar. ¿Qué tiene que ofrecer? ¿Y qué está usted dispuesto a intercambiar? ¿Tiempo, energía, recursos que le puedan dar un mayor valor personal?

3. Una de las mentalidades más dañinas de los líderes es lo que yo llamo *la enfermedad del destino*, la idea de que puede sacrificarse por un tiempo y luego «llegar a la cima». Los líderes que piensan de esta forma dejan de sacrificarse y dejan de obtener un mayor nivel en su liderazgo.

¿En cuáles áreas usted peligra de sufrir la enfermedad del destino? Escríbalas. Ahora, desarrolle una declaración de un crecimiento continuo que se convierta en el antídoto de tal concepto. Por ejemplo, si se tiene la mentalidad de que terminará de aprender tan pronto se gradúe de la universidad, quizás necesite escribir: «Mi prioridad será aprender y desarrollarme en un área significativa cada año de manera permanente».

19

LA LEY DEL MOMENTO OPORTUNO

Cuando ser un líder es tan importante como qué hacer y dónde ir

S i alguna vez hubo un ejemplo de la importancia del momento oportuno con relación al liderazgo, se dio en Nueva Orleans a finales de agosto y a principios de septiembre del año 2005.

Nueva Orleans es una ciudad poco común. Al igual que Venecia, Italia, está rodeada de agua. Al norte se encuentra el lago Pontchartrain. Al sur fluye el río Mississippi. Al este y al oeste se encuentran tierras pantanosas. Muchos canales cruzan la ciudad. No se puede pasar por Nueva Orleans sin cruzar puentes. Esto no parecería gran cosa a menos que considerara que la mayoría de la ciudad se encuentra bajo el nivel del mar. Nueva Orleans tiene la forma de un tazón. En promedio, la ciudad se encuentra a seis pies (1.82 metros) bajo el nivel del mar. En los lugares más bajos, a nueve pies (2.75 metros). Y la tierra de Nueva Orleans se hunde más cada año. Por varias décadas los ciudadanos se han preocupado acerca del daño potencial que un huracán poderoso podría causarle a la ciudad.

DESASTRE EN EL HORIZONTE

El miércoles 24 de agosto del 2005, ninguna persona en Nueva Orleans imaginaría que la recién formada tormenta tropical, llamada Katrina se convertiría en ese huracán que la ciudad había temido tanto. No fue hasta el viernes que el centro nacional de huracanes predijo que la tormenta tocaría tierra el lunes cerca de Buras, Louisiana, aproximadamente sesenta millas al sureste de Nueva Orleans. El sábado 27 de agosto, los líderes de varios distritos de Louisiana alrededor de Nueva Orleans ordenaron la evacuación obligatoria: St. Charles, Plaquemines, partes de Jefferson y hasta St. Tammany, la ciudad en la zona más alta del norte de Nueva Orleans.

¿Pero y Nueva Orleans? ¿Por qué el alcalde Ray Nagin, líder de la ciudad, no ordenó una evacuación obligatoria al mismo tiempo? Muchas personas dicen que las personas que viven en Nueva Orleans son pesimistas y no se puede hacer mucho para motivarlas. Otros dicen que Nagin, un hombre de negocios antes de ser elegido, estaba preocupado por las implicaciones legales y financieras de una evacuación. Mi punto de vista es que él y otros en el gobierno no comprendieron la Ley del Momento Oportuno: Cuando ser un líder es tan importante como qué hacer y dónde ir.

El momento de sacar a las personas fuera de Nueva Orleans era cuando los otros líderes de los distritos anunciaron sus evacuaciones obligatorias. Nagin se esperó. El sábado por la tarde, finalmente anunció una evacuación *voluntaria* de la ciudad—solamente cuando Max Mayfield, director del centro nacional de huracanes, llamó a Nagin el sábado por la noche es que el alcalde se preocupó y comenzó a actuar. «Max me asustó», se dice que fue lo que Nagin dijo después de recibir la llamada.[1]

DEMASIADO POCO Y DEMASIADO TARDE

A la mañana siguiente a las nueve de la mañana, Nagin finalmente ordenó la evacuación *obligatoria*, menos de veinticuatro horas antes de que el huracán tocara tierra. Fue demasiado tarde para muchos ciudadanos de Nueva Orleans. Y ¿cómo planeaba ayudar a esas personas que no podían salir de la ciudad al escuchar tal noticia sin anticipación? Les aconsejó que se fueran al Superdome, el albergue de la ciudad que se iba a utilizar como último recurso; pero Nagin no previno verdaderas provisiones para ellos. En una conferencia de prensa Nagin dijo:

> Si usted no puede salir de la ciudad y tiene que venir al Superdome, traiga suficiente comida, artículos no perecederos que le duren entre tres y cinco días. Venga con cobijas y almohadas. No traiga armas, alcohol ni drogas. Tal como el gobernador lo dijo, es como ir de campamento. Si nunca ha acampado antes, sólo traiga suficientes cosas para que pueda dormir y estar cómodo. No va a ser nada fácil, pero al menos estarán a salvo.[2]

Los resultados del liderazgo de Nagin se vieron claramente con la cobertura nacional de Katrina y sus repercusiones. El agua había entrado a la ciudad el lunes por la mañana. Las condiciones para las personas en el Superdome eran muy preocupantes. Otras personas que no pudieron salir de la ciudad se reunieron en el centro de convenciones. Muchos ciudadanos quedaron abandonados en los techos de las casas. ¿Cómo reaccionó Nagin? Se quejó de los medios de comunicación en las conferencias de prensa.

OTRA OPORTUNIDAD

Si alguien se iba a encargar de dirigir la situación, tendría que ser desde otro lugar. La mayoría de las personas comenzaron a buscar en el gobierno federal ese liderazgo, pero ellos también desperdiciaron la Ley del Momento Oportuno. No fue hasta el miércoles 31 de agosto, que el director de seguridad nacional, Michael Chertoff, envió un memorando declarando a Katrina como «incidente de impacto nacional», un título que impulsaría la coordinación federal rápidamente.[3] El presidente Bush no se reunió con su gabinete sino hasta el día siguiente para determinar cómo iniciar una fuerza de apoyo de la Casa Blanca como respuesta al huracán Katrina. Mientras tanto, las personas que se mantenían en Nueva Orleans esperaban ayuda. El jueves 1 de septiembre, la Cruz Roja solicitó permiso para llevar agua, alimentos y suministros a las personas que habían quedado abandonadas en la ciudad, pero esa petición fue denegada por la oficina de seguridad nacional de Louisiana. Se les pidió que esperaran otro día más.[4] Finalmente, el domingo 4 de septiembre, seis días después de que se inundara Nueva Orleans, la evacuación del Superdome se completó.

La forma en que se manejaron las cosas con Katrina muestra el liderazgo del momento oportuno en su peor etapa. Cada nivel era desastroso. Hasta los refugios para animales hicieron un mejor trabajo que el alcalde. Dos días antes de la llegada de Katrina, habían evacuado cientos de animales a Houston, Texas.[5] Al final, más de 1.836 personas murieron como resultado del huracán. 1.577 de esas personas eran de Louisiana.[6] Ochenta por ciento de las muertes en Louisiana ocurrieron en los distritos de Orleans y St. Bernard, con una mayoría abrumadora en Nueva Orleans.[7] Si los líderes hubieran puesto más atención no sólo a *lo que* hicieron sino *cuándo* lo hicieron, se hubieran salvado muchas vidas más.

EL MOMENTO OPORTUNO LO ES TODO

Los buenos líderes reconocen que saber *cuándo* dirigir es tan importante como saber qué hacer y hacia dónde ir. El momento oportuno con frecuencia es la diferencia entre el éxito y el fracaso de una tarea. Cada vez que un líder hace un movimiento, se dan cuatro resultados únicamente:

1. LA ACCIÓN EQUIVOCADA EN EL MOMENTO EQUIVOCADO LLEVA AL DESASTRE

Un líder que realiza la acción equivocada en el momento equivocado con seguridad sufre repercusiones negativas. Así fue en el caso de Nueva Orleans cuando Katrina llegó. El mal liderazgo de Nagin puso en movimiento una serie de acciones equivocadas en el momento equivocado. Esperó hasta que fue demasiado tarde para pedir una evacuación obligatoria. Envió faxes a las iglesias locales, esperando que estas le ayudaran a evacuar a las personas, pero para cuando lo hizo, las personas que habrían recibido los faxes ya se habían ido. Escogió el lugar incorrecto como último recurso de refugio, no los suplió correctamente y no les proveyó una transportación adecuada a las personas para que llegaran allá. Una mala acción tras otra los llevó al desastre.

Obviamente, lo que está en juego en cada decisión de liderazgo no es tan grande como en el caso del alcalde Nagin, pero cada situación de liderazgo requiere que los líderes pongan atención a la Ley del Momento Oportuno. Si usted dirige un departamento o un equipo pequeño y toma la decisión equivocada en el momento equivocado, solamente sufrirán, al igual que su liderazgo.

2. LA ACCIÓN CORRECTA EN EL MOMENTO INCORRECTO RESULTA EN RESISTENCIA

En lo que respecta al buen liderazgo, tener la visión de la dirección de la organización o del equipo y saber cómo llegar allá no es suficiente. Si toma la acción correcta pero la realiza en el momento incorrecto, quizás no pueda tener éxito porque la gente que usted dirige se vuelve resistente.

El buen liderazgo del momento oportuno requiere muchas cosas:

Comprensión: Los líderes deben tener una base firme sobre la situación.

Madurez: Si los motivos de los líderes no son correctos, su tiempo no será el correcto.

Confianza: Las personas siguen a los líderes que *saben* lo que debe hacerse.

Decisión: Líderes inconstantes crean seguidores inconstantes.

Experiencia: Si los líderes no poseen la experiencia, necesitan entonces obtener sabiduría de otros que la posean.

Intuición: El momento oportuno por lo general depende de aspectos intangibles, tales como el impulso y la moral.

Preparación: Si las condiciones no son las correctas, los líderes deben encargarse de crearlas.

He tenido mis errores en el área del momento oportuno. Uno en particular fue mi intento de introducir un programa de grupos pequeños a Skyline, mi iglesia en San Diego. Era lo correcto a hacerse pero falló miserablemente. ¿Por qué? El momento no era el correcto. Estábamos tratando de implementar esto al comienzo de los ochenta y no había muchos líderes con experiencia en esta área, por lo que estábamos intentándolo a ciegas. Pero lo más importante es que la iglesia no estaba preparada para eso. No entendimos que el éxito o el fracaso del lanzamiento de grupos pequeños dependía de cuántos líderes habían sido desarrollados para apoyarlo.

Por algunos años tratamos de hacerlo funcionar con el sistema que habíamos introducido, pero finalmente, fracasó. No fue hasta seis años después que logramos que funcionara, luego de descontinuar el sistema original, entrenar a los líderes y comenzar todo nuevamente. El segundo intento fue muy exitoso.

> *Si un líder demuestra mal juicio repetidamente aun en las cosas pequeñas, la gente comenzará a pensar que tenerlo por líder es el error.*

3. La acción equivocada en el momento adecuado es un error

Las personas que son por naturaleza emprendedoras con frecuencia poseen un fuerte sentido de cuándo es el momento adecuado. Saben intuitivamente cuando deben moverse, cuando tomar la oportunidad. A veces cometen errores con sus acciones en esos momentos claves. Mi hermano Larry, un excelente hombre de negocios, me ha guiado en esa área. Larry dice que el error más grande de los empresarios y de otras personas en los negocios es saber cuando retirarse o cuando aumentar su inversión para obtener el máximo de sus ganancias. Sus errores suceden por actuar mal en el momento correcto.

Otra vez, mi experiencia habla. Ya que soy conocido primordialmente como un comunicador por varias décadas, varios de mis colegas trataron de convencerme de que hiciera un programa de radio. Por mucho tiempo me resistí a la idea, pero hace un par de años reconocí que era el momento adecuado. Entonces creamos un programa llamado *Growing Today* [Creciendo hoy]. Sin embargo, había un problema: el formato. Deseaba poner materiales en las manos de la gente para ayudarla, pero me negaba rotundamente a aceptar donaciones del público. Pensé que la

solución era transmitir un programa sobre crecimiento y depender de la
venta de productos para cubrir los costos. Nos dimos cuenta de que era
un error. Ese tipo de programa ni siquiera podía cubrir los costos. Era el
tiempo correcto pero la idea equivocada. La Ley del Momento Oportuno había hablado otra vez.

4. La acción acertada en el momento adecuado da como
resultado el éxito

Cuando los líderes hacen las cosas adecuadas en el momento apropiado,
el éxito es casi inevitable. Si usted observa el historial de casi todas las
organizaciones, se dará cuenta de un momento crucial donde el líder
adecuado realizó la acción adecuada y eso transformó la organización.
Winston Churchill, cuya grandeza en el liderazgo dependía de la Ley del
Momento Oportuno, describió el impacto que los líderes pueden causar
y la satisfacción que ellos experimentan cuando actúan correctamente en
el momento adecuado. Él dijo: «Llega un momento especial en la vida de
todo el mundo, el momento para el cual la persona nació. Cuando ve esa
oportunidad especial, cumplirá su
misión, misión para la que está singu-
larmente calificado. En ese momento
encuentra la grandeza. Es su mejor
hora». Todo líder desea experimentar
ese momento.

Cuando el líder adecuado y el
momento oportuno se unen,
suceden cosas increíbles.

EL CRISOL DE LA GUERRA MUESTRA
LA LEY DEL MOMENTO OPORTUNO

Cuando lo que está en juego es muy importante los resultados de la Ley
del Momento Oportuno son muy dramáticos e inmediatos. Eso es especialmente obvio en tiempo de guerra. Piense en cualquier batalla grande en la historia, y notará la importancia vital del momento oportuno.

La Batalla de Gettysburg durante la Guerra Civil de Estados Unidos es un buen ejemplo. Cuando el general confederado Robert E. Lee llevó el ejército de Virginia del Norte a Pennsylvania a fines de junio de 1863 tenía tres objetivos: (1) expulsar de Virginia al ejército de la Unión, (2) reabastecer sus tropas con recursos de Pennsylvania, y (3) llevar la lucha al corazón del territorio del enemigo en un intento por obligar al ejército de la Unión a tomar una acción precipitada e involuntaria. La guerra se encontraba en su tercer año, y ambas partes estaban exhaustas. Lee esperaba con sus acciones precipitar el final del conflicto.

Varios días antes de la batalla Lee le dijo al general Trimble:

Nuestro ejército está animado, no muy fatigado, y puede concentrarse en cualquier lugar en menos de veinticuatro horas. No he escuchado aún que el enemigo haya cruzado el Potomac, y estoy esperando noticias del general Stuart. Cuando sepan dónde estamos, harán marchas forzadas… Saldrán… abatidos por el hambre y el cansancio, en una larga caravana y muy desmoralizados. Los aplastaremos en su avanzada, marcharemos con paso de vencedores, enviaremos un batallón tras otro, y mediante resistencias y sorpresas sucesivas, crearemos pánico con lo que prácticamente destruiremos el ejército».[8]

Lee estaba tratando de encontrar la oportunidad de una victoria abrumadora. No fue sino hasta la mañana del 1 de junio que supo que el ejército de la Unión ya había avanzado hacia el norte. Para ese momento, algunas de las fuerzas ya estaban atacando a tropas confederadas en Chambersburg Road al oeste de Gettysburg. Ese hecho acabó con la estrategia de Lee y le arrebató la oportunidad. El primer instinto de Lee fue detenerse y esperar que se replegara todo el poder de su ejército antes de forzar un ataque de mayor dimensión. Pero siempre consciente de la Ley del Momento Oportuno, sabía cuándo sus tropas tenían una ventaja. Lee observaba desde una sierra cercana, y vio que las tropas federales estaban siendo derrotadas e iban en retirada. Todavía había una oportunidad de actuar que tal vez podría llevarles a la victoria.

Las fuerzas confederadas tenían una oportunidad de apoderarse de la cima de Cemetery, montaña defendida únicamente por unas cuantas reservas de infantería y artillería de la Unión. Si capturaban y controlaban esa posición, pensaba Lee, dominarían toda el área. Sería la clave de una victoria confederada y posiblemente pondría fin a la guerra.

Aunque todavía era temprano en el día y tenía la oportunidad de ejecutar un ataque eficaz, el general confederado R. S. Ewell, que estaba en posición de tomar la montaña, se limitó a observar y no atacó al enemigo. Perdió la oportunidad, y el sur no se apoderó de aquella montaña. A la mañana siguiente, las tropas de la Unión habían reforzado sus posiciones anteriores, y ya no había oportunidad para el sur. Los ejércitos del norte y del sur combatieron dos días más, pero al final, las fuerzas de Lee fueron derrotadas, y treinta y tres mil de sus hombres (de un total de setenta y seis mil trescientos) resultaron muertos o heridos.[9] Su única opción fue retirarse y volver a Virginia.

OTRA OPORTUNIDAD DESAPROVECHADA

Después de la derrota del sur, Lee esperó a las fuerzas de la Unión que estaban bajo el liderazgo del general Meade para contraatacar inmediatamente y destruir del todo a su ejército que estaba en retirada. Eso también era lo que Lincoln esperaba después de haber recibido las noticias de la victoria de la Unión. Ansioso de aprovechar al máximo la Ley del Momento Oportuno, desde Washington, D.C., el 7 de julio de 1863 Lincoln envió un comunicado a Meade por medio del general Halleck. En este comunicado, Halleck decía:

He recibido del presidente la siguiente nota, la cual comunico respetuosamente.

«Tenemos cierta información de que Vicksburg se rindió al general Grant el 4 de julio. Ahora, si el general Meade puede terminar el trabajo que tan gloriosamente ha hecho hasta ahora por la destrucción literal o substancial del ejército de Lee, se terminará la rebelión».[10]

Lincoln se dio cuenta de que era el momento oportuno para una acción que podía terminar la guerra. Pero así como las fuerzas del sur no aprovecharon el momento cuando tenían la victoria en sus manos, sus contrapartes del norte tampoco lo hicieron. Meade demoró en aprovecharse de su victoria en Gettysburg, y no persiguió a Lee con suficiente agresividad. Cuando anunció su meta, diciendo: «sacaremos de nuestra tierra todo rastro de la presencia del invasor», la respuesta de Lincoln fue: «Dios mío, ¿es eso todo?» Lincoln sabía que estaba viendo cómo se escapaba la oportunidad de la Unión. Y tenía razón. lo que quedaba del ejército de Virginia del Norte cruzó el Potomac para escapar de la destrucción y la guerra continuó por casi dos años. Cientos de miles de soldados murieron. Lincoln posteriormente dijo que los esfuerzos de Meade le habían recordado «una anciana tratando de ahuyentar su ganso hacia un arroyo».[11] Los líderes de ambos bandos habían tenido la oportunidad de alcanzar la victoria, pero no lo hicieron en el momento exacto.

Leer acerca de una situación y saber qué hacer no son suficientes para hacerlo triunfar en el liderazgo. Si usted desea que su organización, departamento o equipo avance, debe ponerle atención a la Ley del Momento Oportuno. Sólo la acción correcta *en el momento adecuado* tendrá éxito. Cualquier otra cosa exige un alto precio. Ningún líder puede escapar del la Ley del Momento Oportuno.

Aplique
LA LEY DEL MOMENTO OPORTUNO
a su vida

1. Se dice que los administradores hacen las cosas bien mientras que los líderes hacen lo correcto. La Ley del Momento Oportuno dice que los líderes hacen más que eso: ellos hacen las cosas bien en el momento correcto. En su enfoque del liderazgo ¿el momento oportuno es una parte importante de su estrategia? ¿Piensa usted en lo apropiado del momento oportuno tanto como en la certeza de la acción? Analice las actuaciones principales que ha iniciado en el pasado reciente y piense cuánta atención le ha dado al momento oportuno.

2. Dedique un tiempo a analizar varias iniciativas fallidas en su organización, departamento o equipo para determinar si fueron causadas por una mala acción o porque el momento no fue el correcto (esas iniciativas pueden ser suyas o de otros). Para ayudarle, responda a las siguientes preguntas:

- ¿Cuál fue el objetivo de la iniciativa?
- ¿Quién fue el individuo responsable de dirigirla?
- ¿Qué factores se tomaron en cuenta mientras que se planeaba la estrategia?
- ¿En quién se basó la experiencia de donde se trazó la estrategia?
- ¿Cuál fue la condición o el ambiente de la organización al momento del lanzamiento de esa iniciativa?
- ¿Cuáles eran las condiciones del mercado o de la industria?
- ¿Cuál «apoyo» estaba disponible y fue utilizado para ayudar a la iniciativa?
- ¿Qué factores claramente actuaron en contra de ella?

- ¿Habría sido más exitosa la iniciativa si hubiera sido iniciada antes o después?
- ¿Por qué fracasó finalmente la iniciativa?

3. Al irse preparando para participar en planes futuros, utilice la lista de los factores del capítulo para preparar el momento oportuno de sus acciones:

- **Comprensión**: ¿Entiende bien la situación?
- **Madurez**: ¿Son correctos sus motivos?
- **Confianza**: ¿Cree en lo que está haciendo?
- **Decisión**: ¿Puede iniciar una acción con seguridad y ganarse la confianza de las personas?
- **Experiencia**: ¿Llena su estrategia de la sabiduría de otras personas?
- **Intuición**: ¿Ha tomado en cuenta los factores intangibles como el impulso y la moral?
- **Preparación**: ¿Ha hecho todo lo posible para preparar a su equipo para el éxito?

Recuerde, sólo la acción adecuada en el momento adecuado le dará éxito a su equipo, departamento u organización.

20

LA LEY DEL CRECIMIENTO EXPLOSIVO

Para añadir crecimiento, dirija seguidores;
para multiplicarse, dirija líderes

No siempre me he sentido de la misma manera acerca del liderazgo. Mi convicción en el poder del liderazgo y mi pasión de capacitar líderes se han desarrollado en el curso de mi vida profesional. Cuando comencé mi carrera, pensaba que el crecimiento personal era la clave de poder causar un impacto. Mi padre había usado una buena estrategia en mi desarrollo. Me pagaba para que leyera libros que sabía que me ayudarían y me enviaba a conferencias cuando era un adolescente. Esas experiencias fueron un gran fundamento para mí. Y después de que comencé a trabajar, descubrí la Ley del Proceso. Esta hizo que tomara un enfoque pro activo en mi crecimiento personal.

Como resultado, cuando las personas me pedían que les ayudara a tener más éxito, me enfocaba en enseñarles el crecimiento personal. No fue hasta que cumplí cuarenta años que comprendí la Ley del Círculo Íntimo y la importancia de desarrollar un equipo. Fue allí cuando mi capacidad de desarrollar una organización y lograr objetivos mayores comenzó a aumentar. Pero no fue hasta que comencé a enfocarme en desarrollar líderes que mi liderazgo *realmente* despegó. Había descubierto la Ley del Crecimiento Explosivo: Para añadir crecimiento, dirija seguidores; para multiplicarse, dirija líderes.

AYUDE A LOS DEMÁS A DIRIGIR

En 1990, viajé con mi esposa Margaret a un país de Sudamérica, para enseñar acerca del liderazgo en una conferencia nacional. Uno de mis gustos más grandes es enseñar acerca del liderazgo a personas influyentes que desean realmente marcar una diferencia. Deseaba hacer esta conferencia porque era una gran oportunidad de añadirles valor a personas externas a mi círculo normal de influencia. Pero no salió de la forma que esperaba.

Todo comenzó bien. Las personas era muy amables y yo estaba dispuesto a comunicarme con ellas a pesar de las barreras culturales y del idioma. Pero no pasó mucho tiempo para darme cuenta que los asistentes y yo no nos encontrábamos en el mismo ritmo. Cuando comencé a enseñar acerca del liderazgo, pude notar que mis comentarios no estaban creando ninguna conexión con ellos. Los asistentes no eran participativos y lo que estaba tratando de comunicar parecía no causar ningún impacto.

El análisis de la situación fue confirmado después de mi primera sesión con ellos. Cuando hablé con varios individuos, ellos no querían hablar acerca del liderazgo. No me hicieron preguntas acerca de cómo desarrollar sus organizaciones o cumplir una visión. En lugar de eso, buscaron mi consejo sobre sus asuntos personales, problemas y conflictos con otras personas. Sentí como si estuviera dando consejería personal tal como lo hacía al principio de mi carrera. Durante los siguientes tres días, me frustré bastante. Las personas con las que hablaba no comprendían el liderazgo y no tenían deseo de aprender nada de ello. Para alguien como yo que cree que todo surge o se desploma por el liderazgo, eso me volvía loco.

No era la primera vez que había experimentado tal frustración. Noté que cada vez que viajaba a países en desarrollo, la situación era similar. Sospecho que en las naciones donde no hay una infraestructura sólida en los negocios y donde los gobiernos no les permiten a los ciudadanos mucha libertad, es difícil que los líderes se desarrollen.

De regreso a casa en el avión, le conté a Margaret mis frustraciones. Se las resumí diciendo: «No quiero hacer esto más. Viajé miles de millas sólo para aconsejar personas sobre conflictos insignificantes. Si ellos dedicaran su atención para convertirse en líderes, sus vidas cambiarían».

Después de escuchar pacientemente, Margaret me dijo: «Quizás eres la persona que se supone debe hacer algo al respecto».

EL SIGUIENTE PASO

La exhortación de Margaret sobre lo que había visto en el extranjero movió algo dentro de mí. Durante los siguientes años, reflexioné en el asunto y pensé en las posibles soluciones. Finalmente en 1996, decidí hacer algo al respecto. Reuní a un grupo de líderes para que me ayudaran a crear una organización sin fines de lucro que desarrollara líderes en el gobierno, la educación y la comunidad religiosa. La llamé EQUIP, una organización que estimulaba cualidades no desarrolladas en las personas.

Durante los siguientes cinco años, EQUIP logró un progreso modesto en sus objetivos. Pero después de los ataques terroristas del 11 de septiembre de 2001, tuvimos un periodo difícil en el cual tuvimos que despedir a la mitad del personal. Eso hizo que volviéramos a examinar nuestras prioridades. Afinamos nuestro enfoque y desarrollamos un nuevo objetivo, uno tan grande que parecía casi imposible. Intentaríamos desarrollar *un millón de líderes* alrededor del planeta para el año 2008. ¿De qué manera una organización pequeña sin fines de lucro lograría tal hazaña? Utilizando la Ley del Crecimiento Explosivo.

LA ESTRATEGIA

La estrategia de EQUIP que llegó a ser denominada el Mandato del Millón de Líderes, (y en Latinoamérica "Un Millón de Líderes"), era desarrollar a 40.000 líderes en países alrededor del mundo. Esos líderes asistirían a una sesión de entrenamiento cada seis meses en una ciudad local por tres años. Lo único que les pedíamos era que ellos se comprometieran a desarrollar personalmente a veinticinco líderes en su propia ciudad, pueblo o villa. EQUIP proveería el material de capacitación a esos 40.000 líderes y también los materiales para los veinticinco líderes que cada uno de ellos iba a desarrollar.

EQUIP tenía excelentes líderes, incluyendo a John Hull, presidente ejecutivo; Doug Carter, vicepresidente ejecutivo y Tim Elmore, vicepresidente de desarrollo del liderazgo. Ellos formaron un equipo espectacular y comenzaron a crear materiales de capacitación. Luego formaron alianzas estratégicas con organizaciones en el extranjero. Esas organizaciones ayudarían a EQUIP a escoger las ciudades donde harían la capacitación, identificarían a los coordinadores de las ciudades y países que dirigieran las sesiones de entrenamiento, e identificarían y reclutarían a 40.000 líderes.

El paso final era reclutar excelentes líderes que estuvieran dispuestos a dar su tiempo para realizar la capacitación en esas ciudades alrededor del mundo. Dos entrenadores viajarían a una ciudad dos veces al año por tres años, pagando su propio pasaje y donando fondos para ayudar a pagar por los materiales que los asistentes ocuparían. Ellos entrenarían a 40.000 personas, quienes a su vez capacitarían a veinticinco personas cada uno. Si la estrategia tenía éxito, lograríamos desarrollar un millón de líderes. Ese era un plan ambicioso. La pregunta era: ¿funcionaría? Le daré la respuesta al final de este capítulo.

AVANCE CON LA MATEMÁTICA DE LOS LÍDERES

Los líderes son impacientes por naturaleza. Al menos, todos los líderes que yo conozco. Los líderes quieren moverse rápido. Quieren ver la visión cumplida. Se deleitan en el progreso. Los buenos líderes evalúan rápidamente dónde se encuentra una organización, piensan hacia donde debe ir y tienen ideas sólidas de cómo llegar allá. El problema es que la mayoría del tiempo las personas y las organizaciones no avanzan tan rápido como el líder. Por esa razón, los líderes siempre sienten la tensión de donde ellos y su gente *están* y de donde *deberían estar*. He experimentado esta tensión toda mi vida. En cada organización en la cual he sido parte, tengo una fuerte sensación de dónde debemos ir. Desde niño lo sentía así (no siempre tenía *razón* hacia donde debíamos ir pero siempre pensé que *sabía*).

¿Cómo aliviar esta tensión entre donde está la organización y dónde quiere usted que este? La respuesta se encuentra en la Ley del Crecimiento Explosivo:

> *Para ser un líder que forma líderes se requiere un enfoque y una actitud completamente diferente de la requerida para formar seguidores.*

Si se desarrolla a sí mismo, experimenta un éxito personal.

Si desarrolla un equipo, su organización puede experimentar el crecimiento.

Si desarrolla líderes, su organización puede lograr un crecimiento explosivo.

Usted puede crecer dirigiendo seguidores, pero si desea utilizar al máximo su liderazgo y ayudarle a su organización a lograr su potencial, necesita desarrollar líderes. No hay otra forma de experimentar el crecimiento explosivo.

UN ENFOQUE DIFERENTE

Para ser un líder que forma líderes se requiere de un enfoque y una actitud completamente diferente de la requerida para formar seguidores. Considere algunas de las diferencias entre los líderes que atraen seguidores y los líderes que desarrollan líderes:

Líderes que atraen seguidores… necesitan ser necesitados
Líderes que desarrollan líderes… quieren ser sucedidos
Ser un líder es emocionante. Cuando usted habla, las personas le escuchan. Cuando desea que se realice algo, puede buscar personas que le ayuden. Tener seguidores puede hacer que se sienta necesitado, importante. Sin embargo, esa es una razón muy superficial para buscar el liderazgo. Los buenos líderes dirigen por amor a sus seguidores y por lo que pueden dejar como legado después de que su tiempo de liderazgo haya acabado.

Líderes que atraen seguidores… forman al veinte por ciento del nivel bajo
Líderes que desarrollan líderes… forman al veinte por ciento del nivel alto
Cuando usted está dirigiendo un grupo de personas, ¿quién le pide más tiempo y atención? Los más débiles del grupo. Si se los permite, ocuparán el ochenta por ciento de su tiempo. Sin embargo, los líderes pro activos que practican la Ley del Crecimiento Explosivo no permiten que el veinte por ciento del nivel más bajo ocupen todo su tiempo.

Ellos buscan el *mejor* veinte por ciento de las personas con más grande potencial de liderazgo e invierten tiempo en desarrollarlos. Ellos saben que si desarrollan a los mejores, los mejores ayudarán a los demás.

Líderes que atraen seguidores... se concentran en las debilidades
Líderes que desarrollan líderes... se concentran en los puntos fuertes

Cuando se trabaja con el veinte por ciento del nivel más bajo, usted necesita lidiar continuamente con sus áreas débiles. Las personas que no tienen éxito por lo general necesitan ayuda con los asuntos más básicos. Los problemas en esas áreas no les permiten alcanzar con frecuencia un desempeño consecuente. Sin embargo, cuando usted trabaja con su mejor gente, puede desarrollar sus puntos fuertes.

Líderes que atraen seguidores... tratan a su gente por igual para ser «justos»
Líderes que desarrollan líderes... tratan a sus líderes como individuos para causar impacto

Existe un mito en algunos círculos de liderazgo que promueve la idea de tratar a todos de la misma forma para ser «justo». Eso es un error. Mike Delaney dice: «Cualquier negocio o industria que le paga igual a los perezosos y a los esforzados tarde o temprano descubrirá que tiene más perezosos que esforzados». Los líderes que desarrollan líderes dan recompensas, recursos y responsabilidades basados en los resultados. Entre mayor sea el impacto de los líderes, mayores serán las oportunidades que reciban.

Líderes que atraen seguidores... pasan tiempo con los demás

Líderes que desarrollan líderes... Invierten tiempo en los demás

Los líderes que atraen solamente seguidores y nunca los desarrollan no aumentan el valor de las personas a las que dirigen. Sin embargo, cuando los líderes dedican tiempo a desarrollar líderes, están invirtiendo valiosamente en ellos. Cada momento que ocupan les ayuda a aumentar su habilidad y su influencia. Y como resultado habrá dividendos para ellos y la organización.

Líderes que atraen seguidores... crecen por adición

Líderes que desarrollan líderes... crecen por multiplicación

Los líderes que atraen seguidores hacen crecer su organización una persona a la vez. Cuando usted atrae un seguidor, impacta una persona. Y usted recibe el valor y el poder de una persona. Sin embargo, los líderes que desarrollan líderes multiplican el crecimiento de su organización, porque cada líder que desarrollan también recibe el valor de todos los seguidores de ese líder.

Cualquier líder que practica la Ley del Crecimiento Explosivo deja de hacer la matemática del seguidor y comienza a hacer la matemática del líder.

Añada diez seguidores a su organización y tendrá el poder de diez personas. Añada diez líderes a su organización y tendrá el poder de diez líderes multiplicados por todo los seguidores y los líderes que *ellos* influyan. A eso le llamo la matemática del líder. Es la diferencia entre la suma y la multiplicación. Es como desarrollar su organización por equipos en lugar de hacerlo por individuos.

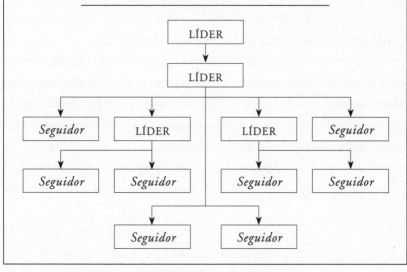

LÍDERES QUE MULTIPLICAN SEGUIDORES AÑADEN UNA PERSONA A LA VEZ

LÍDERES QUE DESARROLLAN LÍDERES CRECEN POR MULTIPLICACIÓN

Líderes que atraen seguidores… sólo impactan a quienes tocan

Líderes que desarrollan líderes… impactan a gente que está mucho más allá de su alcance

Los líderes que atraen seguidores pero nunca desarrollan líderes se cansan. ¿Por qué? Porque ellos mismos deben responsabilizarse de cada persona que está bajo su autoridad. Poder impactar únicamente a las personas que uno puede tocar personalmente es algo muy limitado. Al contrario, los líderes que desarrollan líderes impactan a personas más allá de su alcance individual. Entre mejores sean los líderes que ellos desarrollen, mayor la calidad y la cantidad de seguidores y mayor su alcance. Cada vez que usted desarrolle líderes y les ayude a aumentar su habilidad de liderazgo, los capacita para influir en un mayor número de personas. Al ayudar a una persona, está alcanzando a muchos más.

EL DESAFÍO DE DIRIGIR A LÍDERES

Si formar líderes causa un impacto tan importante ¿por qué no lo hace todo el mundo? Porque es difícil: La formación del liderazgo no es algo fácil; exige tiempo, energía, y recursos. Permítame mostrarle por qué:

1. LOS LÍDERES NO SON FÁCILES DE ENCONTRAR

¿Cuántos líderes conoce usted que realmente son buenos líderes? Ellos tienen influencia. Hacen que las cosas sucedan. Ven y toman las oportunidades. Pueden atraer, enlistar y estimular a las personas para que se desempeñen con excelencia. Sencillamente no hay muchas personas capaces de hacer eso de manera constante. La mayoría de las personas son seguidores. Algunos son productores. Pocos son líderes. Los líderes son como las águilas, no andan en manadas. Por eso es difícil de encontrarlos.

2. LOS LÍDERES SON DIFÍCILES DE REUNIR

Una vez que se encuentran esos líderes, atraerlos puede ser muy difícil. Por ser emprendedores los líderes quieren ir por su propio camino. Si trata de reclutarlos, quieren saber hacia dónde va, cómo planea llegar allá, a quien está planeando llevar con usted y hasta quieren saber si ellos también pueden manejar. Lo que usted esté haciendo tiene que ser más convincente que lo que ellos están haciendo.

Además, su organización necesita crear un ambiente que sea atractivo para ellos. Con frecuencia ese no es el caso. La mayoría de las organizaciones desean estabilidad, los líderes quieren emoción. La mayoría de las organizaciones desean una estructura, los líderes quieren flexibilidad. La mayoría de las organizaciones ponen un gran valor en seguir las reglas, los líderes quieren pensar fuera de los parámetros establecidos. Si usted desea reunir líderes, debe crear un lugar donde ellos puedan progresar.

3. Los líderes son difíciles de retener

De la misma forma que es difícil encontrar y reunir buenos líderes, es más difícil retenerlos. La única forma de dirigir líderes es convertirse en un mejor líder usted mismo. Si sigue creciendo y se mantiene al frente de las personas que dirige, entonces usted podrá añadirles valor a los líderes que le siguen. Su objetivo debe ser desarrollarlos de tal forma que ellos puedan realizar todo su potencial. Solamente un líder pueda hacer eso por otro líder, porque se necesita de un líder para elevar a otro líder.

Hubo un año, durante mis conferencias acerca de liderazgo, que estuve haciendo entre los concurrentes encuestas informales para descubrir lo que impulsó a estas personas a convertirse en líderes. Los resultados del estudio son los siguientes:

Don natural	10%
Resultado de una crisis	5%
Influencia de otro líder	85%

Uno de cada diez líderes puede florecer sin la ayuda de otro líder. El resto necesita la ayuda de los demás líderes que han caminado más en la jornada. Si sigue añadiéndoles valor a los líderes que dirige, ellos estarán dispuestos a quedarse con usted. Si hace eso por suficiente tiempo, probablemente nunca lo dejarán.

EL LANZAMIENTO DEL MANDATO DEL MILLÓN DE LÍDERES (UML, POR SUS SIGLAS EN ESPAÑOL)

Convencida de que desarrollar los líderes sería la clave para alcanzar nuestra meta de capacitar a un millón de líderes, EQUIP inició la iniciativa UML en el año 2002 en varias ciudades de India, Indonesia y las Filipinas. Habíamos escogido esas áreas porque teníamos los mejores contactos allí y habíamos experimentado el éxito aquí en años anteriores. La respuesta fue abrumadora. Cientos de líderes hambrientos viajaron para involucrarse en la capacitación de dos días. Algunos asistentes ocuparon hasta cinco días *caminando* para llegar de esta forma al evento. Y al final de la capacitación, cuando les pedimos a los que asistieron que se comprometieran a desarrollar a veinticinco líderes en los próximos tres años usando los materiales que les daríamos, más del noventa por ciento de los asistentes estuvieron de acuerdo.

Después de ese primer éxito, seguimos adelante. El siguiente año comenzamos a capacitar líderes en otras partes de Asia y el Medio Oriente. En el año 2004, comenzamos a capacitar personas en África, en el 2005 en Europa; y en el 2006, Latinoamérica. En cada continente, la estrategia fue la misma:

1. Comunicarnos con líderes claves influyentes en organizaciones que ya estaban trabajando con personas de manera local y buscar su ayuda.

2. Pedirles a esos líderes claves que identificaran las ciudades en sus países donde se podía hacer la capacitación.

3. Apoyarnos en esos líderes claves para reclutar líderes que asistieran a la capacitación.

4. Reclutar líderes en Estados Unidos que estuvieran dispuestos a viajar al extranjero para capacitar líderes y a apoyar ese esfuerzo de manera financiera.

5. Recibir un compromiso de los asistentes locales para buscar y entrenar líderes en los siguientes tres años mientras los capacitábamos.

En algunas ciudades, no tuvimos mucho éxito, sólo unas cuantas docenas de líderes asistieron a la capacitación. En otras ciudades, las personas asistieron por centenas. Muchos líderes se comprometieron a desarrollar otros veinticinco líderes. Algunos se comprometieron a entrenar sólo a cinco o diez. ¡Pero sorprendentemente otros se comprometieron a capacitar a 100, 200 o hasta 250 personas en sus pueblos y ciudades!

Como lo mencioné antes, queríamos alcanzar nuestra meta de capacitar a un millón de líderes antes del año 2008. A veces, se veía muy difícil. En algunos países tuvimos dificultad para obtener la credibilidad de los demás. En otros nos tomó mucho tiempo comunicarnos con los líderes. Pero para nuestra sorpresa y deleite habíamos alcanzado nuestro objetivo en la primavera del año 2006, dos años antes. Ahora lo que parecía ser una meta imposible, se veía pequeña. En el año 2007, entrenamos nuestro segundo millón. Y hemos lanzado una iniciativa para desarrollar 5 millones de líderes en cinco años. Mi esperanza y mi oración es que antes de que yo muera, EQUIP y sus socios puedan capacitar a más de 50 millones de líderes alrededor del mundo. *Eso es* el crecimiento explosivo.

Ahora que tengo sesenta años he descubierto que el desarrollo del liderazgo se multiplica. Entre más invierta usted en las personas y entre más tiempo lo haga, mayor será el crecimiento y mayor el retorno. Y aunque ya no sea tan rápido o tan lleno de energía como lo era antes, me encuentro en la etapa del interés

El desarrollo del liderazgo se multiplica. Entre más invierta usted en las personas y entre más tiempo lo haga, mayor será el crecimiento y mayor el retorno.

compuesto de mi vida. He realizado treinta y cinco años de inversiones en otras personas y ahora estoy recibiendo dividendos increíbles.

No sé en qué lugar se encuentre usted en su jornada de desarrollo del liderazgo. Tal vez esté trabajando en el crecimiento de su propio liderazgo, o tal vez ya sea un líder altamente desarrollado. No importa dónde esté, una cosa puedo decirle: Sólo llegará al nivel más alto si comienza a formar líderes en vez de seguidores. Los líderes que forman líderes experimentan en sus organizaciones un efecto multiplicador increíble que no se puede alcanzar de ninguna otra manera: ni aumentando los recursos, ni reduciendo los costos, ni aumentando el margen de ganancias, ni analizando sistemas, ni implementando procedimientos administrativos de calidad, o cualquier otra cosa. La única forma de experimentar un nivel de crecimiento explosivo es practicar la matemática, la matemática del líder. Ese es el poder increíble de la Ley del Crecimiento Explosivo.

Aplique
LA LEY DEL CRECIMIENTO EXPLOSIVO
a su vida

1. ¿En cuál etapa del proceso de desarrollo del liderazgo se encuentra usted actualmente?

Etapa 1: Desarrollándose a sí mismo.
Etapa 2: Desarrollando a su equipo.
Etapa 3: Desarrollando líderes.

Para asegurarse de que su respuesta sea válida, mencione acciones específicas que ha tomado para desarrollarse a sí mismo; para desarrollar un equipo y para ayudar a individuos específicos a mejorar su habilidad del liderazgo. Si no ha comenzado a desarrollar líderes, trate de identificar cuáles son las razones. ¿Es usted la clase de persona que necesita ser necesitado, que se enfoca en el veinte por ciento de las personas de nivel más bajo, que intenta tratar a todos de la misma forma, o que no es estratégico con respecto a invertir en los demás? Si no está desarrollando líderes, identifique los pasos que debe tomar para empezar.

2. ¿Qué está haciendo actualmente para encontrar y reunir líderes? ¿Existen lugares donde usted puede ir, eventos a los que puede asistir, y conexiones que puede hacer para buscar líderes potenciales? Si no es así, comience a buscarlos. Y si lo ha hecho entonces, ¿qué hace usted para lograr una conexión con líderes y reclutarlos para que entren a su organización, departamento o equipo?

3. ¿Qué está haciendo para reunir y mantener líderes? ¿Está convirtiéndose en un mejor líder para que otros líderes quieran seguirle? ¿Está intentando crear un ambiente donde los líderes puedan progresar

y triunfar? ¿Está dándoles a sus líderes la libertad de dirigir y de ser innovadores? ¿Está deshaciéndose de la burocracia? ¿Está proveyéndoles recursos y mayores responsabilidades? ¿Está elogiando al riesgo y gratificando al triunfo?

21

LA LEY DEL LEGADO

El valor duradero del líder se mide por la sucesión

¿Qué es lo que usted desea que las personas digan en su funeral? Parece ser una pregunta extraña pero quizás sea la pregunta más importante que puede hacerse como líder. La mayoría de las personas nunca lo consideran. Y eso no es bueno porque si no lo hacen, sus vidas y su liderazgo pueden ir en una dirección diferente a la de su mayor impacto potencial. Si usted quiere que su liderazgo realmente tenga significado, necesita tener en cuenta la Ley del Legado. ¿Por qué? Porque el valor duradero del líder se mide por la sucesión.

ESFORZARSE POR TENER SIGNIFICADO

Eleanor Roosevelt comentó: «La vida es cómo saltar en paracaídas; uno tiene que hacerlo bien desde la primera vez». Siempre he estado consciente del hecho de que nuestro tiempo aquí en la Tierra es limitado y necesitamos aprovecharlo al máximo. La vida no es un ensayo. Mi padre me enseñó eso cuando era un adolescente. Como resultado, siempre he tenido una motivación y un deseo de ser el mejor en lo que hago pero tengo que admitir que mis metas y mis deseos han cambiado con los años y eso ha transformado mi liderazgo.

Clare Boothe Luce, la escritora, política y embajadora popularizó la idea de «la declaración de la vida», una frase que resumía el objetivo y el propósito de la vida de una persona. Cuando comencé mi carrera a finales de los sesentas, la declaración de mi vida pudo haberse expresado de la siguiente manera: «Quiero ser un gran pastor». Varios años más tarde al laborar como orador, mi declaración cambió a la siguiente: «Quiero ser un gran comunicador». Por más de una década, mejorar mis habilidades de oratoria se convirtió en mi mayor enfoque. Sin embargo, cuando llegué a mi década de los treintas, me di cuenta de que todo lo que hacía era dar conferencias, y que mi impacto siempre sería limitado. Los días de un año no son muchos y lo mismo sucede con las personas que venían a escucharme. Quería alcanzar más personas. Fue allí cuando decidí: «Quiero ser un gran escritor».

La declaración de mi vida es: «Quiero añadirle valor a aquellos líderes que multipliquen ese valor en otras personas».

Me tomó tres años escribir mi primer libro; es un volumen pequeño de apenas 128 páginas. Cada capítulo tiene sólo tres o cuatro páginas. Alguien en una conferencia una vez me dio un cumplido diciéndome lo listo que era por escribir un libro con capítulos tan pequeños. Ser listo no tenía nada que ver con ello. La verdad es que no tenía mucho que decir. He escrito muchos libros desde entonces y estoy agradecido porque mis escritos me han dado la oportunidad de comunicarme con más personas. Pero cuando llegué a mis cuarentas, mi enfoque volvió a cambiar. Fue allí cuando decidí: «Quiero convertirme en un gran líder». Quiero desarrollar y dirigir organizaciones que puedan marcar una diferencia.

CAMBIO DE PERSPECTIVA

He descubierto que en cada etapa de mi vida, he crecido y mi mundo se ha vuelto más grande. Como resultado, «la declaración de mi vida» ha cambiado. En la década de mis cincuentas, pensé en todas las otras declaraciones a las que me había aferrado y me di cuenta que todas tenían un denominador común: añadirle valor a los demás. Ese era realmente mi deseo. Quería ser un pastor efectivo, un comunicador, escritor y un líder que pudiera ayudar a las personas. Ahora que he llegado a los sesentas, me he acomodado en la declaración de la vida que creo que viviré el resto de mis días. Cuando hagan mi funeral, espero que haya vivido una vida que le muestre a las personas por qué yo estaba aquí y que no tengan que adivinarlo. La declaración de mi vida es: «Quiero añadirle valor a aquellos líderes que multipliquen ese valor en otras personas».

¿Por qué es tan importante ponerle atención a su «declaración de la vida»? Porque la declaración de su vida no sólo marca la dirección en ella sino que también determina el legado que usted dejará. Me tomó mucho tiempo descubrir eso. Mi esperanza es que pueda aprender esa lección más rápidamente. El éxito no es importante si usted no deja ningún legado. La mejor forma de hacer eso es por medio del liderazgo del legado.

> *La mayoría de las personas sencillamente aceptan sus vidas y no las dirigen.*

DESARROLLE SU LEGADO DE LIDERAZGO

Si su deseo es causar un impacto como líder en la generación futura, le sugiero que se vuelva muy intencional con respecto a su legado. Creo que cada persona deja alguna clase de legado. Para algunos eso es algo positivo. Para otros es algo negativo. Pero esto es lo que sé: tenemos una opción acerca del legado que dejaremos y debemos esforzarnos intencionalmente para dejar el legado que queremos. Le sugiero lo siguiente:

1. CONOZCA EL LEGADO QUE QUIERE DEJAR

La mayoría de las personas sencillamente aceptan sus vidas y no las dirigen. Creo que las personas necesitan ser proactivas acerca de la forma en que viven, y creo que eso es aun más importante en los líderes. Grenville Kleiser, en su libro de desarrollo personal, *Training for Power and Leadership* (Capacitándose para tener poder y liderazgo), escribió:

Su vida es como un libro. El título de la página es su nombre, el prefacio, su introducción al mundo. Las páginas son un registro diario de sus esfuerzos, pruebas, placeres, desánimos, y logros. Día tras día sus pensamientos y actuaciones se van escribiendo en su libro de la vida. Hora tras hora, se escribe un registro que durará todo el tiempo. Una vez que la palabra «fin» se escriba, espero que de su libro se diga que fue un registro de un propósito noble, un servicio generoso y un trabajo bien hecho.[1]

Algún día las personas resumirán su vida en una sola declaración. Mi consejo es: escoja ahora cuál va a ser esa declaración.

2. VIVA EL LEGADO QUE USTED DESEA DEJAR

Yo creo que para tener credibilidad como líder, se debe vivir lo que uno dice que cree. (Hablé de ello en la Ley del Terreno Firme y en la Ley de la Imagen). Como mi legado tiene que ver con añadirle valor a líderes de influencia, he enfocado la mayoría de mi atención en los líderes y realizo mis esfuerzos de manera muy intencional al dirigirlos.

> *Algún día las personas resumirán su vida en una sola declaración. Mi consejo es: Escoja ahora cuál va a ser esa declaración.*

Creo que hay siete áreas de influencia que son las más importantes en la sociedad: la religión, la economía, el gobierno, la familia, los medios de comunicación, la educación y los deportes. En los primeros años de mi carrera, sólo influía en una de esas siete áreas. Estoy esforzándome constantemente por alcanzar y obtener credibilidad en las otras. Trato de hacer eso construyendo vínculos, relacionándome con las personas a un nivel emocional y dando más de lo que recibo.

Si usted desea crear un legado, necesita vivirlo primero. Debe convertirse en lo que desea ver en los demás.

3. Escoja quién continuará su legado

No sé lo que usted desee lograr en su vida, pero le puedo decir esto: un legado continúa en las personas, no en las cosas. Max Depree, autor de *Leadership Is an Art* [El liderazgo es un arte], declaró: «La sucesión es una de las responsabilidades claves del liderazgo». No obstante, la Ley de Legado es algo que muy pocos líderes parecen practicar. Muy frecuentemente los líderes ponen su energía en las organizaciones, los edificios, los sistemas u otros objetos inanimados. Pero solamente las personas quedan después de que nosotros nos hayamos ido. Todo lo demás es temporal.

> *Un legado se crea solamente cuando la persona hace que su organización tenga la capacidad de hacer grandes cosas sin ella.*

Por lo general existe una progresión natural de cómo los líderes desarrollan su área del legado, comenzando con el deseo de lograr lo siguiente:

- El logro llega cuando hacen grandes cosas por ellos mismos.
- El éxito llega cuando les otorgan poderes a los seguidores para que hagan grandes cosas para ellos.
- El significado llega cuando desarrollan líderes que hagan grandes cosas con ellos.

- El legado llega cuando ellos ponen a los líderes en la posición de hacer grandes cosas sin ellos.

Es como dice mi amigo Chris Musgrove: «El éxito no se mide por el sitio hacia donde uno parte, sino por lo que deja atrás».

Truett Cathy, fundador de la cadena de restaurantes Chick-fil-A, dice: «Alguien me dijo una vez: "Truett, para saber qué tan buen tipo eres, hay que mirar la conducta de tus nietos". Respondí: "No me digas esto. Me fue bien con mis tres hijos; y ahora tengo que esperar entonces cómo vayan a salir mis doce nietos"».[2] ¿Por qué alguien diría que uno necesita mirar los nietos de una persona? Porque es un buen indicio de cómo las personas en las que ha escogido invertir su legado, lo continuarán sin usted. Por esa razón debe escoger sabiamente.

4. ASEGÚRESE DE ENTREGAR EL RELEVO

Tom Mullins, un excelente líder y entrenador que es parte de la junta de EQUIP, me dice que la parte más importante en una carrera de relevo es el lugar denominado *la zona de intercambio*. Es allí donde los corredores deben pasar el relevo a sus otros compañeros. Uno puede tener los corredores más rápidos del mundo, pero sí fallan al hacer el intercambio, pierden la carrera. Lo mismo sucede con la Ley del Legado. Sin importar lo bien que usted dirija, si no se asegura de pasar el relevo, no podrá dejar el legado que desea.

Tom entiende muy bien esto porque en los últimos años él ha estado trabajando en su plan de sucesión. Comenzó preparando a su hijo Todd, quien es un líder excelente, para que tome el relevo y siga dirigiendo en su lugar. Entre más pasa el tiempo, Todd ha tomado más responsabilidades. Tom me dice que su gusto más grande es ver que Todd y otros líderes hacen un trabajo mejor que el de él.

Casi todo el mundo puede hacer que una organización se vea bien por un periodo de tiempo corto, lanzando nuevos programas o productos, atrayendo multitudes a un gran evento, o recortando el presupuesto para impulsar lo que es importante. Pero los líderes que dejan un legado utilizan un enfoque diferente. Ellos toman la perspectiva más amplia. El autor, educador y teólogo Elton Trueblood escribió: «Hemos empezado a progresar al descubrir el significado de la vida humana cuando plantamos árboles que dan sombra sabiendo que nunca nos sentaremos bajo ellos». Los mejores líderes dirigen pensando en el mañana y asegurándose que invierten en líderes que continuarán su legado. ¿Por qué? Porque el valor duradero del líder se mide por la sucesión. Esa es la Ley del Legado.

> «Hemos empezado a progresar al descubrir el significado de la vida humana cuando plantamos árboles que dan sombra sabiendo que nunca nos sentaremos bajo ellos».
>
> —Elton Trueblood

UN LEGADO DE SUCESIÓN

En el otoño de 1977, fui a la India con unos colegas, y decidimos visitar las oficinas centrales de un gran líder del siglo veinte: la Madre Teresa. La oficina es un sencillo edificio de bloques de concreto localizado en Calcuta, que la gente de allí llama: «la Casa de la Madre». Mientras estaba frente a las puertas preparándome para entrar, pensaba que nadie, al mirar ese lugar tan modesto, podría decir que ese lugar había sido la base de una líder tan eficaz.

Caminamos por un vestíbulo y hacia un patio central al aire libre. Deseábamos visitar la tumba de la Madre Teresa, localizada en el comedor de la instalación. Pero cuando llegamos allí, supimos que el salón estaba siendo usado y no se nos permitía entrar hasta que terminara la ceremonia que se estaba efectuando.

Pudimos ver a un grupo como de cuarenta monjas sentadas, todas con el conocido hábito usado por la Madre Teresa.

«¿Qué se celebra aquí?», le pregunté a una monja que iba pasando. Ella sonrió. «Hoy estamos aceptando cuarenta y cinco nuevas integrantes en la orden», me dijo mientras se dirigía apresurada a otra parte del edificio.

Como ya estábamos atrasados y pronto tendríamos que abordar un avión, no pudimos quedarnos. Anduvimos brevemente por los alrededores y nos retiramos. Mientras salía del recinto, a través de un pasillo y en medio de una muchedumbre, pensé: *La Madre Teresa debe de haber estado muy orgullosa.* Ella había partido, pero su legado continuaba. Había causado un impacto en el mundo y había desarrollado líderes que llevaran a cabo su visión. Y todo parece indicar que seguirán influyendo en las futuras generaciones. La vida de la Madre Teresa es un gran ejemplo de la Ley del Legado.

POCOS LÍDERES DEJAN UN LEGADO

El año pasado cuando veía por televisión los premios de la academia, algo me impactó. Un segmento del programa mostraba imágenes breves de las personas en la industria del cine que había muerto el año anterior: directores, actores, escritores, y técnicos. Muchas imágenes recibieron un pequeño aplauso mientras que otras recibían grandes ovaciones. Sin lugar a duda, esos individuos se encontraban en la cima de su profesión.

Algunos quizás eran los mejores en su arte. Pero después de unos segundos en la pantalla y unos aplausos, todos fueron olvidados. Las personas de la audiencia se enfocaron en el siguiente grupo de personas nominadas para el Oscar.

«La vida no tiene sentido excepto por su impacto en otras vidas».
—JACKIE ROBINSON

La vida es pasajera. Cuando todo ha acabado, su capacidad como líder no será juzgada por lo que haya alcanzado personalmente. Usted puede hacer una película que sea todo un éxito, pero será olvidada en unas pocas generaciones más. Puede escribir la novela ganadora de algún premio importante, pero será olvidada en unos pocos siglos. Puede crear una obra maestra de arte, pero en un milenio o dos, nadie recordará que usted la creó.

Nuestra habilidad como líderes no será medida por los edificios que construyamos, las instituciones que establezcamos, o lo que nuestro equipo logre bajo nuestra dirección. Usted y yo seremos juzgados por la forma en que invirtamos en las personas que siguen después de nosotros. Tal como lo dijo el gran beisbolista Jackie Robinson: «La vida no tiene sentido excepto por su impacto en otras vidas». Al final, seremos juzgados según la Ley de Legado. El valor duradero del líder se mide por la sucesión. Vivamos de acuerdo con ese parámetro.

Aplique
LA LEY DEL LEGADO
a su vida

1. ¿Cuál quiere que sea su legado? Si está comenzando en su jornada de liderazgo, no espero que tenga una respuesta definitiva a esa pregunta todavía. Sin embargo, creo que es bueno que usted considere cómo quiere que sea su vida.

Dedique un tiempo a considerar el cuadro completo en lo que respecta al por qué dirige. Esto no va a ser un proceso rápido. El concepto del legado está muy relacionado con el sentido que cada persona tiene sobre el propósito de la vida. ¿Por qué está usted aquí? ¿Cuáles talentos y habilidades posee que se relacionen con su potencial más alto como ser humano? ¿Cuáles son las oportunidades singulares que posee basadas en sus circunstancias personales y en lo que está sucediendo en el mundo alrededor suyo? ¿A quién puede impactar y qué es lo que puede lograr como líder en su vida?

2. Basado en el concepto que ha desarrollado concerniente al legado que desea dejar, ¿qué es lo que usted debe cambiar en la forma en que se conduce para poder vivir ese legado? Escriba una lista. Su lista debe incluir cambios de comportamiento, desarrollo del carácter, educación, métodos de trabajo, estilo de formación de relaciones, etc. Solamente al cambiar la forma en que vive podrá crear el legado que usted desea dejar.

3. ¿En quién va a invertir para que continúe su legado? Debe escoger personas que tengan mayor potencial que el suyo, que puedan «pararse en sus hombros» y hacer más de lo que usted ha hecho. Comience a invertir en ellos.

CONCLUSIÓN

Todo surge y se desploma por el liderazgo

Bien, allí las tiene, las veintiuna leyes irrefutables del liderazgo. Apréndalas, tómelas en serio, y aplíquelas a su vida. Siga estas leyes, y la gente lo seguirá a usted. Ya llevo más de treinta años enseñando sobre el liderazgo, y durante todos esos años les he dicho a las personas algo que voy a compartir con usted: Todo surge y se desploma por el liderazgo. Muchos no me creen cuando les digo esto, pero es cierto. Mientras más cosas intente hacer en la vida, más se percatará de que el liderazgo es lo que marca la diferencia. Cualquier esfuerzo que emprenda y que incluya a otros seres humanos, permanecerá o desaparecerá debido al liderazgo. Mientras esté formando su organización, no olvide lo siguiente:

- El personal determina el potencial de la organización.
- Las relaciones determinan la moral de la organización.
- La estructura determina el tamaño de la organización.
- La visión determina la dirección de la organización.
- El liderazgo determina el éxito de la organización.

Ahora que conoce las leyes y las entiende, compártalas con su equipo. Dedique tiempo a evaluarse con respecto a cada una de las leyes utilizando el instrumento de evaluación de las siguientes páginas. Tal como lo mencioné al principio de este libro, nadie puede realizar todas las leyes correctamente. Es por eso que usted necesita formar un equipo. Mi deseo es que tenga éxito. Siga sus sueños. Procure la excelencia. Sea la persona para lo cual fue creada y realice todo lo que se le encomendó cuando se le puso en este planeta. El liderazgo lo ayudará a alcanzarlo. Aprenda a ser líder, no sólo a favor de sí mismo, sino también de las personas que vienen detrás de usted. Y cuando llegue a los niveles más altos, no olvide llevar con usted a otros individuos a fin de que estos se conviertan en los líderes del mañana.

APÉNDICE A

⤜❦⤛

EVALUACIÓN DEL LIDERAZGO SEGÚN LAS 21 LEYES

Lea cada oración y escriba un número al lado de cada una de ellas, utilizando la siguiente escala:

0 Nunca
1 Rara vez
2 De vez en cuando
3 Siempre

1. LA LEY DEL TOPE
La capacidad de liderazgo determina el nivel de eficacia de una persona

_____a) Cuando me enfrento con un desafío, lo primero que pienso es: *¿A quién puedo enlistar para que me ayude?* en vez de: *¿Qué puedo hacer?*

_____b) Cuando mi equipo, departamento u organización no logra alcanzar un objetivo, lo primero que pienso es que hay algún problema en el liderazgo.

_____c) Creo que al desarrollar mis habilidades de liderazgo la efectividad aumentará dramáticamente.

_____Total

2. LA LEY DE LA INFLUENCIA
La verdadera medida del liderazgo es la influencia, nada más, nada menos

_____a) Me apoyo más en la influencia que en la posición o el título para hacer que otras personas me sigan y hagan lo que deseo.

_____b) Durante un ambiente de lluvia de ideas o conversaciones, las personas me miran y busca mi consejo.

_____c) Me apoyo en mis relaciones con los demás más que en los sistemas organizativos y los procedimientos para realizar las cosas.

_____Total

3. La Ley del Proceso
El liderazgo se desarrolla diariamente, no en un día

_____a) Tengo un plan específico y concreto de desarrollo personal que practico semanalmente.

_____b) He encontrado expertos mentores en áreas claves de mi vida que me ayudan de manera constante

_____c) Para promover mi crecimiento personal, he leído al menos seis libros (*o* al menos he tomado una clase valiosa *o* escuchado doce o más lecciones en audio) al año en los últimos tres años.

_____Total

4. La Ley de la Navegación
Cualquiera puede gobernar un barco, pero se necesita que un líder planee la ruta

_____a) Percibo los problemas, obstáculos y tendencias que impactarán el resultado de las iniciativas que la organización pone en marcha.

_____b) Puedo ver claramente un sendero para implementar una visión, que no sólo incluye el proceso sino también a las personas y los recursos necesarios.

_____c) He sido llamado a planear iniciativas para un departamento u organización.

_____Total

5. La Ley de la Adición
Los líderes añaden valor mediante el servicio a los demás

_____a) Más que molestarme cuando los miembros de mi equipo tienen situaciones que no les permiten hacer sus trabajos efectivamente, veo esas situaciones como una oportunidad para servir y ayudarles a esas personas.

_____b) Busco maneras de mejorar las cosas para las personas que dirijo.

_____c) Encuentro una gran satisfacción personal al ayudar a los demás a tener más éxito.

_____Total

6. LA LEY DEL TERRENO FIRME
La confianza es el fundamento del liderazgo

____a) Las personas que dirijo confían en mí en lo que respecta a asuntos delicados.

____b) Cuando le digo a alguien en la organización que voy a hacer algo, puede contar conmigo que lo haré.

____c) Evito minar el carácter de otras personas o hablar a sus espaldas.

____Total

7. LA LEY DEL RESPETO
Por naturaleza, la gente sigue a los líderes más fuertes

____a) Las personas por lo general se sienten atraídas hacia mí y con frecuencia quieren hacer cosas conmigo sólo para estar a mi lado.

____b) Hago lo que pueda para mostrar respeto y lealtad a las personas que dirijo.

____c) Tomo decisiones y riesgos personales que puedan beneficiar a mis seguidores aun cuando no tenga yo un beneficio personal.

____Total

8. LA LEY DE LA INTUICIÓN
Los líderes evalúan todas las cosas con pasión de liderazgo

____a) Puedo medir fácilmente la moral, en un salón lleno de personas, en un equipo o en una organización.

____b) Con frecuencia tomo la acción correcta aunque no puede explicar la razón.

____c) Puedo interpretar las situaciones y las tendencias sin tener que reunir una gran cantidad de evidencia.

____Total

9. LA LEY DEL MAGNETISMO
Usted atrae a quien es como usted

____a) Estoy satisfecho con el calibre de las personas que trabajan para mí.

____b) Espero que las personas que yo atraigo tengan valores, cualidades y habilidades de liderazgo similares a las mías.

____c) Reconozco que no existe un proceso que pueda mejorar la calidad de las personas que recluto a menos que yo mismo mejore.

____Total

10. La Ley de la Conexión
Los líderes tocan el corazón antes de pedir una mano

____a) Cuando encuentro una situación nueva de liderazgo, una de las primeras cosas que hago es desarrollar una conexión personal con los individuos involucrados.

____b) Conozco las historias, los sueños y las esperanzas de las personas que dirijo.

____c) Evito pedirle ayuda a las personas para lograr una visión sino he hecho una relación que vaya más allá del vínculo de trabajo.

____Total

11. La Ley del Círculo Íntimo
El potencial de un líder es determinado por quienes están más cerca de él

____a) Me considero muy estratégico y altamente selectivo en lo que respecta a las personas que me son más cercanas personal y profesionalmente.

____b) Regularmente me apoyo en las personas claves de mi vida para lograr cumplir mis propósitos.

____c) Creo que el cincuenta por ciento o más del mérito de mis logros le pertenece a la gente de mi equipo.

____Total

12. La Ley del Otorgamiento de Poderes
Solo los líderes seguros otorgan poder a otros

____a) Acepto el cambio fácilmente y no me siento satisfecho con el statu quo.

____b) Creo que sin importar lo talentosas que son las personas que trabajan para mí, mi posición es segura.

____c) Es mi práctica regular darle a las personas que dirijo la autoridad para tomar decisiones y arriesgarse.

____Total

13. La Ley de la Imagen
La gente hace lo que ve

____a) Si observo una acción o una cualidad indeseable en los miembros de mi equipo, me analizo primero antes de hablar con ellos al respecto.

_____b) Continuamente me esfuerzo en hacer que mis acciones y mis palabras concuerden las unas con las otras.

_____c) Hago lo que debería en lugar de lo que quiero porque estoy consciente de que estoy dando el ejemplo a los demás.

_____Total

14. La Ley del Apoyo
La gente apoya al líder, luego a la visión

_____a) Reconozco que la falta de credibilidad puede ser tan dañina para una organización como la falta de visión.

_____b) Espero hasta ver que las personas de mi equipo tienen confianza en mí antes de pedirles que se comprometan a una visión.

_____c) Aunque mis ideas no sean muy buenas, mi gente tiende a ponerse de mi lado.

_____Total

15. La Ley de la Victoria
Los líderes encuentran la forma de que el equipo gane

_____a) Cuando dirijo un equipo, me siento responsable sea o no que logremos los objetivos.

_____b) Si los miembros del equipo no están unificados en su esfuerzo para lograr la visión, empiezo a actuar para que todos vayan al mismo ritmo.

_____c) Realizo sacrificios personales para hacer que mi equipo, departamento u organización tenga la victoria.

_____Total

16. La Ley del Gran Impulso
El impulso es el mejor amigo de un líder

_____a) Soy entusiasta y mantengo una actitud positiva todos los días por causa de los miembros de mi equipo.

_____b) Cuando tomo una decisión de liderazgo importante, considero cómo esa decisión impactará el impulso de mi equipo, departamento u organización.

_____c) Inicio acciones específicas con el propósito de generar impulso cuando estoy presentando algo nuevo o controversial.

_____Total

17. La Ley de las Prioridades
Los líderes entienden que la actividad no es necesariamente logro

_____a) Evito tareas que no necesite hacer, que no tengan un dividendo tangible, o que no me gratifiquen de manera personal.

_____b) Dedico tiempo todos los días, cada mes y cada año para planear una agenda futura basada en mis prioridades.

_____c) Delego cualquier tarea donde un miembro de mi equipo tenga al menos el ochenta por ciento de efectividad que yo tendría.

_____Total

18. La Ley del Sacrificio
Un líder debe ceder para subir

_____a) Sé que hacer intercambios es un proceso natural del crecimiento de liderazgo, y realizo sacrificios para convertirme en un mejor líder en tanto que no se violen mis valores.

_____b) Espero dar más que mis seguidores para poder lograr la visión.

_____c) Cederé mis derechos para poder lograr mi potencial como líder.

_____Total

19. La Ley del Momento Oportuno
Cuándo ser un líder es tan importante como qué hacer y dónde ir

_____a) Me esfuerzo tanto como pueda para saber cuál es el momento oportuno de una iniciativa mientras descubro la estrategia.

_____b) Iniciaría algo utilizando una estrategia no tan ideal porque sé que el momento es el adecuado.

_____c) Puedo darme cuenta si las personas están listas o no para una idea.

_____Total

20. La Ley del Crecimiento Explosivo
Para añadir crecimiento, dirija seguidores; para multiplicarse, dirija líderes

_____a) Creo que puedo desarrollar mi organización más rápidamente si desarrollo líderes en lugar de cualquier otro método.

_____b) Dedico una gran cantidad de tiempo cada semana a invertir en el desarrollo del veinte por ciento de mis líderes principales.

_____c) Preferiría ver que los líderes que yo desarrollo tuvieran éxito por sí mismos que mantenerlos conmigo para que pueda seguir guiándolos.

_____Total

21. La Ley del Legado
El valor duradero del líder se mide por la sucesión

____a) Poseo un conocimiento firme del por qué estoy en mi trabajo y por qué estoy dirigiendo.

____b) En cada posición que he tenido, he identificado a las personas que pueden seguir después de mí y he invertido en ellas.

____c) Una de mis motivaciones más fuertes es dejar a cualquier equipo que dirijo mejor de lo que lo encontré.

____Total

Ahora que ha completado esta evaluación, examine cada ley y note sus áreas fuertes y débiles. Utilice las siguientes directrices:

8-9 Esta ley es su zona de fortaleza. Aproveche al máximo esta habilidad y guíe a los demás en esta área.

5-7 Concéntrese en el crecimiento de esta ley. Usted tiene el potencial para convertirla en un punto fuerte.

0-4 Este es su punto débil. Contrate personal que tenga esta cualidad, o asóciese con otros en esta área.

APÉNDICE B

Guía de crecimiento de las 21 leyes

Por muchos años he escrito libros que le añaden valorar a las personas. Ahora que usted y su equipo han completado esta evaluación de liderazgo, le animo para que utilice los siguientes recursos que he escrito para que puedan ayudarle a dirigirse a sí mismo y a los demás de manera más eficiente.

1. La Ley del Tope
La capacidad de liderazgo determina el nivel de eficacia de una persona

> *Las 21 cualidades indispensables de un líder*
> *Líder de 360°*: Valor # 2 «Se necesitan líderes en todos los niveles de una organización» y Valor # 4 «Los buenos líderes intermedios se convierten en mejores líderes en la cima»

2. La Ley de la Influencia
La verdadera medida del liderazgo es la influencia, nada más, nada menos
> *Desarrolle el líder que está en usted*: Capítulo 1: «La definición del liderazgo: Influencia»
> *Líder de 360°*: Sección 1: «Los mitos de dirigir una organización desde la zona intermedia» y Sección 2: «Los desafíos que un líder de 360 grados enfrenta»
> *Cómo ganarse a la gente*

3. La Ley del Proceso
El liderazgo se desarrolla diariamente, no en un día
> *Hoy es importante.*

El mapa para alcanzar el éxito: Capítulo 5: «¿Qué debo poner en mi maleta?»

Líder de 360°: Principio # 9 para dirigir a los líderes que lo supervisan «Sea mejor mañana de lo que usted es hoy»

Liderazgo, promesas para cada día

Los 21 minutos más poderosos en el día de un líder

4. LA LEY DE LA NAVEGACIÓN
Cualquiera puede gobernar un barco, pero se necesita que un líder planee la ruta

Desarrolle el líder que está en usted: Capítulo 5: «La manera más rápida de alcanzar el liderazgo: resolver problemas»

Piense, para obtener un cambio: Habilidad 2: «Desate el potencial del pensamiento enfocado»; Habilidad 3: «Reconozca la importancia del pensamiento realista» y Habilidad 5: «Suelte el poder del pensamiento estratégico»

Seamos personas de influencia: Capítulo 7: «Navegue por otras personas»

5. LA LEY DE LA ADICIÓN
Los líderes añaden valor mediante el servicio a los demás

Hoy es importante: Capítulo 12. «La generosidad de hoy me da significado»

Piense, para obtener un cambio: Habilidad 10: «Experimente la satisfacción del pensamiento egoísta»

Seamos personas de influencia: Capítulo 2: «Nutre a las demás personas»

Líder de 360° grados: Principio # 2 para dirigir a los líderes que lo supervisan «Aligere la carga de su líder»; Principio # 3para dirigir a los líderes que lo supervisan: «Esté dispuesto a hacer lo que otros no harán»; Principio # 3 para liderar lateralmente: «Sea un amigo»; Principio # 6 para liderar lateralmente: «Permita que la mejor idea triunfe»

El mapa para alcanzar el éxito: Capítulo 8: «¿Es un viaje familiar?»; Capítulo 9: «¿A quién más debo llevar conmigo?»

6. LA LEY DEL TERRENO FIRME
La confianza es el fundamento del liderazgo

Desarrolle el líder que está en usted: Capítulo 3: «El elemento más importante del liderazgo: Integridad»

Seamos personas de influencia: Capítulo 1: «Integridad con las personas»

Líder de 360°: Principio # 1para dirigir a los líderes que lo supervisan: «Diríjase a usted mismo excepcionalmente bien»

7. LA LEY DEL RESPETO
Por naturaleza, la gente sigue a los líderes más fuertes

Piense, para obtener un cambio: Habilidad 6 «Sienta la energía del pensamiento de posibilidades»

El mapa para alcanzar el éxito: Capítulo 4: «¿Dónde encuentro el mapa del camino?»

Cómo ganarse a la gente

Líder de 360°

8. LA LEY DE LA INTUICIÓN
Los líderes evalúan todas las cosas con pasión de liderazgo

Piense, para obtener un cambio: Habilidad 8: «Cuestione la aceptación del pensamiento popular» y Habilidad 11: «Disfrute el regreso del pensamiento central»

Líder de 360°

Liderazgo, principios de oro (saldrá en el año 2008)

9. LA LEY DEL MAGNETISMO
Usted atrae a quien es como usted

Hoy es importante: Capítulo 13: «Los valores de hoy me dan dirección

Líder de 360°. Principio # 4 para liderar lateralmente: «Evite la política de la oficina»

El talento nunca es suficiente

La decisión es tuya

10. LA LEY DE LA CONEXIÓN
Los líderes tocan el corazón antes de pedir una mano

25 maneras de ganarse a la gente

Líder de 360°: Principio # 5 para dirigir a los líderes que lo supervisan: «Invierta en la química de las relaciones»; Principio # 1 para liderar lateralmente: «Comprenda, practique y complete el ciclo del liderazgo»; Principio # 1para guiar a sus subordinados: «Camine lentamente por los pasillos»; Principio # 2 para guiar a sus subordinados: «Vea un "10" en todas las personas»

Seamos personas de influencia: Capítulo 8: «Se conecta con las demás personas»
Cómo ganarse a la gente

11. LA LEY DEL CÍRCULO ÍNTIMO
El potencial de un líder es determinado por quienes están más cerca de él
    Las 17 leyes incuestionables del trabajo en equipo
    Las 17 cualidades esenciales de un jugador de equipo
    Líder de 360°: Principio # 4 para guiar a sus subordinados: «Coloque a su personal en sus zonas de fortaleza» y Principio # 7 para guiar a sus subordinados: «Recompense los resultados»

12. LA LEY DEL OTORGAMIENTO DE PODERES
Solo los líderes seguros otorgan poder a otros
    El lado positivo del fracaso
    Líder de 360°: Principio # 7 para liderar lateralmente: «No finja ser perfecto»
    Cómo ganarse a la gente: Sección 1: «¿Estamos preparados para las relaciones?»
    Seamos personas de influencia: Capítulo 9: «Fortalece a las demás personas»
    Piense, para obtener un cambio: Habilidad 9: «Estimule la participación del pensamiento compartido»
    El mapa para alcanzar el éxito: Capítulo 6: «¿Qué hago con los desvíos?»
    Lo que marca la diferencia

13. LA LEY DE LA IMAGEN
La gente hace lo que ve
    Líder de 360°: Principio # 5 para guiar a sus subordinados: «Dé el ejemplo de la conducta que usted desea»
    Desarrolle el líder que está en usted: Capítulo 6: «Lo extra en el liderazgo: la actitud» y Capítulo 9: «El precio del liderazgo: autodisciplina»
    El mapa para alcanzar el éxito: Capítulo 1: «El viaje es más divertido si sabe hacia donde va» y Capítulo 2: «¿A dónde me gustaría ir?»

14. La Ley del Apoyo
La gente apoya al líder, luego a la visión
> *Desarrolle el líder que está en usted*: Capítulo 8: «La cualidad indispensable del liderazgo: Visión»
> *El mapa para alcanzar el éxito*. Capítulo 3: «¿Cuán lejos puedo llegar?
> *25 maneras de ganarse a la gente*
> *Cómo ganarse a la gente*

15. La Ley de la Victoria
Los líderes encuentran la forma de que el equipo gane
> *Líder de 360°*: Principio # 8 para dirigir a los líderes que lo supervisan: «Conviértase en un jugador de acción»
> *Piense, para obtener un cambio*: Habilidad # 1 «Adquiera la sabiduría del pensamiento de la imagen completa», y Habilidad # 3: «Descubra el gozo del pensamiento creativo»
> *Lo que marca la diferencia*

16. La Ley del Gran Impulso
El impulso es el mejor amigo de un líder
> *Desarrolle el líder que está en usted*: Capítulo 4: «La prueba esencial del liderazgo: producir un cambio positivo»
> *Líder de 360°*: Principio # 4 para dirigir a los líderes que lo supervisan: «No administre solamente. Dirija también» y Principio # 8 para dirigir a los líderes que lo supervisan: «Conviértase en un jugador de acción»

17. La Ley de las Prioridades
Los líderes entienden que la actividad no es necesariamente logro
> *Desarrolle el líder que está en usted*: Capítulo 2: «La clave del liderazgo: prioridades»
> *Hoy es importante*. Capítulo 4: «Las prioridades de hoy me dan enfoque»
> *Piense, para obtener un cambio*: Capítulo 5: «Desate el potencial del pensamiento enfocado» *Líder de 360°*: Principio # 1 para dirigir a los líderes que lo supervisan: «Diríjase a usted mismo excepcionalmente bien»

18. La Ley del Sacrificio
Un líder debe ceder para subir

> *Desarrolle el líder que está en usted:* Capítulo 3: «El elemento más importante del liderazgo: Integridad»
> *El mapa para alcanzar el éxito:* Capítulo 7: «¿Ya hemos llegado?»
> *Hoy es importante:* Capítulo 8: «El compromiso de hoy me da tenacidad»

19. La Ley del Momento Oportuno
Cuándo ser un líder es tan importante como qué hacer y dónde ir

> *Líder de 360°:* Principio # 6 para dirigir a los líderes que lo supervisan: «Esté preparado cada vez que usted ocupa el tiempo de su líder» y Principio # 7 para dirigir a los líderes que lo supervisan: «Reconozca cuando presionar y cuando retroceder»
> *Piense, para obtener un cambio:* Capítulo 3: «Perfeccione el proceso del pensamiento intencional» y Habilidad 10: «Acepte las lecciones del pensamiento reflexivo»

20. La Ley del Crecimiento Explosivo
Para añadir crecimiento, dirija seguidores; para multiplicarse, dirija líderes

> *Desarrolle el líder que está en usted:* Capítulo 10: «La lección más importante del liderazgo: desarrollo del personal»
> *Desarrolle los líderes alrededor de usted*
> *El mapa para alcanzar el éxito:* Capítulo 10: «¿Qué hacer en el camino?»
> *Seamos personas de influencia:* Capítulo 10: «Reproduce otros influyentes»
> *Líder de 360°:* Principio # 3 para guiar a sus subordinados: «Desarrolle a cada miembro de su equipo individualmente»; Sección especial: «Cree un ambiente que libera a los líderes de 360°» y Sección VI: «El valor de los líderes de 360°»

21. La Ley del Legado
El valor duradero del líder se mide por la sucesión

> *Seamos personas de influencia.* Capítulo 6: «Amplía a las personas». *Líder de 360°:* Principio # 6 para guiar a sus subordinados: «Transfiera la visión».*Atrévete a soñar... ¡y luego haz tu sueño realidad!*

NOTAS

1. La Ley del Tope

1. McDonalds Canada, "FAQs", http://mcdonalds.ca/en/aboutus/faq.aspx (visitado 8 agosto 2006).

2. La Ley de la Influencia

1. Peggy Noonan, *Time*, 15 septiembre 1997.
2. Thomas A. Stewart, *"Brain Power: Who Owns It... How They Profit from It"*, *Fortune*, 17 marzo 1997, pp. 105-106.
3. Paul F. Boller Jr., *Presidential Anecdotes* (New York: Penguin Books, 1981), p. 129.

3. La Ley del Proceso

1. Sharon E. Epperson, "Death and the Maven", *Time*, 18 diciembre 1995.
2. James K. Glassman, "An Old Lady's Lesson: Patience Usually Pays", *Washington Post*, 17 diciembre 1995, H01.
3. "The Champ", *Reader's Digest*, enero 1972, p. 109.
4. Milton Meltzer, *Theodore Roosevelt and His America* (New York: Franklin Watts, 1994).

4. La Ley de la Navegación

1. *Forbes.*
2. John C. Maxwell, *Thinking for a Change: 11 Ways Highly Successful People Approach Life and Work* (New York: Warner Books, 2003), pp. 177-180 [*Piense, para obtener un cambio* (Lake Mary, FL: Casa Creación, 2004)].
3. Jim Collins, *Good to Great: Why Some Companies Make the Leap... and Others Don't* (New York: Harper Business, 2001), p. 86 [*Empresas que sobresalen: por qué unas sí pueden mejorar la rentabilidad y otras no* (Barcelona: Ediciones Gestión 2000, 2006)].

5. La Ley de la Adición

1. Julie Schmit, "Costco Wins Loyalty with Bulky Margins", *USA Today*, 24 septiembre 2004, http://www.keepmedia.com/pubs/USATODAY/2004/09/24/586747? extID=10032&oliID=213 (visitado 24 agosto 2006).
2. Alan B. Goldberg and Bill Ritter, "Costco CEO Finds Pro-Worker Means Profitability", *ABC News*, 2 agosto 2006, http://abcnews.go.com/2020/Business/story?id=1362779 (visitado 16 agosto 2006).
3. Barbara Mackoff and Gary Wenet, *The Inner Work of Leaders: Leadership as a Habit of Mind* (New York: AMACOM, 2001), p. 5.
4. Steven Greenhouse, "How Costco Became the Anti-Wal-Mart", *New York Times*, 17 julio 2005, http://select.nytimes.com/search/restricted/article (visitado 22 agosto 2006).
5. Goldberg and Ritter, "Costco CEO Finds Pro-Worker Means Profitability".
6. Greenhouse, "How Costco Became the Anti-Wal-Mart".
7. Mateo 25.31-40 (Dios habla hoy).
8. Dan Cathy, Exchange [conferencia], 2 noviembre 2005.

6. La Ley del Terreno Firme

1. Robert Shaw, "Tough Trust", *Leader to Leader*, invierno de 1997, pp. 46-54.
2. Russell Duncan, *Blue-Eyed Child of Fortune* (Athens: University of Georgia Press, 1992), pp. 52-54.
3. Robert S. McNamara con Brian VanDeMark, *In Retrospect: The Tragedy and Lessons of Vietnam* (New York: Times Books, 1995).

7. La Ley del Respeto

1. M. W. Taylor, *Harriet Tubman* (New York: Chelsea House Publishers, 1991).
2. Careers By the People, "Principal", http://www.careersbythepeople.com/index/do/bio/ (visitado 31 agosto 2006).
3. http://www.ncaa.org/stats/m_basketball/coaching/d1_500_coaching_records.pdf (visitado 31 agosto 2006).
4. Alexander Wolff, "Tales Out of School", *Sports Illustrated*, 20 octubre 1997, p. 64.
5. Mitchell Krugel, *Jordan: The Man, His Words, His Life* (New York: St. Martin's Press, 1994), p. 39.

8. La Ley de la Intuición

1. Cathy Booth, "Steve's Job: Restart Apple", *Time*, 18 agosto 1997, pp. 28-34.
2. Leander Kahney, "Inside Look at Birth of the iPod", *Wired*, 21 julio 2004, www.wired.com/gadgets/mac/news/2004/07/64286 (visitado 1 septiembre 2006).

3. Ana Letícia Sigvartsen, "Apple Might Have to Share iPod Profits", InfoSatellite, 8 marzo 2005, www.infosatellite.com/news/2005/03/a080305ipod.html (visitado 6 abril 2006).
4. "iPod Helps Apple Quadruple Profit", BBC News, 10 diciembre 2005, http://newsvote.bbc.co.uk (visitado 1 septiembre 2006).

10. La Ley de la Conexión

1. CBC News Canada "Bush Visits 'Ground Zero' in New York", 15 septiembre 2001, www.cbc.ca/story/news/?/news/2001/09/14/bushnyc_010914 (visitado 11 septiembre 2006).
2. Sheryl Gay Stolberg, "Year After Katrina, Bush Still Fights for 9/11 Image", New York Times, 28 agosto 2006, www.nytimes.com/2006/08/28/us/nationalspecial/28bush. html (visitado 12 septiembre 2006).
3. H. Norman Schwarzkopf, "Lessons in Leadership", vol. 12, no. 5.
4. H. Norman Schwarzkopf and Peter Petre, It Doesn't Take a Hero (New York: Bantam Books, 1992) [Autobiografía (Barcelona: Plaza y Janes, 1993)].
5. Kevin and Jackie Freiberg, Nuts! Southwest Airlines' Crazy Recipe for Business and Personal Success (New York: Broadway Books, 1996), p. 224.

11. La Ley del Círculo Íntimo

1. Michael Specter, "The Long Ride: How Did Lance Armstrong Manage the Greatest Comeback in Sports History?" New Yorker, 15 julio 2002, www.michaelspecter.com/pdf/lance.pdf (visitado 15 septiembre 2006).
2. Dan Osipow, "Armstrong: 'I'm More Motivated Than Ever'", Pro Cycling, 23 junio 2005, http://team.discovery.com/news/062205tourteam_print.html (visitado 15 septiembre 2006).
3. Discovery Channel Pro Cycling Team, "Cycling FAQ: Learn More About Team Discovery", http://team.discovery.com (visitado 15 septiembre 2006).
4. Lawrence Miller, American Spirit: Visions of a New Corporate Culture (New York: Warner Books, 1985).
5. Warren Bennis, Organizing Genius: The Secrets of Creative Collaboration (New York: Perseus Books, 1998).
6. Proverbios 27.17 (RVR 1960).
7. Judith M. Bardwick, In Praise of Good Business (New York: John Wiley and Sons, 1988).

12. La Ley del Otorgamiento de Poderes

1. Peter Collier y David Horowitz, The Fords: An American Epic (New York: Summit Books, 1987) [Los Ford: una epopeya americana (Barcelona: Tusquets, 1990)].

2. Lee Iacocca and William Novak, *Iacocca: An Autobiography* (New York: Bantam Books, 1984) [*Iacocca, autobiografía de un triunfador* (Barcelona: Planeta-De Agostini, 1994)].

3. Lynne Joy McFarland, Larry E. Senn, and John R. Childress, *21st Century Leadership: Dialogues with 100 Top Leaders* (Los Angeles: Leadership Press, 1993), p. 64.

4. Benjamin P. Thomas, *Abraham Lincoln: A Biography* (New York: Modern Library, 1968), p. 235.

5. Richard Wheeler, *Witness to Gettysburg* (New York: Harper and Row, 1987).

6. Donald T. Phillips, *Lincoln on Leadership: Executive Strategies for Tough Times* (New York: Warner Books, 1992), pp. 103-104 [*Lincoln y el liderazgo* (Ediciones Deusto, 1993)].

13. LA LEY DE LA IMAGEN

1. Stephen E. Ambrose, *Band of Brothers* (New York: Simon and Schuster, 2001), p. 36.

2. Dick Winters con Cole C. Kingseed, *Beyond Band of Brothers: The War Memoirs of Major Dick Winters* (New York: Penguin, 2006), materia de la solapa.

3. Ambrose, *Band of Brothers*, p. 38.

4. Ibid., pp. 95-96.

5. Winters, *Beyond Band of Brothers*, p. 283.

6. About.com: U.S. Military, "Historian Stephen E. Ambrose, Author of 'Band of Brothers': The Story of Easy Company", http://usmilitary.about.com/library/milinfo/bandofbrothers/blbbambrose.htm, (visitado 26 septiembre 2006).

7. Autor desconocido citado en John Wooden con Steve Johnson, *Wooden: A Lifetime of Observations and Reflections On and Off the Court* (Chicago: Contemporary Books, 1997).

8. Ajilon Office, "Trouble Finding the Perfect Gift for Your Boss—How About a Little Respect?" 14 octubre 2003, http://www.ajilonoffice.com/articles/af_bossday_101403.asp (visitado 25 septiembre 2006).

9. Rudolph W. Giuliani con Ken Kurson, *Leadership* (New York: Miramax Books, 2002), p. 37.

10. Ibid., p. 209.

11. Ibid., p. 70.

12. Ibid., p. xiv.

14. LA LEY DEL APOYO

1. Otis Port, "Love Among the Digerati", *Business Week*, 25 agosto 1997, p. 102.

15. LA LEY DE LA VICTORIA

1. James C. Humes, *The Wit and Wisdom of Winston Churchill* (New York: Harper Perennial, 1994), p. 114.
2. Ibid., p. 117.
3. Arthur Schlesinger Jr., "Franklin Delano Roosevelt", *Time*, 13 abril 1998.
4. Andre Brink, "Nelson Mandela", *Time*, 13 abril 1998.
5. Mitchell Krugel, *Jordan: The Man, His Words, His Life* (New York: St. Martin's Press, 1994), p. 41.
6. Southwest Airlines, "Southwest Airlines Fact Sheet", http://www.southwest.com/about_swa/press/factsheet.html#Fun%20Facts (visitado 19 octubre 2006).
7. Freiberg, *Nuts! Southwest Airlines' Crazy Recipe for Business and Personal Success*.
8. Southwest Airlines, "Southwest Airlines Fact Sheet".
9. Southwest Airlines, Annual Report 2005, http://www.southwest.com/investor_relations/swaar05.pdf (visitado 20 octubre 2006). Los datos sobre el capital de los accionistas y los activos totales son del 2005, ya que son los más recientes que están disponibles.
10. Freiberg, *Nuts! Southwest Airlines' Crazy Recipe for Business and Personal Success*.

16. LA LEY DEL GRAN IMPULSO

1. "Regus London Film Festival Interviews 2001: John Lasseter", *Guardian Unlimited*, 19 noviembre 2001, http://film.guardian.co.uk/lff2001/news/0,,604666,00.html (visitado 25 octubre 2006).
2. Catherine Crane, Will Johnson y Kitty Neumark, "Pixar 1996" (estudio de caso), University of Michigan Business School, http://www-personal.umich.edu/~afuah/cases/case14.html (visitado 27 octubre 2006).
3. Brent Schlender, "Pixar's Magic Man", *Fortune*, 17 mayo 2006, http://money.cnn.com/magazines/fortune/fortune_archive/2006/05/29/8377998/index.htm (visitado 24 octubre 2006).
4. Michael P. McHugh, "An Interview with Edwin Catmull", *Networker*, septiembre/octubre 1997, http://was.usc.edu/isd/publications/archives/networker/97-98/Sep_Oct_97 (visitado 26 octubre 2006).
5. Crane, Johnson y Neumark, "Pixar 1996".
6. Pixar, "Pixar History: 1995", http://www.pixar.com/companyinfo/history/1995.html (visitado 30 octubre 2006).
7. Austin Bunn, "Welcome to Planet Pixar", *Wired*, http://www.wired.com/wired/archive/12.06/pixar_pr.html (visitado 25 octubre 2006).
8. IMDb, "All-Time Worldwide Boxoffice", http://www.imdb.com/boxoffice/alltimegross?region=world-wide (visitado 30 octubre 2006). Los números corresponden a la fecha del 23 octubre 2006.

9. Claudia Eller, "Disney's Low-Key Superhero", *Los Angeles Times*, 12 junio 2006, http://pqasb.pqarchiver.com/latimes/access/1057182661.html?dids=1057182661 :1057182661&FMT=ABS&FMTS=ABS:FT&type=current&date=Jun+12%2C+ 2006&author=Claudia+Eller&pub=Los+Angeles+Times&edition=&startpage=A. 1&desc=The+Nation (visitado 26 octubre 2006).

10. Jay Mathews, *Escalante: The Best Teacher in America* (New York: Henry Holt, 1988).

17. LA LEY DE LAS PRIORIDADES

1. Janet C. Lowe, *Jack Welch Speaks: Wisdom from the World's Greatest Business Leader* (New York: John Wiley and Sons, 1998), p. 110 [*Jack Welch : descubra la sabiduría del líder más admirado* (Barcelona: Gestión 2000, 1999)].

2. John Wooden y Jack Tobin, *They Call Me Coach* (Chicago: Contemporary Books, 1988).

18. LA LEY DEL SACRIFICIO

1. King Encyclopedia, "Montgomery Improvement Association", http://www.stanford. edu/group/King/about_king/encyclopedia/MIA.html (visitado 8 noviembre 2006).

2. The King Center, "Chronology of Dr. Martin Luther King, Jr.", http://www.thekingcenter.org/mlk/chronology.html (visitado 8 noviembre 2006).

3. David Wallechinsky, *The Twentieth Century* (Boston: Little, Brown, 1995), p. 155.

4. Hillary Margolis, "A Whole New Set of Glitches for Digital's Robert Palmer", *Fortune*, 19 agosto 1996, pp. 193-194.

5. Antonia Felix, *Condi: The Condoleezza Rice Story* (New York: Newmarket Press, 2005), p. 48.

6. Ibid., p. 34.

7. Ibid., p. 67.

8. Ibid., p. 72.

9. Ibid., p. 127.

10. Ibid., pp. 152-153.

19. LA LEY DEL MOMENTO OPORTUNO

1. David Oshinsky, "Hell and High Water", *New York Times*, 9 julio 2006, http://www. nytimes.com/2006/07/09/books/review/09oshi.html?ei=5088&en=4676642ee3fc7 078&ex=1310097600&adxnnl=1&partner=rssnyt&emc=rss&adxnnlx=11628472 20-jiFf9bMhfwwKfuiWDA/Nrg (visitado 6 noviembre 2006).

2. CNN, "New Orleans Mayor, Louisiana Governor Hold Press Conference", (transcripción), difundido 28 agosto 2005, 10:00 a.m. ET, http://transcripts.cnn.com/ TRANSCRIPTS/0508/28/bn.04.html (visitado 6 noviembre 2006).

3. Jonathan S. Landay, Alison Young y Shannon McCaffrey, "Chertoff Delayed Federal Response, Memo Shows", 14 septiembre 2005, http://www.commondreams.org/headlines05/0914-04.htm, (visitado 2 noviembre 2006).

4. CNN, "Red Cross: State Rebuffed Relief Efforts: Aid Organization Never Got into New Orleans, Officials say", 9 septiembre 2005, http://www.cnn.com/2005/US/09/08/katrina.redcross/index.html (visitado 2 noviembre 2006).

5. Madeline Vann, "Search and Rescue", *Tulanian*, verano de 2006, http://www2.tulane.edu/article_news_details.cfm?ArticleID=6752 (visitado 7 noviembre 2006).

6. Answers.com, "Hurricane Katrina", http://www.answers.com/topic/hurricane-katrina (visitado 7 noviembre 2006).

7. Coleman Warner y Robert Travis Scott, "Where They Died", *Times-Picayune*, 23 octubre 2005, http://pqasb.pqarchiver.com/timespicayune/access/915268571.html?dids=915268571:915268571&FMT=ABS&FMTS=ABS:FT&date=Oct+23%2C+2005&author=Coleman+Warner+and+Robert+Travis+Scott+Staff+writers&pub=Times+-+Picayune&edition=&startpage=01&desc=WHERE+THEY+DIED+ (visitado 7 noviembre 2006).

8. Douglas Southall Freeman, *Lee: An Abridgement in One Volume* (New York: Charles Scribner's Sons, 1961), p. 319.

9. Samuel P. Bates, *The Battle of Gettysburg* (Philadelphia: T. H. Davis and Company, 1875), pp. 198-199.

10. Ibid.

11. Richard Wheeler, *Witness to Gettysburg* (New York: Harper and Row, 1987).

21. LA LEY DEL LEGADO

1. Grenville Kleiser, *Training for Power and Leadership* (Garden City, New York: Garden City Publishing, 1929).

2. Sesión de preguntas y respuestas con Truett Cathy y Dan Cathy, Exchange [conferencia], 2 noviembre 2005.

ACERCA DEL AUTOR

J ohn C. Maxwell es un reconocido experto en liderazgo a nivel internacional, orador y autor que ha vendido más de 13 millones de libros. Sus organizaciones han capacitado a más de dos millones de líderes en todo el mundo. El doctor Maxwell es el fundador de Injoy Stewardship Services y EQUIP. Todos los años habla a compañías de la lista Fortune 500, líderes internacionales de gobierno y una variedad de organizaciones como la Academia Militar de Estados Unidos en West Point y la Liga Nacional de Fútbol Americano. Un autor de gran éxito de ventas de *New York Times*, *Wall Street Journal*, y *Business Week*, Maxwell fue uno de 25 autores y artistas nombrados para estar en la Sala de la Fama del Décimo Aniversario de Amazon.com. Tres de sus libros, *Las 21 leyes irrefutables del liderazgo*, *Desarrolle el líder que está en usted* y *Las 21 cualidades indispensables de un líder* han vendido cada uno más de un millón de ejemplares en inglés. Su libro *Líder de 360°*, en inglés, fue escogido como el Mejor Libro de Negocios de 2006 por *Soundview Executive Book Summaries*.